Sylvia Löhken
Leise Menschen – starke Wirkung

Zu diesem Buch

Extrovertierte Menschen sind mit Blick auf die Gesamtbe-völkerung keinesfalls in der Mehrheit, werden wegen ih-rer offensiveren Kommunikation aber in der Regel stärker wahrgenommen. Das vorliegende Buch ist anders: Es will leise Menschen auf positive Weise mit sich selbst bekannt machen. Im Mittelpunkt stehen die Vorteile, die sie mit ihren Eigenschaften im Umgang mit sich selbst und ande-ren haben. Denn introvertierte Persönlichkeiten sind nicht defizitär, sondern sie haben schlicht andere Stärken und andere Bedürfnisse als extrovertierte Menschen.

Sylvia Löhken lebt in Köln und ist Expertin für intro- und extrovertierte Menschen. Sie ist promovierte Sprachwis-senschaftlerin und zertifizierter Coach. Seit 2003 coacht und trainiert sie Fach- und Führungskräfte mit wissen-schaftlichem, administrativem oder IT-Hintergrund, die ihre kommunikative Kompetenz verbessern wollen.

www.leise-menschen.com

Sylvia Löhken

Leise Menschen – starke Wirkung

Wie Sie Präsenz zeigen und Gehör finden

PIPER
München Berlin Zürich

Mehr über unsere Autoren und Bücher:
www.piper.de

»… and we have just one world,
but we live in different ones.«
Dire Straits, »Brothers in Arms«

 MIX
Papier aus verantwor-
tungsvollen Quellen
FSC **FSC® C083411**
www.fsc.org

Ungekürzte Taschenbuchausgabe
Piper Verlag GmbH, München/Berlin
September 2015
© GABAL Verlag GmbH, Offenbach 2012
Alle Rechte vorbehalten
Umschlaggestaltung: martin zech design, Bremen
Umschlagabbildung: Leontura/iStockphoto
Illustrationen: Dr. Michael Meinhard, Bonn
Satz: Das Herstellungsbüro, Hamburg
Gesetzt aus der Meridien Roman
Druck und Bindung: CPI books GmbH, Leck
Printed in Germany   ISBN 978-3-492-30699-7

Inhaltsverzeichnis

Vorwort

Dieses Buch ist einzigartig. Es handelt von den vernachlässigten 50 Prozent aller Menschen, von der Minderheit der leisen Menschen.

Ich habe die Autorin dieses Buches, Sylvia Löhken, in einer Vereinigung kennengelernt, in der es zum Berufsbild gehört, »laut« über sich selbst zu reden. Nach drei Tagen lautstarker Konferenz der German Speakers Association traf ich Sylvia am Ausgang. Ich war vollkommen geschafft. Nicht nur durch die »Überstimulation« – wie ich jetzt weiß –, sondern von der Übermacht der »Extros« auf einem Fleck. Meine Energie war nahe dem Nullpunkt. Sylvia verstand mich sofort, und ein, zwei Sätze von ihr genügten, mir das Gefühl zu geben, ich sei nicht allein in dieser weiten, egobesessenen Extro-Welt.

Natürlich weiß ich schon seit Langem, dass ich eher zur introvertierten Spezies gehöre. Als Zen-Meditationslehrerin sind das Leise, die Stille und die innere Kraft mein Metier. Was für mich jedoch neu war, ist, wie weitreichend mein gesamtes Verhalten vom Typus des leisen Menschen geprägt ist. Leise Menschen denken anders, handeln anders und werden von »Extros« häufig unterschätzt, obwohl sie solide und intelligente, aber »leise« Arbeit leisten.

Die Fachliteratur der Selbsthilfebücher ist in unserer Kultur – angeführt von US-Autoren – jedoch ganz auf den Typus des erfolgreichen sich selbst behauptenden Extrovertierten ausgerichtet. Auf Extros, wie Sylvia Löhken sie nennt, die sich durchsetzen können, Selbst-PR-Spezialisten sind und gerne den Mund aufmachen. Solche Bücher nützen dem introvertierten Kommunikator ungefähr so viel, als ob ein Adler von Enten Unterricht im Schwimmen bekäme. Er wird niemals gut schwimmen lernen. In der Luft wäre der Adler der König, vorausgesetzt, er besinnt sich auf seine Stärke, das Fliegen. Genauso wenig profitieren leise Menschen von der Mehrzahl der Bücher über Kommunikation. Sie brauchen z. b. keine ellenlangen Kapitel darüber, wie notwendig es sei, Menschen zuzuhören. Im Gegenteil: Sie hören gut zu, wundern sich aber, dass *ihnen* nicht zugehört wird.

Hier hilft dieses Buch enorm. Es geht von den Stärken der leisen Menschen aus und gibt Tipps, sie richtig einzusetzen. Leise Menschen haben z. b. bei Verhandlungen sehr gute Karten, nur die meisten wissen nicht, wie und wann sie sie ausspielen können. Wie gehen leise Menschen an Meetings heran, wo das Gesetz des Lauten herrscht? Oder auch – wichtig für Führungskräfte und Teamleiter: Wie können Methoden wie Brainstorming an die Bedürfnisse der leisen Menschen angepasst werden, sodass das ganze Team doppelt von den Ideen der Anwesenden profitieren kann?

Dieses Buch ist nicht nur für die eine Hälfte der Menschheit geschrieben. Es ist auch für die Kolleginnen, Partner, Mütter, Väter und Vorgesetzten von leisen Menschen geschrieben. Zum Beispiel: Wie gehen Sie mit Ihrer leisen Partnerin um? Warum tickt sie anders, braucht Zeit nachzudenken, will nicht dauernd reden, hat ein großes Bedürfnis nach Alleinsein?

Sylvia Löhkens Buch gehört auf die ersten Plätze der Bestsellerlisten. Das wäre ein schönes lautes Zeichen für ein leises Buch.

Dr. Fleur Sakura Wöss
Leiterin des Daishin Zen-Meditationszentrums Wien,
Vortrags-Coach und Autorin

Extros und Intros: zwei Welten in einer

Ich heiße Sylvia Löhken. Ich bin eine introvertierte Kommunikatorin. Das ist vielleicht ungewohnt: Introvertiert – das klingt nach dem Nerd, der sich tagelang mit dem Computer verbarrikadiert und unrasiert bestellte Pizzas auf die Tastatur krümelt. Doch dieser Nerd ist nur ein (klischeehafter) Typus leiser Menschen. Es gibt viele von uns. Ich habe gern mit Menschen zu tun – sie sind mein Beruf und meine Berufung. Und dennoch brauche ich nach einem Tag voller Trubel und Begegnungen Zeit zum Alleinsein, um meine Batterien aufzuladen. Unabhängig von meiner Liebe zu dem, was ich tue, kann ich meine Energie nicht wie meine extrovertierten Kollegen aus der so lebendigen und spannenden Arbeit mit Seminarteilnehmern, Zuhörern und Coachees beziehen. Warum aber ist das Intro-Dasein ein Thema für ein Kommunikationsbuch? Das musste ich selbst auch erst herausfinden. Es begann wie folgt:

Für meinen Beruf sind Weiterbildungen eine Selbstverständlichkeit. Doch irgendwann hatte ich keine Lust mehr auf Kommunikationstrainings. Und dies nicht wegen des Inhalts: Das, was zwischen Menschen passiert, gehört zu den Dingen, die mich am meisten interessieren. Nein, ich fremdelte mit den Trainerinnen und Trainern – mit meinen eigenen Kollegen. Sie kamen mir oft zu laut und zu oberflächlich vor, und mir war klar: Das war erst einmal mein Problem. Also begann ich nachzudenken. (Introvertierte Personen denken gern und ständig nach.) Was konkret störte mich an meinen Kolleginnen und Kollegen? Die Menschen, die vorn standen, waren nicht besser oder schlechter als ich, wenn ich vorn stehe. Sie waren allerdings anders – auf eine Weise anders, dass ihr Verhalten oft an meinen Bedürfnissen vorbeiging. Viele etikettierten sich selbst als Elite: »Nummer 1«, »führend«, »Top-Wasauchimmer« – das fand und finde ich dick aufgetragen. In den Weiterbildungen selbst bekam ich oft Hinweise, die mir mein Anderssein bestätigten. Meine Bewegungen: ausladender, bitte! Mein Redestil: offensiver, bitte! Meine Vermittlung der Inhalte: mit mehr Energieeinsatz, bitte!

All dies stimmte mich unbehaglich. Weder große, ausladende Gesten noch offensive Verhandlungen noch Powerbekundungen im Vortrag hatte ich bisher mit meinem persönlichen Stil in Verbindung gebracht. Und bisher hatte mir das nicht geschadet. Im Gegenteil: Die »leisen« Klienten und Seminarteilnehmer (die mit den ruhigen, zurückgenommenen Bewegungen, dem kooperativen Stil und den weniger offensichtlichen Gefühlswelten) mochten meine Angebote sehr. Und ich sie: Meine Kunden waren meist sehr besonnen und logisch denkend. »Aha! Sie mögen die ruhigen Blauhirne!«, sagte mir mein (sehr extrovertierter) Coach, als ich ihr meine Lieblingskunden beschrieb. Sie hatte recht. Nach meinen eigenen Erfahrungen als Seminarteilnehmerin genoss ich die intensive Arbeit mit Menschen, die ähnlich tickten wie ich. Dabei erkannte ich: Für meine Lieblingskunden und mich gab es keine Kommunikationstrainings – also Trainings, die speziell auf die Stärken und die Bedürfnisse leiser Menschen zugeschnitten sind.

Mit dem Buch, das Sie gerade lesen, will ich diese große Lücke schließen helfen – zusammen mit Seminaren, Vorträgen und Coachings, die auf introvertierte Persönlichkeiten zugeschnitten sind. Gute Kommunikation hat, das war (und ist) mein Ausgangspunkt, etwas mit Identität zu tun. Erst wenn ich mich selbst kenne und mit mir selbst gut umgehen kann, kann ich auch mit anderen erfolgreich umgehen: im Vortrag, beim Verhandeln, beim Netzwerken und auch im Privatleben. Was aber macht einen leisen Menschen aus? Da es ja für uns ganz normale (also weder schüchterne noch hochsensible) »Leise« nichts gab, packte ich mich an die eigene Nase und analysierte meine Kommunikationsgewohnheiten. Fündig wurde ich vor allem in der englischsprachigen Ratgeberliteratur und in der Psychologie. Außerdem schaute ich nun mit einem ganz speziellen Erkenntnisinteresse auf meine Kunden.

Das Ergebnis war spannend: Ich entdeckte zwei Bündel an Eigenschaften, die introvertierte Menschen in die Kommunikation mitbringen, sauber einteilbar in Stärken und Hürden. Nicht alle leisen Menschen haben all diese Eigenschaften – aber viele leise Menschen haben viele dieser Eigenschaften. Damit lässt sich arbeiten!

Wobei Stärken klare Vorteile sind, aber Hürden auf ihre Weise auch – denn wenn ich meine eigenen Hürden kenne, dann kenne ich meine Bedürfnisse besser als jemand, der sich um seine schwachen Seiten nicht kümmert. So hielt ich mich beispielsweise lange Zeit für unsozial, wenn ich während der Zeit, die ich mit Familie oder Freunden verbrachte, plötzlich das Bedürfnis verspürte, mich zurückzuziehen. Jetzt weiß ich: Der Rückzug ist ein ganz logisches Bedürfnis, das mir bei Erschöpfung hilft, meine Energie zurückzubekommen. Schwäche würde ich das nicht nennen – ebenso wenig wie ein extrovertierter Mensch schwach ist, weil er stärker als ein Intro auf die Rückbestätigung seiner Umgebung angewiesen ist.

Hiermit lade ich Sie herzlich ein: Lernen Sie Ihre Stärken und Ihre Hürden kennen. Begrüßen Sie beide als gute Freunde, die Sie im Leben begleiten. Dann können Sie eine Situation viel leichter so beeinflussen, dass sie für Sie »passt« und Ihnen eine gelungene Kommunikation ermöglicht.

Dabei eignen sich zwei Fragen besonders gut für die verschiedenen Arten des menschlichen Miteinanders:

1. Welche Stärken kann gerade ein leiser Mensch in dieser Situation nutzen?
2. Worauf sollte gerade ein leiser Mensch in dieser Situation achten?

In diesem Buch finden Sie die Antworten, die ich auf diese Fragen gefunden habe, und zwar so aufbereitet, dass Sie sie für Ihr eigenes Leben nutzen können.

Was Sie in diesem Buch finden – und wie Sie es lesen können

Die Antworten auf diese beiden Fragen sind auf den nachfolgenden Seiten auf die unterschiedlichsten Lebenslagen bezogen: auf berufliche und private Situationen, auf formelle und gerade nicht formelle Anlässe, auf Nähe und Distanz, auf Vortrag und Verhandlung. Wenn Sie sich, liebe Leserin und lieber Leser, zu den leisen Menschen zählen, so soll Ihnen dieses Buch dabei helfen, sich in einer oft viel zu lauten Welt gut einzurichten und in dem, was Ihnen wichtig ist, Erfolg zu haben. Alle Abschnitte sind aus der Perspektive introvertierter Menschen geschrieben.

Wenn Sie eher zu den extrovertierten Menschen gehören, dann werden Sie nach der Lektüre Ihre leisen Mitmenschen besser verstehen und ihre Stärken schätzen – egal, ob es Partner, Verwandte oder Freunde, Kolleginnen oder Chefs, Mitarbeiter oder Seminarteilnehmerinnen sind.

Und falls Sie sich nicht sicher sind, ob Sie denn nun ein leiser Mensch sind oder nicht, dann bringt Ihnen ein Test im ersten Kapitel Klarheit. Überhaupt ist dieses Buch so angelegt, dass Sie die Inhalte auf Ihre persönliche Situation beziehen können: Immer wieder werden Sie Fragen finden, die Ihnen weiterhelfen, wenn Sie sie für sich beantworten. Nehmen Sie die Gelegenheit wahr – auf diese Weise lernen Sie sich selbst gut kennen und profitieren davon in Ihrer Kommunikation mit anderen!

Das Buch ist so aufgebaut, wie Intros gern denken und kommunizieren: von innen nach außen. Es beginnt mit einem Blick auf die Persönlichkeit. In Teil I bekommen Sie eine Einführung und einen Überblick über die typischen Stärken und Hürden leiser Menschen – am besten, Sie lesen diesen Teil auch zu Beginn, damit Sie eine gute Grundlage bekommen. Teil II mit den Kapiteln 4 und 5 zeigt ein Panorama für das private und das berufliche Umfeld – abgestimmt auf das, was leisen Menschen guttut und sie erfolgreich macht. Vor allem zeigt dieser Teil, wie Sie beide Umgebungen »intro-gerecht« gestalten können. In allen darauffolgenden Kapiteln, die Teil III des Buches bilden, erfahren Sie, wie Sie im Umgang mit anderen genau diese Stärken nutzen und Hürden überwinden. Dabei habe ich bewusst die Stärken und Hürden hervorgehoben, die für den Kontaktaufbau, in der Verhandlung, beim öffentlichen Auftreten und in Meetings am wichtigsten sind. Nach dem Test und einem Blick in die Übersicht am Ende von Kapitel 1 werden Sie gut einschätzen können, welche Ihrer persönlichen Eigenschaften in der jeweiligen Situation wichtig sind.

Sie werden in den verschiedenen Kapiteln auch einigen meiner leisen Seminarteilnehmer und Coachees begegnen, deren (anonymisierte) Geschichten veranschaulichen, wie Intros ihre Stärken in verschiedenen Situationen nutzen können. Ich hoffe, ihre Erfahrungen machen Ihnen beim Lesen Mut – und viel Lust darauf, Intro-Kommunikation auszuprobieren!

Leise Menschen bewegen die Welt!

Viele berühmte Persönlichkeiten waren oder sind nach den Eigenschaften, die über sie berichtet werden, leise Menschen. Sehen Sie einmal auf diese illustre Liste:

Prominente introvertierte Persönlichkeiten: eine Galerie

Ilse Aichinger, Schriftstellerin, Österreich

Woody Allen, Regisseur, Autor, Schauspieler und Musiker, USA

Julian Assange, Journalist und Sprecher von WikiLeaks, Australien

Michael Ballack, Fußballprofi, ehemaliger Mannschaftskapitän der deutschen Nationalmannschaft

Brenda Barnes, Präsidentin, Vorstandsvorsitzende des Konsumgüterherstellers Sara Lee, USA

Ingrid Bergman, Schauspielerin, Schweden

Warren Buffet, Großinvestor und Unternehmer, USA

Cacau, deutscher Fußballnationalspieler brasilianischer Herkunft

Frédéric Chopin, Komponist und Pianist, Polen

Marie Curie, Chemikerin und Physikerin, Nobelpreise für Physik und
    Chemie, Polen

Charles Darwin, Naturforscher und Begründer der Evolutionstheorie,
    Vereinigtes Königreich

Bob Dylan, Musiker, Dichter und Maler, USA

Clint Eastwood, Schauspieler, USA

Albert Einstein, Physiker, Nobelpreis für Physik, Deutschland

Mohandas Karamchand Gandhi, genannt Mahatma Gandhi,
    geistiger Anführer der indischen Unabhängigkeitsbewegung

Bill Gates, Gründer von Microsoft, USA

Sir Alfred Hitchcock, Regisseur, Vereinigtes Königreich

Michael Jackson, Musiker, USA

Günther Jauch, TV-Moderator, Journalist und Produzent, Deutschland

Franz Kafka, deutschsprachiger Schriftsteller aus Prag

Immanuel Kant, Philosoph der Aufklärung, Deutschland

Avril Lavigne, Sängerin und Songschreiberin, Kanada

Loriot (eigentlich: Vicco von Bülow), Humorist, Deutschland

Angela Merkel, Bundeskanzlerin der Bundesrepublik Deutschland

Sir Isaac Newton, Physiker, Mathematiker, Philosoph und Theologe,
    Vereinigtes Königreich

Barack Obama, Präsident der USA

Michelle Pfeiffer, Schauspielerin, USA

Claudia Schiffer, Model, Deutschland

George Soros, Investor und Stiftungsgründer, Ungarn / USA

Steven Spielberg, Regisseur, Produzent und Drehbuchautor, USA

Gabriele Strehle, Modeschöpferin (Strenesse), Deutschland

Tilda Swinton, Schauspielerin, Vereinigtes Königreich

Mutter Theresa, Ordensfrau, Friedensnobelpreisträgerin, Albanien / Indien

Charles Mountbatten-Windsor, Prince of Wales, Duke of Cornwall,
    Thronfolger des Vereinigten Königreichs

Mark Zuckerberg, Informatiker, Gründer von Facebook, USA

Sie sehen: Viele der erfolgreichsten, mächtigsten, begabtesten, innovativsten, mutigsten, klügsten und interessantesten Menschen auf diesem Planeten sind leise Persönlichkeiten. Sie sind weder besser als Extros noch sind sie – wie sie selbst oft denken – schlechter. Was sie erfolgreich macht, ist vor allem eines: Sie sind sich selbst treu geblieben, mit ihrer Introversion und allen weiteren Eigenschaften. Das ist ein wunderbares Erfolgsrezept, das ich Ihnen hiermit herzlich empfehle: Bleiben Sie sich als Intro treu, tun Sie, was zu Ihnen und Ihren Bedürfnissen passt. Wie die Menschen in der Galerie werden Sie mit Ihren Stärken die Welt auf leise Weise ändern. Wie Dolly Parton einst sagte:

»Find out who you are – and do it on purpose!«

PS: Ein Wort an die Fachleute: In der akademischen Literatur wird eher von Extraversion als von Extroversion gesprochen. Ich schließe mich der gängigen Umgangssprache an und wähle die letztere Variante. Das erspart mir unter anderem das Nachdenken darüber, ob ich als Kurzbezeichnung »Intros«, aber »Extras« schreiben müsste.

TEIL I

Wer Sie sind.
Was Sie können.
Was Sie brauchen.

1. Wieso leise?!

Jonas studiert Ingenieurwissenschaften an einer Technischen Hochschule mit einem sehr guten Ruf. Er hat zwei Freunde, mit denen er sich gern trifft – etwa, um ins Kino zu gehen oder Sport zu treiben. Auch im Web 2.0 ist er aktiv und hält über Facebook und Twitter Kontakt zu Schulfreunden und Bekannten aus diversen Praktika. Gerade ist er Praktikant bei einem der bekanntesten deutschen Automobilhersteller. In Sachen Liebe und Romanze ist Jonas weniger erfolgreich: An der Hochschule ist der Frauenanteil niedrig, und Jonas geht so gut wie nie zu Partys oder Konzerten – die Lautstärke und die Menschenmengen findet er schlicht anstrengend. Inzwischen überlegt er, ob er über eine Dating-Website Kontakt zu passenden Frauen suchen soll.

Im Studium kommt Jonas gut voran; er hat bis jetzt alle Scheine bestanden und bereitet sich systematisch auf Klausuren vor. Unangenehm sind ihm Referate vor großen Seminargruppen – und vor mündlichen Prüfungen graut ihm. In seiner Freizeit läuft Jonas gern. Manchmal findet er beim Joggen Ideen für sein zweites Hobby: Er fotografiert Motive, in denen sich Landschaft und Technik zu etwas Neuem verbinden, z. B. Brücken und Industriegebäude.

Was, bitte, ist ein leiser Mensch?

Intro- und Extroversion Menschen lassen sich in extrovertierte und introvertierte Persönlichkeiten unterteilen. Fast jeder kann sich unter diesen Begriffen etwas vorstellen und verbindet bestimmte Eigenschaften mit ihnen. Beim genaueren Hinsehen – sei es ins wirkliche Leben oder in die Literatur – wird die Abgrenzung von extrovertiert und introvertiert schnell unscharf. Denn es gibt bei den Erscheinungsformen und in der Bestimmung der Intro- bzw. Extroversion große Bewegungsspielräume.

Faktor Persönlichkeit Die Eigenschaft ist erstens *persönlichkeitsabhängig*. Wir werden mit einer Tendenz zu Intro- oder Extroversion geboren – und damit auch mit bestimmten Merkmalen und Bedürfnissen, die uns prägen. Schon bei Kindern treten Intro- und Extro-Eigenschaften deutlich zutage. Die Begriffe lassen sich klarer verstehen, wenn man sie nicht als Gegensätze sieht, sondern als äußerste Punkte eines Kontinuums. Jeder Mensch verfügt sowohl über introvertierte als auch extrovertierte Eigenschaften. Und jeder wird außerdem mit einem Bewegungsspielraum geboren, einer Art Komfortzone auf dem Intro-Extro-Kontinuum, in deren Rahmen er sich wohlfühlt. Die meisten Menschen befinden sich dabei in einem gemäßigten mittleren Bereich, allerdings mit einer Tendenz zur Intro- oder zur Extro-Seite. Alle Bandbreiten sind gesund – nur äußerste Extreme können Probleme bekommen. Davon betroffen sind Menschen, die ganz am Ende des Kontinuums angesiedelt sind, unabhängig davon, ob es sich um das Intro- oder das Extro-Ende handelt. Ganz und gar ungesund ist es allerdings, ständig außerhalb der persönlichen Komfortzone zu leben. Wird ein akustisch empfindlicher Intro wie Jonas z.B. dauerhaft einem hohen Geräuschpegel ausgesetzt, so kostet ihn das viel Energie – und gleichzeitig ist es ihm unmöglich, neue Energie zu tanken. Wenn er ständig gezwungen wäre, Autos zu verkaufen anstatt in der Verwaltung des Unternehmens sein Praktikum zu machen, wäre er auf Dauer unglücklich und ausgelaugt. Im Extremfall kann ein Leben mit zu viel Anteil außerhalb der eigenen Komfortzone tatsächlich krank machen.

Intro- und Extroversion sind zweitens *situationsabhängig*: also wie **Faktor Situation** Ausrichtungen einer Schiene, die jeder Mensch zur Verfügung hat, um sich je nach Lage eher nach außen oder eher nach innen zu wenden. Wir Menschen sind wunderbar anpassungsfähig – die Fähigkeit, unser Denken und Handeln je nach Situation flexibel zu verändern, macht uns gerade aus. Wir können uns im Prinzip an jedem Punkt unseres Lebens so oder eben auch anders verhalten. Das hat nichts mit Intro- oder Extroversion zu tun, sondern mit Intelligenz oder auch Disziplin – etwa, wenn wir uns bewusst für ein Verhalten entscheiden, das ganz anders wäre, wenn wir impulsiv handeln würden. Und auch die Rolle, die wir in einer Situation einnehmen, prägt unsere Entscheidung darüber, wie wir kommunizieren. Dann können ganz andere Fragen unser Verhalten bestimmen: Sind wir im Verhältnis zu anderen stark oder schwach? Was wird von uns erwartet? Wie wollen wir uns darstellen?

Deshalb wird Jonas auf dem Geburtstag seiner Mutter im Familienkreis mit seinen jüngeren Cousins fröhlich und als cooles älteres Rollenvorbild plaudern. Seinen alten Tanten wird er höflich begegnen und geduldig Fragen beantworten. Am Messestand seiner Praktikantenfirma wird er eher zurückhaltend sein, wenn es darum geht, in Kontakt mit lauter Unbekannten zu kommen. Doch er wird sich auch anstrengen, genau dies zu tun – schließlich ist das seine professionelle Aufgabe. Selbst eine ausgeprägte Extro-Persönlichkeit wie Anke Engelke hat mit Sicherheit Momente, die ihr die Sprache rauben oder in denen sie sich bewusst zurückhält. Viele Extros, die ich kenne, genießen (und brauchen sogar!) Momente der Stille in turbulenten Zeiten. Insgesamt ist diese Flexibilität ein Glück: Denn die Intro-Extro-Schiene gibt uns Bewegungsfreiheit und einen Reichtum an Handlungsmöglichkeiten.

Drittens fordert die *Kultur*, die uns umgibt, mehr oder weniger **Faktor Kultur** Anpassungsfähigkeit in Richtung Intro- oder Extroversion. In einem Land wie Japan werden Stille, Alleinsein und Besinnung geschätzt. Gemeinsames Schweigen gehört in einem normalen Gespräch unter Bekannten dazu. Intros aus anderen Ländern finden diese Erfahrung sehr angenehm. In den USA, einer klassischen »Extro-Kultur«, wird dagegen ein Schweigen beider Gesprächspartner meist als peinlich oder zumindest unangenehm empfunden. Es gilt als normal, sowohl im Privatleben als auch im Beruf ständig Zeit in Gruppen zu verbringen. Ein Intro wird sich deshalb in den USA (oder auch bei uns in Deutschland und anderen europäischen Ländern) stärker mit extrovertierten Verhaltensweisen an seine Umwelt anpassen müssen als in Japan, wo er eine »intro-freundliche« Kultur vorfindet.

Faktor Lebenslauf Nicht zuletzt gibt es viertens auch im *Verlauf eines Lebens* Verschiebungen. Mit dem Älterwerden entwickeln sich die meisten Menschen in die Mitte des Kontinuums, werden also »gemäßigter« in ihrer Intro- oder Extro-Ausprägung. In der zweiten Lebenshälfte wird die Introversion für extrovertierte Menschen damit zugänglicher und hat einen besonderen Wert: Sie hilft, über sich selbst und das eigene Leben zu reflektieren, über Werte und Sinn nachzudenken.

Trotz der Abhängigkeit von Situation, Kultur und sogar Lebensalter ist die Introversion bzw. Extroversion ein relativ stabiles Persönlichkeitsmerkmal, das sich an bestimmten Eigenschaften und Neigungen zeigt. Vor allem die Antwort auf eine Schlüsselfrage ist entscheidend:

▨ Die Intro-/Extro-Schlüsselfrage: Woher kommt die Energie?

Wie also verhält sich ein Mensch, wenn er gestresst und/oder erschöpft ist und seine Batterien wieder aufladen will?

Energiequellen von Extros und Intros Grundsätzlich gibt es auf diese Frage zwei Antworten: Entweder holt dieser Mensch seine Energie aus dem Austausch mit anderen. Mein Mann ist solch ein Mensch: Nach einem anstrengenden Tag findet er es entspannend, mit Freunden auszugehen, in seiner Fußballmannschaft zu spielen oder an einem Clubtreffen teilzunehmen. Wer das tut, ist in seiner Ausrichtung eher extrovertiert.

Oder dieser Mensch »macht zu« und regeneriert sich möglichst allein, möglichst reizarm und ohne viele Worte. Dazu gehöre ich. Nach einem Seminartag genieße ich es, allein im Hotelzimmer zu sitzen und zu lesen. Ohne ein Wort. Oder ich treffe eine gute Freundin und regeneriere mich bei einem entspannten Gespräch zu zweit. Nach drei Tagen Seminar brauche ich einen halben Tag für mich, bis wieder alle Batterien geladen sind. Sie ahnen schon: Wer sich so erholt, gehört eher zur introvertierten Seite.

Zu viel Stimulation wirkt auf Intros energiezehrend. Das kann im Beruf eine Aufgabe mit vielen unterschiedlichen Dingen sein, die gleichzeitig zu berücksichtigen sind. Im Privatleben ist es beispielsweise eine Party mit unbekannten Menschen und lauter Musik – eine Situation, die schon junge Intros wie Jonas als anstrengend empfinden. Eine Überstimulation bewirkt bei Intros auch, dass sie ein Bedürfnis nach Rückzug verspüren. Extros dagegen mögen Stimulation, weil sie Energie liefert. Sie suchen deshalb oft Abwechslung, wenn sie auf sich allein zurückgeworfen sind und zu wenig neue Eindrücke bekommen: So suchen sie in Bibliotheken, Krankenhäusern oder Firmen mit Einzelbüros gern Räume auf, in denen soziale Kontakte zwischendurch möglich sind – Cafeterien, Sitzecken, Teeküchen und alle Bereiche, in denen Telefonieren oder elektronische Kommunikation leicht möglich sind. In einem Einzelbüro können Telefon und Computer für ausgeprägte Extros zur Rettung werden, weil sie den Kontakt zur Außenwelt sichern.

Dies heißt nicht, dass nicht auch Extros Rückzugsbedarf haben und stille Momente brauchen. Intros allerdings sind existenziell auf »Allein-Zeit« angewiesen, um sich nach Belastungen und nach sozialen Begegnungen regenerieren zu können. Ohne Ruhe werden sie reizbar und erschöpft. Intros brauchen auch im Schnitt eine längere reizarme Zeit, bevor sie sich wieder ins Getümmel des Alltags stürzen. Ein dreiwöchiger Urlaub in der schwedischen Waldeinsamkeit ist eher eine Intro- als eine Extro-Traumvision.

Bedürfnis nach Ruhe

Die Frage an Sie:

Gleich werden Sie testen können, ob Sie zu den Intros oder zu den Extros gehören. Wie schätzen Sie sich vorläufig ein?

Ich bin eher Intro. ☐

Ich bin eher Extro. ☐

Beide Seiten sind bei mir etwa gleich ausgeprägt. ☐

Keiner dieser beiden Typen ist besser oder schlechter. Sie beschreiben einfach nur, wo die eigenen Neigungen und Bedürfnisse verortet sind. Je besser Sie wissen, was Sie brauchen, um so eher können Sie »artgerecht« leben und das tun, was Ihnen wichtig ist. Dazu gehört vor allem eines: die Zeit allein und die Zeit mit anderen so zu gewichten, dass beide Bereiche für Sie die richtige Dosis sind. Lernen Sie, systematisch die Frage zu stellen: Was brauche ich gerade? Sie werden merken: Sie kennen die Antwort fast immer.

▓ Die Frage für artgerechtes Leben: Was brauche ich gerade?

Windräder und Akkus

Ein Vergleich aus einem ganz anderen Bereich der Energiegewinnung zeigt den Unterschied noch klarer: Ein extrovertierter Mensch erzeugt seine Energie wie ein Windrad – er braucht erstens Impulse von außen, um sie herzustellen, und zweitens muss er in diesem Prozess selbst in Aktion sein und sich dynamisch »drehen«. Ein Intro dagegen ist wie ein Akku: Er lädt sich im Ruhezustand ohne jeden »Wind von außen« auf und verzichtet in dieser Phase am liebsten auf Aktivitäten. Intros brauchen als »Akkus« dabei mehr Zeit, bis sie ihre Energie zurückhaben.

Extro- und Intro-Gehirne

Hirnforscher können heute nachweisen, dass introvertierte Menschen mit ihrer Hirnaktivität mehr Energie als extrovertierte Personen aufwenden. Bei ihnen lässt sich im Vergleich eine höhere Dosis elektrischer Aktivität messen – und zwar ständig, nicht nur bei besonderen mentalen Herausforderungen. Dieser höhere Energieaufwand lässt sich vor allem im frontalen Kortex nachweisen: dort, wo die Auseinandersetzung mit inneren Vorgängen stattfindet. In diesem Bereich des Gehirns sind Lernen, Entscheiden, Erinnern und Problemlösen angesiedelt. Intros verbrauchen also für die Verarbeitung von Eindrücken mehr Energie und leeren damit schneller ihre Akkus als Extros, die ja als »Windräder« während der Energieinvestition auch noch »nachladen« können. Für Intros ist es deshalb besonders wichtig, ökonomisch mit ihrer inneren Kraft umzugehen.

Auch auf Reize von außen sprechen Intro-Hirne intensiver an als Extro-Hirne: Sie reagieren empfindlicher auf Umweltreize, sind leichter überstimuliert und brauchen deutlich mehr Energie, um Eindrücke zu verarbeiten. Dies bedeutet z. B., dass schon ein geringer Lärmpegel einen Intro wie Jonas bei einer mentalen Aktivität wie z. B. Lernen beeinträchtigen kann. Sein Extro-Kommilitone kann dagegen mit mäßigem Hintergrundlärm (Radio!) vielleicht sogar leichter lernen als in völliger Stille.

Intro-Hirne sind leichter überstimuliert

Dies bedeutet nicht, dass ein extrovertierter Mensch »lebendiger« ist als ein introvertierter. Umgekehrt sind Introvertierte nicht »qua Bauart« ruhiger als Extrovertierte. Selbst das Etikett »schüchtern« hat mit Introversion nichts zu tun. Schüchterne Menschen haben vor allem eines: Angst vor sozialen Kontakten. Sie fühlen sich Begegnungen mit anderen oft nicht gewachsen. Angst aber hat mit dem Intro-Extro-Kontinuum nichts zu tun: Sie kann beide Typen »heimsuchen«.

Introvertiert bedeutet etwas ganz anderes als schüchtern oder hochsensibel.

Auch die Eigenschaft »hochsensibel« ist etwas anderes als Introversion. Sie bezeichnet eine außerordentliche Empfindlichkeit des Nervensystems auf äußere Einflüsse, die besonders schnell zu Reizüberflutung führt, aber auch ein besonderes Einfühlungsvermögen mit sich bringen kann. Obwohl relativ viele hochsensible Personen introvertiert sind, gilt auch: 30 Prozent von ihnen gehören, wie die Psychologin Elaine Aron belegt, zur extrovertierten Seite. Sie finden Arons Website und einen Test, der Ihnen eine persönliche Einschätzung ermöglicht, im Anhang.

Extros und Intros:
ihre Entdeckung und neue Erkenntnisse

Freud und Jung Vor rund 100 Jahren entwickelte Sigmund Freud (ein Extro) die moderne Psychoanalyse. Für ihn war die Sexualität die treibende Kraft im Unterbewussten des Menschen. Sein jüngerer Kollege und Ansprechpartner Carl Gustav Jung (ein Intro) stand dieser These kritisch gegenüber. Er entwickelte ein umfassenderes Modell vom Unterbewussten, das neben der Sexualität auch andere Inhalte beherbergte. Die unterschiedlichen theoretischen Grundannahmen wirkten sich auf das Verhältnis der beiden Wissenschaftler wenig fruchtbar aus. Sie trennten ihre Arbeit und betrieben ihre Forschungsarbeiten unabhängig voneinander.

Jung definierte 1921 mit seiner Arbeit *Psychologische Typen* erstmals Introversion und Extroversion als Merkmale, die eine Persönlichkeit wesentlich prägen. Er unterschied vier Funktionen (Denken, Fühlen, Intuition und Empfinden), die sowohl intro- als auch extrovertierte Menschen weiter in ihrer Persönlichkeit prägen. Jungs Unterscheidung zwischen introvertiert und extrovertiert findet sich in allen wichtigen Persönlichkeitstypologien wieder. Am engsten lehnen sich der vor allem in den USA verbreitete Myers-Briggs Type Indicator sowie der Insights-Test an die ursprünglichen Klassifizierungen an, weil sie die vier Funktionen berücksichtigen, die Jung definierte. Aber auch Methoden wie der »Big Five«-Test, das Reiss-Profil, die Alpha-Plus- und die Structogram-Analyse verwenden »introvertiert« und »extrovertiert« als Merkmale. Sie sind allerdings nicht einheitlich definiert und heißen auch nicht immer genau so. Der »Big Five«-Test fasst die Merkmale »introvertiert« und »extrovertiert«« interessanterweise unter dem Oberbegriff »Extroversion« zusammen – das ist logisch so, als sei »Frau« der Oberbegriff für Mann und Frau.

Marti Olsen Laney (2002) verweist in ihrem Buch *The Introvert* **Neue Ansätze**
Advantage darauf, dass Freud nach seinem Zwist mit Jung das
Konzept der Introversion in seinen Schriften zum Narzissmus negativ darstellte, während er die Extroversion als gesund und positiv beurteilte. Sollte das negative Image, das die Introversion noch
heute hat (und die in manchen der erwähnten Tests durch-
scheint), auf den Konflikt eines extrovertierten Wissenschaftlers
mit einem introvertierten Kollegen zurückzuführen sein?

Wolfgang Roth (2003) sieht einen anderen Zusammenhang: Seiner Meinung nach versuchte Jung mit der Klassifikation von Per-
sönlichkeitsmerkmalen, das Zerwürfnis mit dem extrovertierten
Sigmund Freud zu erklären, das ihn lange Zeit beschäftigte und
belastete.

Wichtig aber ist eines: Jung bewertete Menschen nicht nach dem
Grad ihrer Introversion oder Extroversion. Für ihn waren beide
Ausprägungen mit ihren Eigenheiten wichtig und wertvoll. Aus
Jungs Sicht ergänzen Intros und Extros einander und können sich
gegenseitig helfen, ihre Perspektiven zu erweitern und neue Blickwinkel zu nutzen. So kann in einem Projekt die Extro-Kollegin
leicht zusätzliche Hilfe innerhalb der Firma organisieren, während der Intro-Kollege dafür sorgt, dass neue Weichenstellungen
gründlich überprüft werden. Ein Intro-Vater kann der heranwach-
senden Extro-Tochter behutsam Grenzen setzen, die bei einer Ex-
tro-Extro-Kommunikation leicht zu Konflikten führen könnten.

Die Wissenschaft hat inzwischen Fortschritte gemacht. Für die **Bedeutung der**
Intro-Extro-Thematik ist dabei besonders ein Bereich spannend: **Hirnphysiologie**
die Hirnphysiologie. Dies ist kein medizinisches Werk – doch die
Erkenntnisse aus dem naturwissenschaftlichen Bereich sind eine
spannende Geschichte für sich. Studien seit den 90er-Jahren des
letzten Jahrhunderts belegen in verschiedenen Bereichen des
zentralen Nervensystems, dass das Intro-Extro-Kontinuum nicht
nur eine psychologische Annahme, sondern auch eine biologi-
sche Realität ist. Dies bedeutet: Unsere Persönlichkeit und unser
Handeln entsprechen physiologischen Gegebenheiten im Hirn.
Daraus lässt sich allerdings nicht schließen, dass wir auf eine be-

stimmte Weise kommunizieren oder handeln *müssen*. Die physiologischen Merkmale lassen lediglich Rückschlüsse auf unsere Stärken und Neigungen zu.

Hier die wichtigsten Erkenntnisse in Kurzform:

Intro-Hirne und Extro-Hirne sind unterschiedlich!

1. Im frontalen Kortex introvertierter Versuchspersonen lässt sich im Vergleich zu extrovertierten Probanden *eine höhere elektrische Aktivität* nachweisen. In diesem Bereich findet die Auseinandersetzung mit inneren Vorgängen statt. Dort sind Lernen, Entscheiden, Erinnern und Problemlösen angesiedelt (Roming 2011).

2. Die amerikanische Ärztin Debra Johnson konnte 1999 nachweisen, dass Introversion im erwähnten frontalen Bereich mit einem erhöhten Blutfluss verbunden ist. Sie zeigte außerdem, dass Unterschiede zwischen Intros und Extros dadurch zustande kommen, dass ihr Blut im Hirn unterschiedliche Wege geht. Intros haben buchstäblich eine »längere Leitung« – Reize legen auf den Nervenbahnen einen längeren Weg zurück als in Extro-Hirnen. Darin liegt der Grund, dass leise Menschen manchmal eine längere Zeit zum Nachdenken oder Reagieren benötigen.

3. In den Hirnen von Intros und Extros dominieren unterschiedliche Neurotransmitter. Dies sind Botenstoffe, die die Aktivitäten in der Großhirnrinde beeinflussen und uns unter anderem Zufriedenheit und Wohlsein vermitteln (Roth 2007). Die Wege, die Neurotransmitter zurücklegen, werden von wiederholtem Handeln gebahnt und prägen alles, was wir aus Gewohnheit tun. Jeder Mensch verfügt über einen individuellen »Spiegel« an verschiedenen Neurotransmittern, der genetisch bestimmt ist. Extros zeigen deutlich mehr Aktivitäten in den Bahnen des Neurotransmitters Dopamin, während Intros über mehr Acetylcholin verfügen (Olsen Laney 2002).

4. Diese beiden Neurotransmitter haben ganz unterschiedliche Wirkungen: Dopamin sorgt für motorischen Antrieb, Neugier, für die Suche nach Abwechslung und die Erwartung einer Belohnung. Acetylcholin ist dagegen besonders für Konzentration, Gedächtnis und Lernen

wichtig (Roth 2007). Susan Cain bringt die Folgen dieses neurobiologischen Unterschiedes auf den Punkt: Sie bezeichnet Extros als *belohnungsorientiert* und Intros als *sicherheitsorientiert* (Cain 2011).

Das hat Folgen in der Kommunikation: Extrovertierte Menschen neigen mit ihrer biologischen Ausstattung stärker zu Freude, Aufregung, Überschwang und sogar zu Euphorie. Extros sind auch eher bereit, Risiken einzugehen: Sie haben z. B. mehr Konflikte, neigen in Verhandlungen eher zu gewagten Aktionen und fühlen sich auch vor einem größeren Publikum meist wohler. Intros dagegen haben weniger häufig und intensiv euphorische Gefühle. Dafür legen sie Wert auf genaues Hinsehen und Hinhören, bevor sie handeln. Sie meiden Konflikte gern und sind selbst selten offensiv. Es gibt sogar Studien, die behaupten, Intros seien treuer als Extros …

5. Die Neurotransmitter stehen in einem größeren Zusammenhang. In unserem vegetativen Nervensystem (also in dem Teil, in dem alles »automatisch« abläuft) gibt es zwei »Gegenspieler«. Der *Sympathikus* sorgt dafür, dass der Körper etwas leistet; er bereitet ihn auf Angriff, Flucht oder besondere Anstrengungen in Kontakt mit der Außenwelt vor. Zur Erregungsübertragung nutzt der Sympathikus den »Extro-Transmitter« Dopamin. Der *Parasympathikus* (oder Ruhenerv) sorgt dagegen für das genaue Gegenteil: für Ruhe, Erholung und Schonung. Er senkt den Herzschlag und fördert die Verdauung. Zur Erregungsübertragung nutzt der Parasympathikus den »Intro-Transmitter« Acetylcholin.

6. Marti Olsen Laney (2002) zieht aus diesen Zusammenhängen (und einigen weiteren Studien) den Schluss, dass Intros und Extros sich biologisch vor allem durch die unterschiedliche Ausprägung des vegetativen Nervensystems unterscheiden: Extros werden von den Aktivitäten des Sympathikus, Intros von den Aktivitäten des Parasympathikus geprägt. Extros scheinen außerdem (so Debrah Johnson in der erwähnten Forschungsarbeit 1999) auf mehr Stimulation durch die Außenwelt angewiesen zu sein als Intros, weil sie sich innerlich nicht in gleicher Intensität stimulieren können. Äußere Ruhe und Innehalten sind für Extros deshalb eine Herausforderung. Die Wissenschaftler Dean Hamer und Peter Copeland konnten zeigen, dass

für Extros die Abwesenheit äußerer Reize (z.B. Routinetätigkeiten, wenig aktive Menschen, starre Rituale) mit einer Unterstimulation verbunden ist (Hamer/Copeland 1998). Extros werden entsprechend leicht unruhig oder gelangweilt, wenn eine reizarme Phase zu lange anhält: Sie sind auf Dopaminentzug.

7. Damit wird biologisch erklärbar, warum Extros ihre Energie aus aktivem, nach außen gerichtetem Verhalten beziehen, während Intros in der Ruhe ihre Kraft finden: Die beiden Möglichkeiten der Energiegewinnung entsprechen den Verhältnissen in den unterschiedlich ausgestatteten vegetativen Nervensystemen.

Komfortzone als natürliches Biotop

Soweit die wissenschaftliche Basis für unsere Unterscheidung. Vor diesem Hintergrund lässt sich noch besser verstehen, warum es so gesund ist, wenn wir uns möglichst oft innerhalb der Komfortzone auf dem Intro-Extro-Kontinuum bewegen: Sie ist so etwas wie unser natürliches Biotop, für das wir optimal ausgestattet sind – und in dem wir unser Leben am leichtesten und angenehmsten gestalten können.

Gibt es mehr Intros oder mehr Extros?

Doch nicht auf alle Fragen zu Intros und Extros lassen sich genaue wissenschaftliche Antworten finden. Dies zeigt sich an einer interessanten Frage, die je nach Blickwinkel sehr unterschiedliche Antworten findet: Sind introvertierte Menschen im Vergleich zu extrovertierten in der Minderheit?

Intros sind oft weniger sichtbar – aber sie sind überall.

Da Extros stärker sicht- und hörbar kommunizieren, können sie in Gruppen leicht wie eine Mehrheit wirken, während Intros im Vergleich oft weniger wahrgenommen werden. Marti Olsen Laney zitiert in ihrem Buch Autoren wie Kroeger und Thuesen, die davon ausgehen, dass 75 Prozent der Bevölkerung extrovertiert sind, während Susan Cains Schätzung bei 30 bis 70 Prozent extrovertierter Personen liegt. Laurie Helgoe (2008) und Devora Zack (2012) gehen dagegen in ihren Intro-Studien von einem ausgeglichenen 50:50-Verhältnis in der Verteilung introvertierter und extrovertierter Personen aus, ebenso die Literatur über den Myers-Briggs Type Indicator.

Das tatsächliche Zahlenverhältnis lässt sich wohl nicht ermitteln. Sicher ist aber: Es gibt viele, sehr viele introvertierte Menschen. Im nächsten Abschnitt geht es um eine Frage, die für das Kernthema dieses Buches, die Kommunikation, wichtiger ist als jedes Zahlenverhältnis: Wie stehen Intros zu ihren Mitmenschen?

Die richtige Dosis Menschen

Leise Menschen, die im sozialen Miteinander zurückhaltend sind, gelten leicht als »unsozial«. Zu Unrecht. Introversion und Eigenschaften wie Freundlichkeit oder Interesse an den Mitmenschen sind ganz unterschiedliche Bereiche der Persönlichkeit. Natürlich gibt es den weltabgewandten Nerd, der seine wesentlichen sozialen Kontakte über das Internet pflegt. Ebenso gibt es aber auch die introvertierte Kommunikationsexpertin (wie z. B. Anne, der Sie in Kapitel 6 begegnen werden), die täglich viel und gern mit den unterschiedlichsten Menschen zu tun hat. Auch bei den Extros gibt es verschiedene Persönlichkeiten: Nicht jeder extrovertierte Mensch ist ein charismatischer Entertainer – und es gibt reichlich extrovertierte Menschen, die sich sozial nicht besonders geschickt verhalten. Alle Menschen sind soziale Wesen. Wir brauchen einander. Allerdings ist »brauchen« ein weit gefasster Begriff. Ein Baby braucht z. B. Mitmenschen, um zu überleben. Als Erwachsene brauchen wir die Gesellschaft anderer – Isolationshaft gilt für Menschenrechtsorganisationen als Folter. Alle Menschen brauchen den Blick auf andere, um Verhaltensnormen zu erwerben.

Sind Intros unsozial?

Die Fähigkeit, positive Kontakte zu anderen Menschen aufzubauen, setzt sich aus verschiedenen Eigenschaften zusammen. Dazu gehören ein Interesse an anderen Menschen, Einfühlungsvermögen, Respekt, Mitgefühl – und sogar die Fähigkeit zu Schuldbewusstsein. Diese Eigenschaften haben Menschen ganz unabhängig davon, ob sie intro- oder extrovertiert sind.

> **Leise Menschen benötigen im sozialen Austausch Energie, während extrovertierte Menschen durch diesen Austausch Energie bekommen.**

Investition versus Belohnung

Doch Intros und Extros »brauchen« ihre Mitmenschen nicht nur so wie alle Vertreter unserer Spezies, sondern noch einmal in unterschiedlicher Weise. Für Intros ist die Begegnung mit ihren Mitmenschen immer auch eine Investition: Wie Sie in den oberen Abschnitten gesehen haben, kostet einen Intro die Kommunikation mit anderen vor allem in größeren Gruppen Energie. Ein Extro erhält dagegen aus der gleichen Begegnung etwas: nämlich »Belohnungen« aus Neurotransmittern und vor allem den kostbaren Stoff Energie. Sie erinnern sich: Ein Extro braucht als »Windrad« den Wind, also den Austausch mit seinen Mitmenschen, so dringend wie ein Intro (als »Akku«) seine Rückzugsphasen, um seine Energiereserven aufzufüllen. Außerdem fühlt der Extro sich in Gesellschaft anderer meist wohl und kann sich auch deshalb leichter auf die Außenperspektive konzentrieren.

Zwar können sich auch Intros in Gesellschaft wohlfühlen, doch es gibt Unterschiede. Intros benötigen weniger Stimulation; in ihren Köpfen passiert auch ohne Anstöße von außen schon viel mehr als in Extro-Hirnen. Deshalb empfinden leise Menschen soziale Anlässe oft als kräftezehrend – und halten sich zurück: Sie nehmen nur wenige Termine wahr oder bleiben eher passiv, anstatt bewusst auf andere Menschen zuzugehen. Intros bevorzugen auch andere Kommunikationsformen: Sie schätzen das Gespräch mit einem oder zwei Gesprächspartnern, anstatt sich in größeren Gruppen auszutauschen. Sie halten Vorträge lieber in kleinen Räumen und nicht vor großen, gefüllten Sälen. Und ganz gleich, wie inspirierend ein Gespräch sein mag: Die investierte Energie kommt erst zurück, wenn die Stimulation in einer Ruhephase verarbeitet wird. Allein.

Deshalb neigen leise Menschen dazu, sich nach außen zu verschließen, wenn sie zu viele Eindrücke zu verarbeiten haben. Bei Extrovertierten entsteht dann leicht ein falscher Eindruck: »Die kann nicht so mit Menschen!« In schlimmeren Fällen halten sie Intros für selbstzentriert, uninteressiert am Umgang mit anderen Menschen oder sogar für eigenbrötlerisch. Liebe Extros unter den Lesern: Das stimmt nicht! Intros brauchen im Vergleich zu Ihnen für ihr intensives Innenleben schlicht mehr Aufmerksamkeit: Äußere Eindrücke wollen laufend mit Erfahrungen, Einstellungen oder persönlichen Einschätzungen abgeglichen werden. Da ist es nur logisch, dass der »Arbeitsspeicher« mit diesen Aktivitäten ziemlich ausgelastet ist.

Intensives Innenleben

> **Sorgen Sie als Intro für die Dosis an »Auszeiten«,**
> **die Sie persönlich brauchen!**

Für Intros ist es also besonders gut, zwischendurch allein zu sein: zur Verarbeitung und zur Regeneration. Dadurch vermeiden sie Überstimulation, Ermüdung und den Impuls, mitten im Gespräch »dicht zu machen«. Der Rückzugsbedarf an sich ist dabei ganz und gar nicht unsozial. Im Gegenteil: Leise Menschen wollen das, was um sie herum passiert, ja genau verstehen – und verarbeiten es deshalb besonders intensiv. Sie geben sich auch besondere Mühe, sich in die Situation ihrer Mitmenschen hineinzuversetzen. Kurz: Es »passiert« bei ihnen sehr viel mehr als bei extrovertierten Menschen – aber dies ist eben nicht sichtbar. Extrovertierten Menschen passiert es leicht, dass sie sich im Austausch mit leisen Menschen unterversorgt, gelangweilt oder sogar abgelehnt fühlen. Noch einmal: Der Eindruck täuscht!

Regenerationsphasen erwünscht

Intros profitieren also wegen der speziellen Organisation ihres Hirns, wenn sie ihre Zeit mit anderen und ihre Zeit allein für sich selbst passend abwechseln lassen. Das Verhältnis hängt von der Lage ihrer Komfortzone auf dem Intro-Extro-Kontinuum ab (siehe Abschnitt »Was bitte, ist ein leiser Mensch?« ab Seite 22). Es gibt sehr ruhebedürftige, zurückgezogene Intros (im Intro-Randbereich des Kontinuums), die nach sozialen Anlässen längere Ruhephasen benötigen, während Intros, die eher in der Mitte des

Flex-Intros

Kontinuums angesiedelt sind, mit kleineren Auszeiten zufrieden sind. Sie mögen Menschen und pflegen ihre Kontakte so, dass sie leicht als Extros durchgehen könnten. Helgoe (2008) bezeichnet diese Menschen als »sozial zugängliche« Introvertierte. Ich nenne diese leisen Menschen, die leicht »extrovertieren« können, Flex-Intros.

Diese Flex-Intros unterscheiden sich auf den ersten Blick oft nicht von extrovertierten Menschen. Viele Menschen, die zu diesem Persönlichkeitstyp gehören, haben gern mit Menschen zu tun und sind sehr erfolgreiche Kontaktanbahner. Erst im Bereich Energiemanagement wird deutlich, dass sie in einem entscheidenden Punkt anders sind als Extrovertierte: Sie brauchen Ruhe- und Rückzugsphasen, um sich ihren Mitmenschen wieder mit voller Kraft widmen zu können.

Bedürfnis nach Auszeit berücksichtigen

Gerade weil dieser Typus leiser Mensch so zugänglich erscheint, ist der Rückzug oft das Problem: Es ist für die Mitmenschen meistens gar nicht erkennbar, dass ein Flex-Intro überhaupt ein Bedürfnis nach Alleinsein haben könnte. Sogar der sozial zugängliche Introvertierte selbst lernt oft erst spät, dass er dieses Rückzugs- und Ruhebedürfnis hat: Schließlich macht ihm der Umgang mit anderen ja Freude! Doch seine Begabung im Umgang mit Menschen ist ganz unabhängig von seinem Bedürfnis nach Rückzug. Ein Flex-Intro verausgabt sich besonders leicht, weil er dieses Bedürfnis nicht so stark verspürt und die Gesellschaft anderer genießt. Er profitiert davon, wenn er für zwischendurch sehr bewusst Auszeiten plant.

Fest steht: Introvertierte Menschen sind so sozial wie extrovertierte Menschen. Sie schätzen ein übersichtliches Netzwerk mit verlässlichen Kontakten. Schätzen Sie nun bitte Ihre eigenen Vorlieben ein. Die folgende Frage hilft Ihnen dabei.

Zwei Fragen an Sie:

Mit welcher Art von Menschen fühlen Sie sich besonders wohl?

....

....

In welchen Situationen geht es Ihnen besonders gut?

....

....

Sind Sie ein leiser Mensch?

Die Frage, ob Sie ein leiser Mensch sind, ist wahrscheinlich die wichtigste in diesem Buch. Denn nun – nachdem Sie die wichtigsten Eigenschaften leiser Menschen kennengelernt haben – geht es um Ihre eigene Verortung: Wo sind Sie auf dem Kontinuum zwischen Introversion und Extroversion angesiedelt? Wenn Sie diesen Ort gefunden haben, finden Sie auch Ihren Zugang zu wichtigen Stärken und Hürden im Umgang mit sich selbst und anderen. Sie werden außerdem viel Energie sparen, die Sie womöglich (wie ich auch) investiert haben, um wie eine Person zu leben, die Sie gar nicht sind. Und nicht zuletzt können Sie mit dem neuen Wissen über sich selbst in bestimmten Situationen bewusst prüfen, welche Bedürfnisse Sie jeweils haben.

Die eigenen Bedürfnisse einschätzen

Der folgende Test hilft Ihnen, sich selbst zu verorten. Nehmen Sie sich Ihr Lieblingsgetränk, eine ruhige Viertelstunde und einen Stift und finden Sie heraus: Sind Sie ein leiser Mensch?

Kreuzen Sie alle Sätze an, die für Sie persönlich wahr sind.

1. Wenn ich im Gespräch bin, werde ich leicht ungeduldig, wenn andere zu viel Zeit zum Antworten brauchen. ❏

2. Ich rede lieber mit einer einzelnen Person als mit mehreren. ❏

3. Meine Gedanken werden mir selbst leichter deutlich, wenn ich sie anderen gegenüber äußere. ❏

4. Ich mag es, wenn meine Umgebung sauber und ordentlich ist. ❏

5. Ich handle lieber zügig und »aus dem Bauch heraus«, anstatt lange nachzudenken. ❏

6. Wenn ich erschöpft bin, ziehe ich mich am liebsten zurück. ❏

7. Menschen, die schnell reden, strengen mich an. ❏

8. Ich habe einen sehr eigenen, ausgeprägten Geschmack. ❏

9. Wenn ich kann, meide ich große Menschenmengen. ❏

10. Small Talk fällt mir auch mit Unbekannten meist leicht. ❏

11. Wenn ich lange unter Menschen bin, werde ich oft müde oder sogar gereizt. ❏

12. Wenn ich rede, hören die anderen mir meist gut zu. ❏

13. Wenn ich zu Hause länger Gäste habe, erwarte ich, dass sie mithelfen. ❏

14. An einem Projekt arbeite ich lieber in kurzen Abschnitten als längere Zeit an einem Stück. ❏

15. Manchmal bin ich nach vielen oder lauten Gesprächen sehr erschöpft. ❏

16. Ich brauche nicht viele Freunde. Dafür lege ich Wert auf echte, verlässliche Freundschaften. ❏

17. Ich denke nicht viel darüber nach, was in anderen vorgeht. ❏

18. Ausschlafen finde ich sehr wichtig. ❏

19. Neue Orte und Umgebungen finde ich anregend. ❏

20. Plötzliche Störungen und unerwartete Situationen strengen mich an. ❏

→

21. Ich glaube, Menschen halten mich oft für zu ruhig, langweilig, distanziert oder schüchtern. ❑

22. Ich beobachte gern und habe einen Blick für Kleinigkeiten. ❑

23. Reden ist mir lieber als schreiben. ❑

24. Bevor ich mich für etwas entscheide, informiere ich mich meistens genau. ❑

25. Zwischenmenschliche Spannungen bekomme ich oft erst spät mit. ❑

26. Ich habe ein ausgeprägtes ästhetisches Empfinden. ❑

27. Manchmal finde ich Gründe, um nicht zu einer Feier oder zu einem anderen sozialen Anlass gehen zu müssen. ❑

28. Ich schenke Menschen relativ schnell Vertrauen. ❑

29. Ich liebe es, nachzudenken und den Dingen auf den Grund zu gehen. ❑

30. Sprechen vor einem großen Publikum vermeide ich, wenn irgend möglich. ❑

31. Zuhören gehört nicht zu meinen größten Stärken. ❑

32. Ich lasse mich manchmal zu sehr von den Erwartungen anderer unter Druck setzen. ❑

33. Persönliche Angriffe kann ich meist sportlich nehmen. ❑

34. Ich langweile mich schnell. ❑

35. Wenn es etwas Besonderes zu feiern gibt, darf es gern ein größerer Rahmen sein: ein richtiges Fest oder ein Essen mit vielen Menschen. ❑

Ordnen Sie nun Ihre angekreuzten Aussagen zu:

Intro-Aussagen: 2, 6, 7, 9, 11, 15, 16, 20, 21, 22, 24, 27, 29, 30, 32.

Extro-Aussagen: 1, 3, 5, 10, 12, 14, 17, 19, 23, 25, 28, 31, 33, 34, 35.

Die Aussagen 4, 8, 13, 18 und 26 haben mit Intro- und Extroversion gar nichts zu tun und nur einen Zweck: Sie sollen verhindern, dass Sie in eine Antwort-Routine verfallen.

→

Wie sieht Ihr Ergebnis aus?

Sie sind ein Intro und haben mindestens drei Intro-Aussagen mehr als Extro-Aussagen:
Je mehr Aussagen Sie bejaht haben, umso stärker ausgeprägt ist Ihre Introversion. In diesem Buch erfahren Sie, wie Sie Ihre Bedürfnisse erkennen und Ihre Stärken nutzen. Machen Sie es zu Ihrem Begleiter!

Sie haben ungefähr die gleiche Anzahl an Intro- und Extro-Aussagen, d. h. nicht mehr als zwei Aussagen Unterschied:
Sie sind in der Mittelzone zwischen Intro und Extro und können als sogenannter »Zentrovertierter« oder »Ambivertierter« mit beiden Persönlichkeitstypen gut umgehen. Ihr Verhalten ist besonders flexibel. In diesem Buch erfahren Sie vor allem etwas über das Repertoire Ihrer Intro-Seite – also über den Bereich, der für Sie wahrscheinlich weniger offensichtlich ist.

Sie sind ein Extro und haben mindestens drei Extro-Aussagen mehr als Intro-Aussagen:
Je mehr Extro-Aussagen Sie bejaht haben, umso stärker ausgeprägt ist Ihre Extroversion. Beim Weiterlesen erfahren Sie, wie Intros »ticken« – und Sie werden auch erkennen, wie Sie sich als Extro von ihnen unterscheiden. Sie werden viele Menschen in Ihrem Umfeld besser verstehen und mit ihnen auch besser umgehen können.

Stark sind wir, wenn wir uns selbst kennen

Nun haben Sie sich selbst ausgewertet. Da Sie angekreuzt haben, wie Sie sich selbst sehen, wird das Ergebnis keine große Überraschung für Sie sein. Zweierlei aber kann diese kleine Analyse für Sie leisten: Erstens können Sie sich mit anderen Menschen (und ihren Ergebnissen) vergleichen. Das kann z. B. in einer Partnerschaft zu einem verbesserten Verständnis füreinander führen. Zweitens haben Sie auf der Basis der Aussagen nun Anhaltspunkte, die Ihnen helfen, Ihre Stärken und Bedürfnisse als introvertierte oder extrovertierte Person in Ihrem Leben zu berücksichtigen. Und genau dies macht einen entscheidenden Unterschied: Am stärksten sind wir, wenn wir uns selbst kennen, unsere Eigenschaften bejahen und für unsere Stärken und Bedürfnisse Verantwortung übernehmen.

Die Extro-Intro-Tabelle

Diejenigen unter Ihnen, die eine systematische Übersicht bevorzugen, bekommen hier noch einmal eine Gegenüberstellung: Wie »tickt« der typische Extro, wie der typische Intro? Der Akzent liegt auf *typisch*: Wie gesagt gibt es nur selten sehr ausgeprägte introvertierte und extrovertierte Persönlichkeiten.

Typisch Extro, typisch Intro

Die Frage an Sie:

Gleichen Sie nun mithilfe der nachfolgenden Tabelle noch einmal ab: Welche introvertierte und extrovertierte Persönlichkeitsmerkmale haben Sie?

Insgesamt mehr introvertierte Eigenschaften ❑

Insgesamt mehr extrovertierte Eigenschaften ❑

Beide Seiten etwa gleich ausgeprägt ❑

Der typische extrovertierte Mensch ...	Der typische introvertierte Mensch ...
regeneriert sich durch Kontakt mit anderen Menschen (»Windrad«).	regeneriert sich durch Ruhe und Alleinsein (»Akku«).
zieht Energie aus Unternehmungen und Austausch.	braucht nach Unternehmungen und Austausch Zeit zum Ausruhen. Am besten allein.
spricht und handelt oft spontan ohne nachzudenken – und klärt das eigene Denken beim Reden.	denkt am liebsten nach, bevor er redet oder handelt – und redet erst, wenn der Inhalt durch Reflexion geprüft ist.
handelt lieber, anstatt lange zu beobachten.	beobachtet viel, handelt entsprechend.

Der typische extrovertierte Mensch ...	Der typische introvertierte Mensch ...
kommt durch Zeitdruck und Deadlines in Schwung und mag »schnelle Schnitte«.	findet Zeitdruck anstrengend und bevorzugt größere Zeitfenster zum Nachdenken oder vor einer Entscheidung.
arbeitet am liebsten abwechselnd an verschiedenen Projekten.	arbeitet am liebsten gründlich und an einem Stück an einer Sache.
braucht wenig persönlichen Raum.	schätzt persönlichen Raum (wie z. B. eigenes Zimmer, räumlichen Abstand zu anderen Menschen in Gruppen).
hat aus seiner Sicht viele Freunde.	hat aus seiner Sicht einige wenige Vertraute, die er Freunde nennt.
findet Small Talk anregend und unterhaltsam. Initiiert neue Kontakte mit vielen Menschen.	findet Small Talk mühsam und oberflächlich, bevorzugt Gespräche mit Tiefgang und mit einer oder wenigen Personen. Wartet gern darauf, dass andere die Inititative ergreifen und auf ihn zugehen.
ist schnell gelangweilt.	braucht wenig äußere Anregungen.
arbeitet gern gemeinsam mit anderen im Team.	arbeitet gern allein oder mit einer anderen Person.
lässt sich leicht ablenken.	lässt sich leicht stören.
braucht Stimulation durch Menschen, Orte, Aktivitäten.	beschäftigt sich gern mit eigenen Gedanken.
schätzt Zustimmung und positives Feedback zu dem, was er tut und bewirkt.	schätzt Akzeptanz der eigenen Person – das gibt ihm Sicherheit und mildert Selbstzweifel.

redet lieber, als dass er zuhört.	hört lieber zu, als dass er redet. Spricht allerdings gern und viel über Dinge, die ihm wichtig sind – vor allem im kleinen Kreis.
spricht relativ schnell über persönliche Gedanken und Gefühle.	teilt Persönliches und eigene Gefühle vorsichtig dosiert mit – sehr Privates oder Konfliktbehaftetes oft gar nicht oder nur wenigen Vertrauten gegenüber.
erscheint oft unruhig, nervös, ungeduldig, hochaktiv.	erscheint oft ruhig, abwesend, verschlossen, arrogant.
fühlt sich in größeren Gruppen, in unerwarteten Situationen oder unter Druck meist in seinem Element. Mag Kommunikation mit größeren Gruppen.	hat in großen Gruppen, in unerwarteten Situationen oder unter Druck fast immer ein befangenes Gefühl und in extremen Fällen Blackouts. Bevorzugt Gespräche unter vier Augen oder mit wenigen Menschen.
wirkt manchmal offensiv.	wirkt manchmal distanziert.
interessiert sich für viele Dinge und weiß jeweils ein wenig über sie.	interessiert sich für wenige Dinge und verfügt über tiefes und Spezialwissen über sie.
mag unkomplizierte, gut zugängliche Informationen.	legt Wert auf Details.
nimmt Dinge nicht so leicht persönlich, leidet wenig unter Konflikten.	nimmt Dinge leicht persönlich, empfindet Konflikte als belastend.
findet »Dranbleiben« in langen, komplizierten Entwicklungs- und Entscheidungsprozessen anstrengend.	bleibt auch bei langen, komplizierten Entwicklungs- und Entscheidungsprozessen beharrlich und konzentriert.
spricht oft laut, nachdrücklich und schnell.	spricht oft leise und mit wenig Nachdruck.

Und? Sind Sie ein Intro oder ein Extro? Verschiedene Umgebungen bieten beiden Persönlichkeitstypen Nischen, in denen sie besonders gut gedeihen. Ebenso gibt es Situationen, in denen es herausfordernd wird, seinem Typus entsprechend zu leben. In den nächsten Kapiteln wird es um solche Situationen gehen.

Die Welt braucht Intros und Extros

Wichtig ist eines: Wo auch immer Ihr Ergebnis angesiedelt ist – die Welt braucht Intros wie Extros. Denn die menschliche Spezies profitiert (wie übrigens auch die Tierwelt und die Vegetation) von Gegensätzen, die sich ergänzen. Sie braucht zu ihrem Fortbestand und ihrer Entwicklung Männer und Frauen, Denkende und Fühlende, Sesshafte und Nomaden, Extros und Intros. Extros bieten Intros etwas, was diese weniger haben: energische Impulse, spontanes Handeln, Motivation. Umgekehrt geben Intros ihren extrovertierten Zeitgenossen etwas, was in diesen nur schwach angelegt ist: z. B. kluges Innehalten, tiefe Beziehungen, Reflexion und ein offenes Ohr. Diese und andere Stärken leiser Menschen stehen im nächsten Kapitel im Mittelpunkt.

Das Wichtigste in Kurzform

- Intros und Extros unterscheiden sich vor allem in der Art ihrer **Energiegewinnung**: Intros brauchen Rückzug und Ruhe, Extros gewinnen Energie aus dem Kontakt mit Menschen und aus Aktivitäten.

- Intro- und Extroversion sind **zwei Pole eines Kontinuums**. Jeder Mensch verfügt über einen Bereich auf diesem Kontinuum, in dem er sich am wohlsten fühlt. Idealerweise kann er den größten Teil seiner Zeit in diesem Bereich verbringen – sonst wird es ungesund. **Schwankungen und Verschiebungen** zwischen Introversion und Extroversion sind normal und können mit der umgebenden Kultur, der konkreten Situation, der Rolle, dem Lebensalter und sogar der Stimmung zu tun haben.

- **Introversion, Schüchternheit** und **Hochsensibilität** sind drei unterschiedliche und nicht unmittelbar miteinander zusammenhängende Eigenschaften.

- Die Unterscheidung von extrovertierten und introvertierten Persönlichkeiten geht auf Carl Gustav Jung zurück. In der Literatur wurden extrovertierte Eigenschaften manchmal als »gesünder« dargestellt als introvertierte Merkmale – was sich ebenso wenig halten lässt wie das Gegenteil.

- Intros und Extros unterscheiden sich in der Organisation ihrer Gehirne und auch in der Art der Aktivität ihrer Gehirne.

- Je besser sich Intros und Extros mit ihren Bedürfnissen und Neigungen kennen, umso leichter und angenehmer können sie mit sich selbst und anderen umgehen.

- Die Welt braucht die Eigenschaften beider Persönlichkeitstypen!

2. Intro-Stärken: der geheime Schatz

Schatzkiste der Stärken

Dieses Kapitel soll so etwas wie eine Schatzkiste sein: Hier finden Sie in einem Überblick alle Stärken, die leise Menschen besonders häufig haben. Für mich ist dieser Teil besonders wichtig. In einer Welt, in der vor allem die Kommunikation extrovertierter Menschen als erstrebenswert gilt, rückt das, was leise Menschen können, leisten und zu bieten haben, leicht in den Hintergrund. Dabei können leise Menschen mit ihren Stärken ebenso ihre Interessen durchsetzen, andere motivieren, Kontakte schließen und vertiefen, souverän mit Angriffen umgehen – kurz, sie können in der Kommunikation alles schaffen, was auch Extros schaffen. Auf ihre eigene Weise. Mit ihren eigenen Mitteln.

Intros neigen zu Selbstkritik

Genau diese Mittel stehen nachfolgend im Mittelpunkt. Ich habe sie im Laufe der Jahre in meiner Arbeit mit leisen Menschen gesammelt und als Übersicht zusammengestellt. Ihre kommunikativen Stärken sind den Betroffenen dabei oft gar nicht bewusst. Leise Menschen neigen dazu, mit sich selbst besonders kritisch umzugehen, und müssen ihre guten Seiten oft erst bewusst entdecken. Einerseits ist es gut, wenn Intros hohe Maßstäbe an sich selbst anlegen und Standards für das setzen, was sie sein, leisten und erreichen wollen. Andererseits verringert ein zu kritischer Umgang mit der eigenen Person leicht das eigene Selbstvertrauen – ein Selbstvertrauen, das Menschen, die weniger streng mit sich sind, zur Verfügung haben und ausstrahlen. Im schlimmsten Fall führt die Selbstkritik sogar zur Selbstsabotage.

Damit Ihnen dies nicht (mehr) passiert, brauchen Sie einen klaren Blick auf Ihre Stärken – und die Fähigkeit, den Wert Ihrer starken Seiten zu erkennen. Die nächsten Seiten haben die Aufgabe, Ihnen diesen Blick und diese Wertschätzung zu geben. Dies kann bedeuten, dass Sie regelrechte Ausgrabungen vornehmen werden: Denn was zur Verfügung steht, gilt allzu oft als selbstverständlich. Hinzu kommt, dass die Stärken leiser Menschen eben leise sind – und damit leicht übersehen werden. Dabei können Intro-Stärken in der Kommunikation mit sich selbst und anderen eine enorme Wirkungskraft entfalten. Am Ende dieses Kapitels finden Sie Ihre eigenen Vorteile Schritt für Schritt heraus – versprochen!

Leise Stärken werden oft überhört

Aus Kapitel 1 wissen Sie bereits, dass leise Menschen neurobiologisch anders »ticken« als extrovertierte Personen. Ihre Hirnbahnen und ihr vegetatives Nervensystem sind besonders auf Konzentration, Lernen, Selbstreflexion und Gedächtnis eingestellt, während Extro-Hirne eher auf aktives Handeln sowie auf Stimulation durch die Außenwelt ausgerichtet sind.

In dieser Unterscheidung liegen auch die besonderen Stärken beider Typen. Dies heißt nicht, dass *alle* leisen Menschen über *alle* zehn starken Eigenschaften verfügen. Es heißt ebenso wenig, dass die genannten Stärken für Intros reserviert sind: Auch Extros können analytisch stark sein und gut schreiben können. Doch die zehn Stärken, die Sie im Folgenden finden, haben leise Menschen besonders häufig – nach meinen eigenen Beobachtungen ebenso wie nach dem, was Studien über Intros ergeben haben. Gehen Sie dieses Kapitel am besten mit der Frage durch:

Kann ich diese Stärke an mir beobachten?

Am Ende des Kapitels können Sie Ihre Antworten in einer Übersicht zusammenfassen. Diese ist dann so etwas wie Ihre eigene, persönliche Schatzkiste. Hier eine erste Übersicht der Stärken – mit einigen Schlüsselwörtern, die eine erste Orientierung geben:

Übersicht der Stärken

Übersicht: Intro-Stärken

Stärke 1: Vorsicht
behutsam vorgehen, Risiko und Abenteuer meiden, aufmerksam
beobachten, Respekt zeigen, vor dem Reden denken, unaufdringlich
sein, Informationen über sich selbst dosieren

Stärke 2: Substanz
aus der Tiefe der eigenen Erfahrung schöpfen, Wesentliches betonen,
Inhalte mit Bedeutung, Tiefe und Qualität vermitteln, inhaltsreiche
Gespräche führen

Stärke 3: Konzentration
fokussieren können, Energie gezielt auf eine innere oder äußere
Aktivität richten, intensiv und beständig bei einer Sache bleiben,
aufmerksam sein

Stärke 4: Zuhören
aus den Äußerungen des Gegenübers Informationen, Positionen und
Bedürfnisse herausfiltern, einen Dialog schaffen

Stärke 5: Ruhe
innere Ruhe als Basis für Konzentration, Entspanntheit, Klarheit und
Substanz pflegen

Stärke 6: Analytisches Denken
planen und strukturieren, komplexe Zusammenhänge unterteilen
und daraus systematisch Informationen, Positionen, Lösungen und
Maßnahmen herleiten

Stärke 7: Unabhängigkeit
allein sein können, selbstständig sein, innerlich losgelöst von der
Meinung anderer nach eigenen Prinzipien leben, von sich selbst
absehen können

Stärke 8: Beharrlichkeit
geduldig und mit langem Atem einer Sache nachgehen, um ein Ziel
zu erreichen

Stärke 9: Schreiben (statt Reden)
lieber und leichter schriftlich als mündlich kommunizieren

Stärke 1: Vorsicht

Vorsicht wirkt mit Blick auf Kommunikation auf den ersten Blick gar nicht wie eine besondere Stärke. Doch das täuscht: Eine vorsichtige Person ist im Austausch mit anderen behutsam, anstatt massiv und mit Druck zu agieren. Sie bringt ihren Gesprächspartnern Verständnis, Takt und Respekt entgegen und setzt ihren eigenen Standpunkt nicht absolut.

Behutsamer Austausch zeigt Respekt

Wie Sie schon wissen, führt die unterschiedliche neurobiologische Ausstattung von Extros und Intros dazu, dass Extros in ihrer Tendenz belohnungsorientiert handeln, während Intros eher auf Sicherheit setzen. Die Stärke der Vorsicht ist die positive Folge aus diesem Sicherheitsbestreben: Der leise Mensch beobachtet und überlegt gründlich, bevor er ein Risiko eingeht. Wenn er es überhaupt eingeht …

Risiken und Abenteuer warten dabei nicht nur beim Bungee-Jumping oder bei Finanzanlagen, sondern auch in der Kommunikation. Auf Mittel wie gewagte Vergleiche, offensive Vorschläge, plötzliche Ideen oder gar frontale Angriffe verzichtet der vorsichtige leise Mensch lieber. Zwei Dinge sind ihm im Austausch mit anderen wichtig: Erstens mag er respektvollen Abstand. Er will nicht leichtfertig zu viel von sich selbst preisgeben. Was ihn umtreibt, was ihm wichtig ist und was ihn begeistert, reserviert er gern für gute Freunde. Umgekehrt bringt er auch anderen Respekt entgegen und wahrt gern erst einmal Distanz. Zweitens mag der Vorsichtige keine unausgegorenen oder undurchdachten Inhalte von sich geben oder spontane Entscheidungen aus dem Bauch heraus treffen. Von sich selbst erwartet er mehr: ein gründliches Überdenken und Prüfen von Gedanken, bevor sie zur Äußerung werden. Und auch bei anderen bewertet er undurchdacht Geäußertes eher negativ.

Wenn Vorsicht zur Angst wird
Die Kehrseite der Vorsicht betrifft die vorsichtige Zurückhaltung, mit der der leise Mensch persönliche Informationen über sich selbst oder die Begeisterung über eine Sache kommuniziert. Das kann bei einem Extro-Gesprächspartner als Distanzierung bzw. als Gleichgültigkeit ankommen. Im Extremfall wird die Vorsicht zur Angst – und damit zu einer Hürde, die im nächsten Kapitel direkt zu Beginn zum Thema wird.

Für den jeweiligen Gesprächspartner kann die Vorsicht des Intro-Gegenübers dagegen für ein gutes Gefühl sorgen: Er fühlt sich ernst genommen und frei von Druck. Was der leise Mensch mit Vorsicht äußert, ist unaufdringlich und liefert Substanz. Dies bringt uns direkt zu Stärke 2.

Stärke 2: Substanz

Kommunikation mit Tiefendimension
Intros verarbeiten fast ständig Eindrücke. Sie sind fortlaufend mit dem beschäftigt, was sie sehen, denken und erfahren. Sie denken während ihrer wachen Phasen ständig nach: über sich und andere, über Sinn und Bedeutung, über Soll und Ist. Diese Hintergrundaktivität eines charakteristischen Intro-Hirns führt – und dies ist eine der schönsten Konsequenzen – zu einem Kapital an Substanz. Das bedeutet: Die Kommunikation eines leisen Menschen, das, was er mit anderen teilt, hat in aller Regel eine Tiefendimension. Denn das Gesagte hat meistens bereits eine gründliche Test- und Filterphase im Kopf hinter sich, mitsamt Prüfung auf Wichtigkeit, Richtigkeit, Hintergrund und Passgenauigkeit. Was Intros sagen, hat deshalb oft eine besondere Bedeutung, Tiefe oder Qualität. Diese drei Bereiche sind mit Substanz gemeint.

Die Substanz prägt auch den Umgang mit anderen: Für eine Person mit Substanz wird es bei einem sozialen Anlass wertvoller und angenehmer sein, mit wenigen Menschen echte Gespräche zu führen, als dass sie viele Menschen oberflächlich kennenlernt. Sie wird mehr Wert auf den Inhalt einer Äußerung legen und weniger Wert auf die Formulierung und Präsentation dieses Inhaltes. Sie kann tiefe, echte Freundschaften aufbauen, die ein ganzes Leben halten können – und diese womöglich sehr wenigen Beziehungen werden für sie wichtiger sein als ein großer, aber wenig verbindlicher Bekanntenkreis.

Tiefe, echte Freundschaften bevorzugt

Einen Pferdefuß hat die Substanz allerdings: Sie braucht wie viele gute Dinge zum Reifen ihre Zeit. Das heißt: Ein substanzreicher Mensch ist in einer »schnellen« Kommunikationssituation oft zu langsam, weil er zur Erreichung des Tiefegrades, den er sich wünscht, eine entsprechende Verarbeitungszeit im Gehirn benötigt. Dies gilt besonders dann, wenn Dinge abzuwägen oder Kontroversen auszuhalten sind. In der Folge wirkt ein substanzreicher Mensch oft fälschlicherweise passiv oder behäbig: weil die intensive Aktivität hinter seiner Stirn unsichtbar ist.

Eindruck der Passivität

Statusgebaren und der Austausch von Belanglosigkeiten sind substanzreichen Menschen dagegen selten wichtig und manchmal sogar fremd. Diese Haltung kommt leisen Menschen in vielen Situationen zugute, sei es in einem guten Gespräch oder in einer wissenschaftlichen Debatte, beim Lesen eines philosophischen Artikels oder bei einer Projektsitzung, in der ein Problem zu lösen ist.

Stärke 3: Konzentration

Viele leise Menschen haben die Gabe, sich ausgezeichnet konzentrieren zu können. Sie sind in der Lage, einer Beschäftigung über längere Zeit hinweg aufmerksam nachzugehen. Dies lässt sich leicht begründen: Anders als Extros brauchen Intros ja weniger Rückkopplung und auch weniger Sinneseindrücke von außen. Die guten Folgen tiefer Konzentration sind vielseitig: Ein konzen-

Wachstum durch Konzentration

trierter Mensch wird das, was er tut, leichter und besser tun als jemand, der sich leicht ablenken lässt. Das, worauf er sich konzentriert, wird mit großer Wahrscheinlichkeit wachsen. Nikolaus Enkelmann, Altmeister der Kommunikation, hat dieses alte Prinzip des Wachstums als eines von 14 Gesetzen der Lebensentfaltung formuliert: als das Gesetz der Konzentration.

Starke Präsenz durch Konzentration

Konzentrierte Menschen tun das, was gerade ansteht, mit ganzer Kraft und Aufmerksamkeit. Damit strahlen sie eine Intensität aus, die ihnen eine starke Präsenz verleiht und ihre Gesprächspartner tief beeindrucken kann. Dies zeigt sich z.b. im Vortrag, wenn ein leiser Mensch mit seinen leisen Mitteln das Publikum in seinen Bann zieht. Als Intro sind Sie dabei nicht darauf angewiesen, dass das Scheinwerferlicht auf Sie gerichtet ist. Sie brauchen zum Kommunizieren weder das Zentrum der Bühne noch eine große Gruppe von Zuhörern. Für Ihre Gesprächspartner hat das angenehme Folgen: Sie können sich auf sie einstellen und ihnen echte Aufmerksamkeit schenken. Aufmerksamkeit ist eine wertvolle Währung im sozialen Miteinander – jeder Mensch braucht das Gefühl, wahrgenommen zu werden. Was für ein Kapital für Konzentrationsfähige!

Wer dem anderen in der Kommunikation echten Raum geben kann, wird bei sozialen Anlässen viele gute Gespräche erleben, die von Stärke 2, der Substanz, zusätzliche Qualität bekommen. Und auch die nächste Stärke ist eine Hilfe …

Stärke 4: Zuhören

Monologe statt echter Dialog

Das Zuhören gehört zu den wohl am meisten unterschätzten Fähigkeiten im menschlichen Miteinander. Wenn Sie bei typischen Gesprächen zuhören, werden Sie vor allem bei Extro-Gesprächspartnern oft merken, dass der Dialog in Wirklichkeit eine Abfolge von Monologen ist: Während die eine Person etwas sagt, legt sich die andere zurecht, was sie sagen will, anstatt genau hinzuhören. Für einen Austausch ist die Stärke des Zuhörens dagegen eine großartige Chance: die Gelegenheit, einen echten Dialog zu schaffen, in dem der eine Gesprächspartner tatsächlich auf das eingeht, was er vom anderen gehört hat, sodass am Ende des Gesprächs der eine die Perspektive des anderen gehört und erfasst hat.

Viele leise Menschen hören weit überdurchschnittlich gut zu. Sie nehmen als geborene Beobachter und Verarbeiter von Eindrücken die Informationen auf, die sie verstehen, und verwerten sie in ihren darauffolgenden Gedankengängen und auch in ihren Antworten. Sie verstehen es, Wesentliches aus dem Gesagten herauszufiltern: Was ist dem anderen wichtig? Welche Informationen sind relevant? Wie passt alles zusammen? Echtes Zuhören ist damit eine sehr aktive, intensive Tätigkeit, die von Stärke 3, der Konzentration, zusätzliche Impulse bekommt.

Intro-Vorteil: echtes Zuhören

Für die Person, die gehört wird, ist die Stärke des Zuhörens etwas sehr Kostbares: Sie geben ihr, während Sie »ganz Ohr« sind, Ihre volle Aufmerksamkeit. Das tut jedem gut – und wirkt Wunder, vom Beziehungsaufbau über die Verhandlungsatmosphäre bis zur Konfliktlösung.

Stärke 5: Ruhe

Die Ruhe ist ein doppeldeutiger Begriff. Die *äußere Ruhe* ist die Abwesenheit äußerer Reize, während die *innere Ruhe* ein mentaler Zustand ist. Beide Aspekte können leise Menschen in der Kommunikation unterstützen – aber nur die innere Ruhe kann strenggenommen eine persönliche Stärke sein. Dennoch ist die äußere Ruhe für leise Menschen so wichtig, dass sie ein besonderes Hinsehen verdient.

Bedeutung innerer und äußerer Ruhe

Äußere Ruhe

Alle leisen Menschen wissen, dass ihnen die äußere Ruhe guttut, wenn sie intensiv arbeiten wollen oder neue Energie benötigen.

Energie tanken in der Ruhe Sie ziehen sich also zum Nachdenken oder nach anstrengenden Phasen zurück und lassen sie ihre Wirkung tun. In introfreundlichen Kulturen wie Japan gehört es zum guten Ton, auch im Gespräch Raum für gemeinsames Schweigen zu lassen. Kommunikationsprofis empfehlen, in bestimmten Situationen ganz bewusst zu schweigen. Gerade für Intros kann dies zu einem mächtigen rhetorischen Mittel werden, etwa im Small Talk (siehe Kapitel 6) oder in einer Verhandlung (siehe Kapitel 7). Das Wohltuende an äußerer Ruhe ist die Abwesenheit von Reizen. Sie erlaubt es, Informationen zu verarbeiten und auch innerlich zur Ruhe zu kommen. Wer als leiser Mensch keine Möglichkeit hat, sich in einer reizarmen Umgebung Ruhe zu gönnen, wird das deutlich spüren: Nervosität, Gereiztheit und erschöpfte Müdigkeit sind typische Symptome.

Ruhe ist gesund Äußere Ruhe ist ein Faktor, der deutlich zu unserem Wohlbefinden beiträgt. Eine finnische Langzeitstudie über Herzkrankheiten *(Cardiovascular Risk in Young Finns Study)* ergab, dass geräuschempfindliche Frauen im Durchschnitt deutlich früher sterben: Offensichtlich gibt es einen Zusammenhang zwischen akustischem Stress und körperlichem Stress, und zwar in Form von erhöhtem Puls und Blutdruck und von Schlaganfall- und Infarktrisiken. Da Intros oft geräuschempfindlich sind, ist das eine wichtige Nachricht. Es ist nicht nur angenehm, sondern auch gesund, für ausgedehnte geräuscharme Phasen zu sorgen. Unklar ist aber, ob die Vorteile für Intros und Extros gleichermaßen gelten.

Schon Carl Gustav Jung wies darauf hin, dass Intros offensichtlich weniger neue Eindrücke benötigen als Extros. Deshalb empfinden viele Intros äußere Ruhe auch unabhängig von der Energiegewinnung als angenehm: Sie bekommen durch ihr hochaktives »Innenleben« ausreichend Stimulation und werden von ihrer Umwelt nicht abgelenkt. Dies lässt ihnen mehr Raum, um nachzudenken und Erlebtes zu verarbeiten. Für Extros ist die Ruhe eines Intros wertvoll, weil leise Menschen sie ermutigen, auf sich und ihre Bedürfnisse zu achten und vor dem Handeln nachzudenken. Insofern ist auch die Fähigkeit, äußere Ruhe zu schaffen, durchaus als Stärke zu sehen.

Innere Ruhe

Ruhe ist aber viel mehr als die Abwesenheit äußerer Reize. Sie ist – das zeigen viele Jahrtausende spiritueller Tradition – auch der einzige Weg, um Klarheit zu bekommen: über sich selbst, über andere, über das Leben. Gemeint ist aber eine andere Art von Ruhe: die *innere Ruhe*, ein Zustand, der im Gehirn messbare Veränderungen verursacht.

Der Weg zu Klarheit

Bei Menschen, die regelmäßig meditieren, lässt sich genau dies nachweisen: Neurologische Studien (z.B. die von Andrew Newberg und Eugene D'Aquili) konnten bei Menschen in meditativem Zustand messen, dass die Hirnregionen aktiver sind, die für Glück, inneren Frieden und für die Verbundenheit des Ich mit der Umwelt sorgen. Gleichzeitig wird bei Meditierenden weniger Energie in die Areale gelenkt, die Aggression, Flucht oder zwanghaftes Verhalten aktivieren.

Innerer Frieden durch Meditation

> **Innere Ruhe schafft Klarheit, einen positiven Blick auf die Welt und Konzentration.**

Ein weiteres wichtiges Ergebnis ist eine gute Nachricht für leise Menschen: Meditation verbessert die Fähigkeit, zwischen wichtigen und unwichtigen Reizen zu unterscheiden. Dadurch funktioniert das Hirn insgesamt effizienter, weil es seine Gesamtaktivität reduzieren kann und deshalb weniger Energie einsetzen muss. Gleichzeitig ist es zu einer höheren Konzentration auf wichtige Aufgaben fähig. Das heißt: Stärke 3 und Stärke 5 sind in Verbindung zu sehen – mehr Ruhe führt zu mehr Konzentration!

Weniger Energie *und* mehr Konzentration – das ist kein Widerspruch. George Prochnik (2010) vergleicht in seinem Buch über die Stille diesen scheinbaren Widerspruch mit einem Spitzensportler, dessen Ruhepuls niedriger ist als der eines Gelegenheitssportlers, der aber im Wettkampf eine weit höhere Leistung erbringt, weil er seine Kräfte gezielt bündeln und seinen Energieeinsatz schnell hoch- und wieder herunterfahren kann.

Erfolg durch gezielte Bündelung der Kräfte

Die Stärken der Konzentration und der inneren Ruhe sind miteinander verbunden.

Die innere Ruhe eines Menschen liefert ihm genau wie seiner Umgebung Entspannung. Sprechtempo, Pausen und gemeinsames Nachdenken bringen in den Austausch mit anderen Ruhe. Dadurch lässt sich z. B. im Small Talk, aber auch in hitzigen Diskussionen oder Verhandlungen die Atmosphäre angenehm gestalten, und so einiges an Stress wird sich auflösen.

Stärke 6: Analytisches Denken

Mehr Distanz zur Außenwelt

Leise Menschen haben das analytische Denken nicht exklusiv für sich abonniert. Allerdings sind viele leise Menschen in diesem Bereich besonders leistungsfähig. Intros haben durch ihre fortlaufenden inneren Prozesse einen größeren Abstand zu ihrer Außenwelt als extrovertierte Zeitgenossen: Sie filtern und verarbeiten ständig, und sie denken auch länger und mit mehr Sorgfalt nach als Extros, also mit Konzentration und Beharrlichkeit (Stärken 3 und 8).

Linkshirnige und rechtshirnige Menschen

Darüber hinaus gibt es eine bestimmte Gruppe unter den leisen Menschen, die analytisch besonders begabt zu sein scheint. An dieser Stelle ist es Zeit für eine zusätzliche Unterteilung, die Marti Olsen Laney in ihrem Buch von 2002 erstmals verwendete, um den Unterschied zwischen verschiedenen Typen introvertierter Menschen zu verdeutlichen. Für Extros wie Intros gilt gleichermaßen, dass die linke oder die rechte Hälfte der Großhirnrinde stärker ausgeprägt als die andere ist. Es gibt entsprechend »linkshirnige« und »rechtshirnige« leise Menschen. Die rechte Hirnhälfte ist der Bereich des Intuitiven, des bildhaften Denkens, während in der linken Hirnhälfte die Fähigkeiten zur Verarbeitung von Texten, Zahlen und logischen Zusammenhängen angesiedelt sind. Hier eine Übersicht, die Ihnen hilft zu entscheiden, wo Ihre persönliche starke Seite liegt.

Die linke Gehirnhälfte	Die rechte Gehirnhälfte
koordiniert die rechte Körperhälfte	koordiniert die linke Körperhälfte
verarbeitet Folgen einzelner Informationen	verbindet Einzelinformationen zu einem großen Gesamtbild
dekodiert gesprochene und geschriebene Sprache	dekodiert Emotionen, Vorstellungen und körpersprachliche Signale
ist der Ort des logischen Denkens und der Problemlösung auf der Basis von Fakten	ist der Ort des intuitiven Denkens und Mitfühlens
verarbeitet Zahlen, Mengen und Kalkulationen	verarbeitet Bilder, Muster, Formen und räumliche Perspektiven
ist bei wissenschaftlichen Tätigkeiten aktiv	ist im künstlerischen Ausdruck aktiv, z. B. in den Bereichen Theater, Musik und Malerei
bearbeitet Informationen nacheinander (linear)	verarbeitet Informationen gleichzeitig in einer Gesamtschau

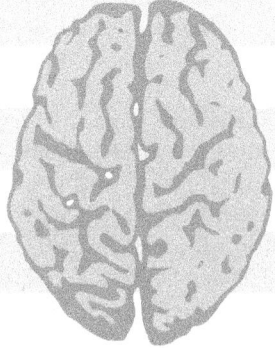

Diese Darstellung ist ein wenig vereinfacht: Bei so gut wie allen Aktivitäten sind sowohl die linke als auch die rechte Hirnhälfte aktiv. Die Übersicht zeigt aber die Schwerpunktregionen für die jeweilige Aktivität.

Rechtshirnige Intros

Leise Menschen mit ausgeprägter rechter Hirnhälfte verarbeiten Informationen eher subjektiv und intuitiv, also »aus dem Bauch heraus«. Sie verfügen oft über künstlerische Begabungen, reagieren emotionaler als ihre linkshirnigen Mitmenschen und können gut improvisieren. Sie können leichter als die »Linkshirner« mit Situationen umgehen, in denen sie es gleichzeitig mit verschiedenen Herausforderungen auf einmal zu tun haben.

Linkshirnige Intros

Leise Menschen mit ausgeprägter linker Hirnhälfte kommen, so Olsen Laney, dem Stereotypen des Intros näher: Sie benötigen weniger soziale Kontakte und sind eher objekt- und theorieorientiert. Dies ermöglicht ihnen eine gewisse Distanz zu ihrer Umgebung – eine gute Voraussetzung für analytisches Denken! »Linkshirnige« Intros können in ihrem Kopf wie in ihrer Umwelt gut Ordnung halten und entscheiden eher nach ihrem Verstand als auf der Grundlage ihres Gefühls. Sie fühlen sich leichter als die »Rechtshirner« von zu vielen Anforderungen auf einmal überfordert und erledigen lieber systematisch eine Sache nach der anderen. Genau sie sind es, die besonders über die Stärke des analytischen Denkens verfügen.

> **Die Stärke des analytischen Denkens ist ein Bonus, den besonders »linkshirnige« Intros haben.**

Vorteile analytischer Denker

Analytisch denkende Menschen gehen den Dingen auf den Grund. Ihre Stärken liegen im Recherchieren, Vergleichen und Forschen. Sie können komplexe Zusammenhänge in ihre einzelnen Bestandteile zerlegen, Kategorien bilden und auf dieser Basis Strategien für ihr Reden oder Handeln entwickeln. Positionen ihrer Gesprächspartner, Ansätze für Lösungen oder anstehende Maßnahmen leiten sie ebenfalls so her. Analytische Denker sind ausgezeichnete Planer und können Texte – auch solche mit vielen Zahlen – gut verarbeiten.

In Bereichen, in denen akkurate Information, Theoriebildung und die Ordnung neuer Erkenntnisse wichtig sind, ist analytisches Denken viel wert: z.B. in der Wissenschaft, im Controlling und in allen Bereichen, in denen problemlösendes Denken wichtig ist, also etwa in der Medizin, im IT-Bereich oder im Umgang mit riskanten Technologien.

Überstimulation verhindern durch analytische Kraft

Analytische Kraft hilft zudem, in unübersichtliche Situationen Struktur zu bringen und kann – das ist gerade für die Linkshirner wichtig – bis zu einem gewissen Maße Überstimulation (im nächsten Kapitel beschrieben als Hürde 3) verhindern. Wenn etwa ein Meeting in einen Streit ausartet, kann sich der analytische Denker fragen: Welche Informationen sind hier wichtig? Wer vertritt warum welchen Standpunkt? Diese Haltung schlägt erstens Schneisen in die Flut an Eindrücken und sorgt zweitens für einen inneren Abstand von der Situation selbst. Beides wirkt sehr entlastend, besonders für empfindlichere Intros.

Stärke 7: Unabhängigkeit

Introvertierte Menschen unterscheiden sich in einem wesentlichen Punkt von extrovertierten: Sie sind, wie schon im ersten Kapitel erläutert, weniger auf die Rückmeldung ihrer Mitmenschen und auf Eindrücke ihrer Umwelt angewiesen. Dies macht sie unabhängiger.

Unabhängigkeit äußert sich dadurch, dass leise Menschen leicht allein sein können – und zur Rückgewinnung ihrer Energie brauchen sie das Alleinsein sogar. Unabhängige Menschen sind weniger auf die Bewertung anderer angewiesen und können leichter das tun und sagen, was sie für richtig und wichtig halten. (Für rechtshirnige Intros – siehe die Erläuterungen unter Stärke 6 – gilt dies nur eingeschränkt, weil sie emotional stärker auf ihre Umwelt reagieren.) Ein gutes Beispiel ist die unkonventionelle Lebensführung der introvertierten britischen Schauspielerin Tilda Swinton: Sie ist mit einem älteren Maler und Schriftsteller verheiratet und hat mit ihm Zwillinge, führt eine weitere Beziehung mit einem jüngeren Künstler und erzählt in Interviews, dass ihre Vorstellung von Glück darin besteht, sechs Monate in ihrem eigenen Bett zu schlafen.

Zufrieden allein sein

Unabhängigkeit bedeutet also Selbstständigkeit und innere Freiheit. Es lässt sich mit ihr in eigener Verantwortung arbeiten und entscheiden, ohne sich ständig bei anderen vergewissern zu müssen. Die Kehrseite ist, dass dies auf Kosten der Kommunikation, des Zusammenlebens und der Teamfähigkeit gehen kann.

Zuletzt sei die wohl höchste Form der Unabhängigkeit erwähnt: Es ist die Fähigkeit, von sich selbst abzusehen. Bei einer reifen unabhängigen Persönlichkeit sind nicht die eigene Eitelkeit, der Stolz, der Ehrgeiz oder das Geltungsbedürfnis Antrieb für das eigene Handeln. Im Mittelpunkt stehen andere Dinge: das große Ganze, wichtige und wertvolle Dinge (Stärke 2: Substanz) oder andere Menschen und ihre Bedürfnisse (Stärke 10: Einfühlungsvermögen). Interessant ist: Die Fähigkeit zur Selbst*losigkeit* lässt sich nur auf einem gesunden Selbst*bewusstsein* aufbauen.

Fähigkeit der Selbstlosigkeit

Stärke 8: Beharrlichkeit

Zielgerichtete Geduld

Beharrlichkeit ist die Fähigkeit, an einer Sache oder einer Idee »dranzubleiben« – auch wenn der Erfolg auf sich warten lässt oder sich Widerstände einstellen. Die Eigenschaft ist etwas anderes als die Fixierung (die Sie weiter unten bei den Hürden wiederfinden werden): In der Fixierung zeigt sich ein Mangel an Flexibilität, sodass der betreffende Mensch in der Kommunikation zu unbeweglich bleibt. Die Stärke, die hier gemeint ist, ist eine zielgerichtete Art der Geduld.

Beharrlichkeit zeigen leise Menschen auch in ihrer Arbeitsweise: Sie sind überdurchschnittlich oft gründlich und auch bereit, »dicke Bretter« zu bohren. Sie bleiben bei der Sache, sind ausgesprochen gewissenhaft und lassen sich nicht so leicht ablenken wie Extros, die äußere Stimulation leichter dahin bringen kann, von einer Sache abzulassen.

Ausdauer für mehr Kompetenz

Diese Stärke macht das Planen und Führen wichtiger Gespräche und Verhandlungen leichter. Sie hilft zu unterscheiden, wo es sich lohnt, eine Position zu halten und wo Verhandlungsspielraum ist. Sie ermöglicht eine Ausdauer, von der viele Extros nur träumen können – und damit einen Weg zu wahrer Meisterschaft: Der Forschungspsychologe Anders Ericsson folgert aus seinen Studien, dass für echte Kompetenz in einem Bereich 10 000 Stunden gezielter Beschäftigung mit diesem Bereich erforderlich sind (zitiert von Cain 2011).

Beispiel Marie Curie

Ein illustres Rollenmodell für Beharrlichkeit ist die zweifache Nobelpreisträgerin (1903: Physik, 1911: Chemie) Marie Curie. Sie widmete ihr Leben früh der Wissenschaft – trotz aller Stolpersteine. So wurde sie zum Studium an der Warschauer Universität nicht zugelassen und ging zum Studieren nach Frankreich. Ihre ersten Forschungen finanzierte sie als Mädchenschullehrerin, und ihre bahnbrechenden Erfolge auf dem Gebiet der Radioaktivität forderten oft mehrere Hundert Wiederholungen bestimmter Experimente. Für außergewöhnliche Leistungen scheint die Beharrlichkeit eine wichtige Voraussetzung zu sein.

Stärke 9: Schreiben (statt Reden)

Viele leise Menschen kommunizieren bevorzugt schriftlich – sei es mit sich selbst (z.B. Tagebuch, Wochenplanung, Buchprojekt) oder mit anderen (z.B. SMS, E-Mail, Brief, Blog, Online-Netzwerk). Da sie vor dem Kommunizieren ihre Gedanken zunächst innerlich abwägen und in Worte fassen, scheint das Schreiben ein gutes Medium zu sein, um das Ergebnis von innen nach außen zu bringen. Hinzu kommt, dass das Schreiben nach dem persönlichen Rhythmus verläuft: Das geschriebene Wort entschleunigt die Kommunikation und macht vom Tempo des Gesprächspartners unabhängig. Der Schreibende kann also in seiner eigenen Geschwindigkeit vorgehen.

Lieblingsmedium der Intros

Ein ganz eigenes Kapitel sind digitale Netzwerke (Twitter, Facebook, XING ...), Online-Foren und Chatrooms. Viele leise Menschen schätzen diese Art der Kontaktaufnahme, weil die Kommunikation in geschriebener Form stattfindet und damit eine gewisse Distanz sichert. In Kapitel 6 finden Sie mehr Informationen über diese Art des Netzwerkens.

Auch im Beruf gibt es Möglichkeiten für diejenigen, die das Schreiben dem Reden vorziehen. In einer E-Mail lassen sich die Worte genauer fassen und gewichten als in einem Telefongespräch. In einer schriftlichen Projektübersicht im Intranet können alle Teammitglieder jederzeit den Stand der Dinge abfragen und aktualisieren. Ein kurzer Lagebericht über den Stand der Zielvereinbarung ist womöglich nützlicher als ein Bericht im Meeting. Arbeitsgruppentreffen und Diskussionen lassen sich mit Stichpunkten und kurzen schriftlichen Exposés vorbereiten, sodass der leise Mensch, der das geschriebene Wort bevorzugt, mit größerer Sicherheit in die Gruppensituation gehen kann: Er hat das Wesentliche durchdacht und schriftlich festgehalten.

Vorteile schriftlicher Kommunikation

Nur eine Bedingung ist zu erfüllen: Die schriftliche Kommunikation sollte der Situation angemessen sein – und nicht dazu herhalten, einen direkten Austausch zu vermeiden.

Stärke 10: Einfühlungsvermögen

Intuitive Stärke Ein Mensch mit Einfühlungsvermögen ist in der Lage, sich auf seine Kommunikationspartner einzustellen, und zwar nicht durch bestimmte Strategien, sondern durch eine intuitive Stärke: Er kann leicht erkennen, wie das jeweilige Gegenüber »tickt« – um so abzuleiten, was ihm oder ihr wichtig ist und welche Bedürfnisse vorhanden sind. Diese Fähigkeit, sich in den anderen hineinzuversetzen, nennt sich auch Empathie. Rechtshirnige und hochsensible Intros haben diese Stärke häufiger als linkshirnige (die Unterscheidung nach Hirnhemisphären finden Sie in den Erläuterungen zu Stärke 6).

Spiegelneuronen ermöglichen Empathie Neurobiologen haben gezeigt, dass im menschlichen Hirn sogenannte Spiegelneuronen Empathie ermöglichen. Natürlich haben sowohl Intros als auch Extros Spiegelneuronen. Warum ist das Einfühlungsvermögen also eine Intro-Stärke? Die Antwort liegt wie bei Stärke 7, der Unabhängigkeit, in einer typischen Eigenschaft introvertierter Menschen: Sie brauchen im Vergleich zu Extros weniger Vergewisserung und Bestätigung durch ihre Mitmenschen. Es ist ihnen auch weniger wichtig, ob sie im Vergleich zu ihrem Gegenüber statushoch, interessant oder erfolgreich sind. Die meisten leisen Menschen haben stattdessen einen inneren »Schiedsrichter«, mit dem sie sich ständig auseinandersetzen. Diese Unabhängigkeit von anderen – in Verbindung mit der Neigung zum Analysieren und Einordnen – gibt Intros einen besonderen Raum, um auf ihre Mitmenschen mit ihren Eigenschaften und Bedürfnissen zu achten. Das Ergebnis können sie dann in ihrem Kommunikationsverhalten berücksichtigen. Die Folgen sind positiv: Die Kommunikationspartner werden mit dem, was sie empfinden und sagen, wirklich berücksichtigt.

Vertrauen gewinnen durch Empathie Unterstützt wird das Einfühlungsvermögen von einer weiteren wichtigen Eigenschaft leiser Menschen: der Neigung, ihre Umgebung zu beobachten und die aufgenommenen Eindrücke gut zu verarbeiten. Ein leiser Mensch, der über Einfühlungsvermögen verfügt, wird leicht das Vertrauen seiner Mitmenschen gewinnen. Wenn er auch noch Substanz (Stärke 2) hat und zuhören kann

(Stärke 4), kann er zu einem unschätzbaren Begleiter und Ansprechpartner werden – gerade auch für Extros, die sich bei ihm gut aufgehoben, angenommen und entlastet fühlen. Und wer in einer Verhandlung analytische Sachorientierung (Stärke 6) mit Einfühlungsvermögen zusammen nutzt, kann schlicht unwiderstehlich sein.

Menschen mit Einfühlungsvermögen sind es auch, die mögliche Kompromisse erkennen und mit echter Diplomatie vermitteln können: weil sie nicht nur auf eine Interessenslage fixiert sind, sondern die Anliegen verschiedener Seiten sehen und dabei auch ethische Aspekte berücksichtigen. Sie wissen: Die Welt dreht sich nicht nur um sie. Einfühlsame Intros verursachen mit ihrem Handeln relativ wenige Konflikte, weil sie auf andere achten und mit anderen gemeinsam nach Lösungen suchen. Außerdem sind sie weniger offensiv – sie bekommen ja deutlich mit, wie viel Stress offensives Verhalten verursachen kann.

Die Fähigkeit zur Empathie kann durch Belastungen durch Angst oder Überstimulation (im nächsten Kapitel: Hürden 1 und 3) gemindert werden.

Wo liegen Ihre Stärken?

Leise Menschen sind, wie schon eingangs in diesem Kapitel erwähnt, meistens eher zu kritisch mit sich selbst als stolz auf ihre Stärken. Inzwischen konnten Sie die starken Seiten kennenlernen, die viele Intros haben. Können Sie nun auch Ihre eigenen Stärken benennen? Wenn Sie sich noch nicht ganz sicher sind, ist das nicht ungewöhnlich. Hier eine Hilfestellung, die Sie weiterbringt: Beantworten Sie die folgenden drei Fragen. Sie sind dazu da, Ihren inneren Kritiker ruhigzustellen und Sie allmählich an Ihre starken Punkte heranzuführen.

Die eigenen Stärken einschätzen

Drei Fragen an Sie:

1. Denken Sie an ein Vorbild oder Rollenmodell, das Sie bewundern.

Es ist: ....

Welche Stärken dieser Person bewundern Sie besonders?

....

....

2. Denken Sie an eine Person, die Sie sehr mag und schätzt. Wenn ich diese Person fragte, wo Ihre Stärken liegen – was würde sie antworten?

....

....

3. Welche Stärken besitzen Sie?
Beziehen Sie die Antworten aus 1. und 2. in die Liste ein!

Stärke 1: Vorsicht ❏

Stärke 2: Substanz ❏

Stärke 3: Konzentration ❏

Stärke 4: Zuhören ❏

Stärke 5: Ruhe ❏

Stärke 6: analytisches Denken ❏

Stärke 7: Unabhängigkeit ❏

Stärke 8: Beharrlichkeit ❏

Stärke 9: Schreiben ❏

Stärke 10: Einfühlungsvermögen ❏

→

andere Stärke: ....

andere Stärke: ....

andere Stärke: ....

Ich bin

eher linkshirnig ❏   eher rechtshirnig ❏

Meine drei größten Stärken sind

1. ....

2. ....

3. ....

Haben Sie sich gewundert, warum Sie die Eigenschaften Ihres Vorbilds aus Frage 1 in Ihr eigenes Stärkeprofil einfügen sollen? Der Grund ist folgender: Ein Vorbild ist eine Identifikationsfigur. Wir suchen diese Identifikation unbewusst nach dem, was uns selbst an Eigenschaften wichtig und wertvoll ist. Eine Person, für die ein hoher Status und finanzieller Erfolg besonders wichtig sind, wird also eher Rockefeller als Mutter Theresa (übrigens eine Intro!) als Rollenmodell wählen, und ein Mensch mit einer Leidenschaft für Wissenschaft lieber Einstein (ein Intro!) als Lady Gaga (ich glaube, *keine* Intro. Aber wer weiß ...). Damit liegen die Chancen gut, dass Sie die Eigenschaften Ihres persönlichen Vorbilds selbst bis zu einem gewissen Grade haben.

Vorbild als Identifikationsfigur

Schauen Sie auf Ihre Stärken und seien Sie stolz auf das, was Sie gefunden haben! Der nächste Schritt besteht darin, dass Sie sich um Ihre starken Seiten bewusst kümmern – schließlich sind diese Ihr großes Kapital, Ihre persönliche Schatzkiste. Im Rahmen der

Starke Seiten pflegen

Positiven Psychologie rät man Ihnen, bei der Entwicklung der Persönlichkeit vor allem auf Ihre Stärken zu setzen und sie zu nutzen. Auch Persönlichkeitstests wie Strengths Finder oder das Reiss-Profil setzen an der Analyse der starken Seiten eines Menschen an. Mit einer Konzentration auf Ihre Stärken erreichen Sie viel mehr, als wenn Sie mühsam an Ihren Schwächen arbeiten, denn Sie bauen auf das, was Sie ausmacht und wozu Sie begabt sind. Sie erzielen leichter Erfolge und sind außerdem authentischer, als wenn Sie den Stärken anderer hinterherhechten, indem Sie Ihre vermeintlichen Schwächen ausbügeln. Damit investieren Sie viel Energie in wenig Erfolg.

Drei Fragen an Sie:

Denken Sie kurz an Ihre Schulzeit zurück.
In welchem Fach hatten Sie die schlechtesten Noten?

schlechtestes Fach: ....

Wie viel konnten Sie mit viel Vorbereitungszeit und Mühe verbessern?

Verbesserung bei großem Lernaufwand: ....

....

Spaßfaktor beim Üben: ....

Wie viel konnten Sie dagegen mit der gleichen Vorbereitungszeit und der gleichen Mühe in Ihrem besten Fach erreichen?

bestes Fach: ....

Verbesserung bei großem Lernaufwand: ....

....

Spaßfaktor beim Üben: ....

Manches in der Schule lernen wir tatsächlich fürs Leben: Was wir schlecht können und was uns wenig Freude macht, wird auch relativ wenig Erfolg bringen. Bauen Sie also lieber Ihre Stärken aus, die Sie gerade identifiziert haben! Der erste Schritt dazu ist ein genauerer Blick darauf, wie Sie Ihre persönlichen Stärken in der Kommunikation konkret nutzen. Berücksichtigen Sie dabei ruhig auch die Stärken, die nicht so ausgeprägt sind wie Ihre drei größten Pluspunkte. Schließlich sprechen wir hier über Ihr Entwicklungspotenzial im Umgang mit anderen! In der ersten Zeile gebe ich Ihnen ein Beispiel, wie Ihre individuelle »Schatzkiste« aussehen kann.

Stärken in der Kommunikation nutzen

Meine Stärke:	Das kann ich mit dieser Stärke im Umgang mit anderen Menschen besonders gut:	In diesen Situationen kann ich diese Stärke besonders gut nutzen:
Substanz	im Gespräch auf eine tiefere Ebene kommen	wenn ich mein Gegenüber gut kenne, wenn die Atmosphäre ruhig und entspannt ist
		→

Meine Stärke:	Das kann ich mit dieser Stärke im Umgang mit anderen Menschen besonders gut:	In diesen Situationen kann ich diese Stärke besonders gut nutzen:

Den eigenen Stärkenschatz hüten

Jetzt kennen Sie sich ein gutes Stück besser. Sorgen Sie gut für Ihren Schatz an Stärken: Besinnen Sie sich im Austausch mit anderen Menschen vorher und zwischendurch auf das, was Sie zum Gelingen der Kommunikation beitragen können. Gestalten Sie Situationen so, dass Sie sie optimal nutzen können. Sie werden – das verspreche ich Ihnen – eine erstaunliche Entdeckung machen: Mit dem bewussten Einsatz Ihrer »leisen« Stärken verändern Sie die Art, in der andere mit Ihnen umgehen. Ganz abgesehen davon, dass Sie Ihre Ziele und Anliegen erfolgreicher vertreten werden.

Das Wichtigste in Kurzform

■ Es gibt typische Stärken introvertierter Menschen. Sie helfen im Umgang mit sich selbst und anderen und bei der Bewältigung verschiedenster Anforderungen.

■ Die Stärken sind: Vorsicht, Substanz, Konzentration, Zuhören, Ruhe, analytisches Denken (bei »linkshirnigen« Intros), Unabhängigkeit, Beharrlichkeit, Schreiben und Einfühlungsvermögen.

■ Der Ausbau und die Nutzung der persönlichen Stärken verbessern die Kommunikation und ermöglichen gleichzeitig ein authentisches Leben.

3. Intro-Bedürfnisse – Intro-Hürden

Die Rückseite der Medaille Dieser Abschnitt ist so etwas wie die Rückseite des vorangehenden Kapitels, in dem Sie einen Blick in die »Schatzkiste« mit den Stärken leiser Menschen in der Kommunikation geworfen haben. So wie es kein Licht ohne Schatten gibt, ist auch kein Schatz ohne Preis: Jede Stärke hat eine »schwache« Kehrseite. Wenn das Gehirn eines Intros besondere Stärken hat, so sind andere Bereiche dafür weniger ausgeprägt. Oder die starke Seite birgt ihre eigenen speziellen Fallen, die in der Kommunikation hinderlich sein oder sogar schaden können. Nobody is perfect!

So ist die nach innen gerichtete Art leiser Menschen eine Stärke, wenn es um Konzentration, Substanz und Analyse geht – Sie haben diese und andere Ihrer Stärken im letzten Abschnitt gerade kennengelernt. Die Kehrseite der Innenorientierung sind die Bereiche, die von einer Außenorientierung profitieren: etwa die Impulse, die der intensive Austausch mit vielen Menschen bringt – oder die Fähigkeit, die eigenen Leistungen im Beruf ins rechte Licht zu stellen und Konflikte aktiv anzugehen.

Bewusstsein der eigenen Druckpunkte Schwäche und Hürde sind als Begriffe dennoch zu kurz gegriffen. Jeder leise Mensch sollte seine eigenen »Druckpunkte« auch deshalb gut kennen, weil sie ihm seine besonderen Bedürfnisse zeigen. So fordert Überstimulation einen klugen Umgang mit den eigenen Energieressourcen. Konfliktscheu lädt zu einem analytischen Umgang mit spannungsreichen Situationen ein. Mit anderen Worten: Die Hürden sind in Form von Bedürfnissen auch hervorragende Wegweiser zur Gestaltung der persönlichen Kommunikation!

Zunächst sehen Sie wie im letzten Kapitel eine kurz kommentierte Gesamtübersicht, diesmal über schwache Seiten und Bedürfnisse, die leise Menschen angreifbar oder verletzlich machen:

Übersicht der Intro-Hürden

Übersicht: Intro-Hürden

Hürde 1: Angst
Befangenheit und Unsicherheit im Umgang mit anderen

Hürde 2: Kleinteiligkeit
Einzelinformationen blockieren Blick auf Prioritäten und »großes Ganzes«

Hürde 3: Überstimulation
Überforderung durch zu viele, zu laute oder zu schnelle Eindrücke

Hürde 4: Passivität
Keine eigenen Impulse, Stagnation, schädliches Verharren

Hürde 5: Flucht
Vermeidung von Situationen und Aufgaben

Hürde 6: Verkopftheit
Vernachlässigung von Gefühlen

Hürde 7: Selbstverleugnung
Unterdrückung bzw. negative Bewertung introvertierter Merkmale und Bedürfnisse

Hürde 8: Fixierung
Unbeweglichkeit in der Kommunikation

Hürde 9: Kontaktvermeidung
Vermeidung von Menschen

Hürde 10: Konfliktscheu
Nachgeben oder »Zumachen« bei Druck

Hürde 1: Angst

Die Angst ist ein starker Impuls, und sie ist auch im Hirn dort angesiedelt, wo sie besonders mächtig ist: in den tiefen Teilen, dem limbischen System und der Amygdala. Dort kann sie leicht auf das Unterbewusste zugreifen. Wir gehen etwas ausführlicher auf diese Hürde ein, weil sie diejenige ist, die Sie am meisten und nachhaltigsten blockieren kann.

Angemessene und unangemessene Angst

Angst ist dabei nicht unbedingt etwas Schlechtes. Wenn sie angemessen ist, so schützt sie uns davor, Unbedachtes zu tun – beispielsweise davor, als Nichtschwimmer vom Sprungbrett in den See zu springen. Sie schützt uns auch vor Risiken, die unübersichtlich sind – z. B. davor, uns in die Tiefe zu stürzen, wenn nur ein Gummiband an unserem Fußknöchel Sicherheit verspricht. Kurz: Angst wirkt an den *passenden* Stellen lebenserhaltend. Ihre Botschaften lauten in der Kommunikation folgerichtig: Tu. Es. Nicht. Nicht bewegen! Nicht auffallen! Mund halten! Kein Risiko! Und auch in Geschäftsmeetings lässt sich leicht beobachten: Viele halten sich daran.

> ▦ **Angemessene Angst schützt. Unpassende Angst blockiert.**

Wenn Angst blockiert

Damit wären wir an den *unpassenden* Stellen angekommen: dort, wo Angst stört, hemmt und sogar blockiert. Dort, wo Sie die Angst daran hindert, Dinge zu tun, die Ihnen eigentlich wichtig und wertvoll sind: z. B. eine Rede halten. In der Sitzung einen Vorschlag im Plenum machen. Ein Konfliktgespräch führen. Gut, werden Sie sagen – aber haben nicht Extros und Intros gleich viel Angst? Angst ist doch etwas allgemein Menschliches! Die Antwort: Ja und nein. Einerseits ja: Denn Angst ist tatsächlich ein Gefühl, das zur menschlichen Grundausstattung gehört und damit allen Menschen eigen ist. Andererseits nein: Denn Angst scheint bei Menschen, die stärker nach innen als nach außen wirken, in der Kommunikation stärkere Folgen zu haben. Mit anderen Worten: Intros werden durch Angst eher davon abgehalten, unbefangen mit ihren Mitmenschen umzugehen, als dies bei Extros der Fall ist. Ich sehe dafür drei Gründe.

Erstens brauchen Intros im Vergleich zu Extros weniger Kontakte nach und Impulse von außen (dazu steht einiges in Kapitel 1). Deshalb kann das Bedürfnis nach Kommunikation dem Angstgefühl nicht ausreichend entgegensteuern und es ausgleichen. Dies ist bei Extros anders: Die Hinwendung zu anderen ist für sie besonders attraktiv und lässt sie Angstgefühle leichter überwinden.

Warum Intros stärker betroffen sind

Intros nehmen Angst besonders intensiv wahr.

Zweitens nehmen Intros ihre Angst womöglich intensiver wahr als Extros. Der Grund dafür ist in ihrer besonderen Ausstattung zu vermuten: Intros setzen sich insgesamt häufiger mit ihren Gefühlen auseinander, weil sie einen höheren inneren Aktivitätspegel haben als Extros. Angst kann entsprechend stärker wirken und verursachen, dass der betroffene Mensch bestimmte Aktivitäten erst gar nicht aufnimmt, sondern von vornherein lieber unterlässt.

Drittens sind Intros von ihrer biologischen Ausstattung her auf Sicherheit hin orientiert (vgl. Kapitel 1), sodass ihr Hirn mögliche Risiken schneller und deutlicher registriert. Daraus folgend wird besonders leicht Angst ausgelöst. Ist die Angst so stark, dass sie das Handeln beherrscht, so führt dies zu einer Eigenschaft, die leise Menschen im Umgang mit anderen dauerhaft behindern kann: zu Schüchternheit.

Der Angst ins Auge sehen

Wie können Sie nun als leiser Mensch verhindern, dass Sie Ihre Angst davon abhält, Dinge zu tun, die Sie für wichtig halten? Eine große Frage. Sie werden sie in den folgenden Kapiteln ganz konkret beantwortet sehen, immer in direktem Zusammenhang mit einer bestimmten Situation. Grundsätzlich gilt aber in allen Fällen eins: Sie können mit anderen Teilen Ihres Hirns – den bewussten Teilen – sehr gut gegensteuern. Alle hier empfohlenen Strategien haben eine Gemeinsamkeit: Sie machen um Ihre Angst keinen Bogen. Im Gegenteil!

Der Angst bewusst gegensteuern

Umgang mit Angst: allgemeine Strategien

1. Phase: Nehmen Sie die Angst bewusst wahr.
Jüngere Kinder haben oft Angst vor Monstern unter dem Bett. Die erste Phase ist eine Anti-Monster-Therapie: Licht auf das Zentrum der Angst (also eine Taschenlampe unter das Bett gehalten) lässt die Monster verschwinden – und große Teile der Angst gleich mit.

2. Phase: Führen Sie sich vor Augen, warum das, was Sie tun wollen, wichtig ist – so wichtig, dass Sie es trotz Ihrer Angst riskieren wollen.
Mit diesem zweiten Schritt geben Sie sich bewusst die Macht der Entscheidung und nehmen Ihrer Angst diese Macht weg. Der Angstbereich in Ihrem Hirn fürchtet das Scheitern ganz besonders. Hier entscheiden Sie sich dafür, etwas zu tun, das so wertvoll ist, dass es die Gefahr des Scheiterns rechtfertigt.

Dies ist die beste Art, Ihre Komfortzone zu erweitern: Sie nehmen Ihre Angst wahr und gehen gleichzeitig kalkulierte Risiken ein, die sich lohnen, weil es Ihnen um Ihr Ziel geht.

Angst laut aussprechen
Die große Hürde besteht darin, Ihre Gewohnheiten zu ändern. Für jedes Gehirn, vor allem aber für ein ängstliches, ist jeder Bruch mit der Gewohnheit zunächst einmal eine Störung. Wenn Sie sich weigern, die alten Trampelpfade zu begehen, die Sie automatisch reagieren lassen, dann ist das anstrengend und hat einen unsicheren Ausgang, denn die Erfahrung des Gewohnten fehlt. Umso wichtiger ist es, dass Sie bewusst handeln. Seth Godin rät in seinem Buch *Linchpin* zu einer noch drastischeren Maßnahme. Er meint: Wer das, wovor er Angst hat, laut ausspricht, vertreibt damit die Angst. Versuchen Sie es einmal: Sagen Sie »Ich habe Angst davor, diesen Vortrag zu halten – weil ich Gegner im Publikum habe.«

Neue Pfade im Gehirn anlegen
Unter neurobiologischen Aspekten ist die darauffolgende zweite Phase eine optimale Strategie: Die Großhirnrinde, der Ort des bewussten Denkens, hat die Macht, das Angstzentrum im Hirn (die

Amygdala) zu besänftigen. Wenn Sie sich bewusst machen, warum konkret das, wovor Sie sich so ängstigen, wichtig ist, dann helfen Sie Ihrem Hirn, neue Pfade anzulegen. Wenn die einmal etabliert sind, braucht die Angstzentrale in der Nachbarschaft für die jeweilige Handlung nicht mehr in gleichem Maße aktiv zu werden. Für Vorträge kann das heißen: Statt Panik werden Sie ein leichtes Unbehagen verspüren.

Hürde 2: Kleinteiligkeit

Viele Intros neigen dazu, eher Einzelinformationen zu sehen als das große Ganze. Dies hängt mit ihrer besonderen Stärke zur Analyse zusammen und betrifft damit besonders leise Menschen mit einer starken linken Hirnhälfte (die Erläuterung dazu finden Sie in Kapitel 2 unter Stärke 6). Analyse bedeutet, ein Ganzes in seine Einzelteile zerlegen und so gründlich betrachten zu können. Die Kleinteiligkeit ist die Kehrseite: Der Betrachter verliert sich im Detail, anstatt das Gesamtbild zu konstruieren. Der Blick auf das wirklich Wichtige geht verloren.

Hang zu Einzelinformationen

In manchen Situationen mag diese Hürde nützlich sein: etwa dann, wenn ein Controller sich auf die Suche nach einem Fehler in einer Bilanz macht. In kommunikativen Situationen aber führt die Neigung zur Kleinteiligkeit oft dazu, dass sich ein Intro (etwa im Gespräch, in einer Debatte oder in einer Verhandlung) in Kleinigkeiten verliert, anstatt den großen inhaltlichen Bogen und die Bedürfnisse seiner Gesprächspartner zu beachten. In Verbindung mit Perfektionismus führt Kleinteiligkeit leicht zu Mikromanagement und Kontrollwut – das sind gerade für Menschen mit Führungsverantwortung problematische Neigungen. Auch bei der Kontaktanbahnung über Small Talk kann die Kleinteiligkeit zur Falle werden. Was Sie tun können, um dies zu vermeiden, erfahren Sie in Kapitel 6.

Hürde 3: Überstimulation

**Zu viel –
zu anstrengend**

Überstimulation bedeutet: Eine Situation nimmt Ihnen durch die Vielfalt der Eindrücke Energie. Dies kann dadurch geschehen, dass zu viele Eindrücke auf einmal auf Sie einprasseln. Es kann aber auch daran liegen, dass Ihr Umfeld zu laut ist – viele leise Menschen sind geräuschempfindlich und verlieren bei zu großem Lärm ihre Konzentration (Stärke 3) und ihre Ruhe (Stärke 5).

**Zu schnell –
zu anstrengend**

Auch zu hohe Geschwindigkeit kann überstimulieren: wenn etwa ein Gesprächspartner auf schnelle Entscheidungen drängt, das Sprechtempo beschleunigt oder mit körpersprachlichen Mitteln (Klopfen mit dem Finger oder dem Fuß, ungeduldiger Blick auf die Uhr) Ungeduld signalisiert. Unabhängig von der Art der Überstimulation gilt für leise Menschen: Sie ermüdet und kann die Begegnung mit anderen überschatten. Gesellschaft wird dann anstrengend. Genau deshalb dosieren viele Intros soziale Anlässe vorsichtig und wählen sie sehr bewusst aus.

Das Risiko liegt darin, dass die Aussicht auf Überstimulation den leisen Menschen in die Passivität (Hürde 4), in die Flucht (Hürde 5) oder in die Kontaktvermeidung (Hürde 9) treibt und damit Nachteile in der Kommunikation bringt. Gezielter Druck in der Verhandlung, zu viele Eindrücke bei einem sozialen Anlass, eine laute, aggressiv geführte Diskussion oder Unruhe im Publikum während eines Vortrags können vieles an guter Vorbereitung zunichte machen und die persönliche Wirkung des Überstimulierten schwächen.

Energiequellen finden – Auszeiten sichern

**Auszeit zum
Aufladen
der Batterien**

Sie wissen bereits: Leise Menschen laden ihre Batterien anders auf als ihre extrovertierten Zeitgenossen. Sie brauchen Ruhe, Rückzug und Besinnung, um Energie zurückzubekommen. Gleichzeitig verlieren sie auch im Vergleich mehr Energie in der Kommunikation mit anderen – vor allem im Small Talk, in emotional belasteten Situationen wie Konflikten und im Austausch mit größeren Gruppen. Aber auch ein Alltag mit vielen »schnellen Schnitten« erschöpft Intros leicht. Dazu gehören ständige Unterbrechungen, Anrufe, Laufkundschaft oder auch kleine Kinder mit ihren überraschenden Ideen und plötzlichen Ausbrüchen.

Wer das weiß, weiß auch: Die Auszeit ist ein großes und nicht verhandelbares Bedürfnis des leisen Menschen. Fällt sie einer engen Zeitplanung zum Opfer, dann ist ein hoher Preis fällig, und zwar zunächst in der Situation selbst: Ein introvertierter Mensch ohne Rückzugsmöglichkeit wird »zumachen«, wenn der Energieverlust zu groß wird. Er wird sich also weniger an Gesprächen und Diskussionen beteiligen und bei sozialen Anlässen weniger Kontakt suchen: Denn all dies wird ohne Auszeit enorm mühsam.

Auf die Mitmenschen – die das Rückzugsbedürfnis nicht immer nachvollziehen können – wirkt ein solches Verhalten distanziert, langweilig oder sogar gelangweilt. Im professionellen Bereich gilt ein Mensch mit dem Bedürfnis nach Distanz als unzugänglich, wenig durchsetzungsfähig oder sogar als intellektuell herausgefordert. Was dies für die Karriere bedeuten kann, liegt auf der Hand ...

Gehen leise Menschen ständig gegen das Bedürfnis nach Rückzug an, so treibt sie dies in die Erschöpfung. Im schlimmsten Fall werden sie zu Burnout-Patienten: Ständiger Raubbau am eigenen Energiepegel hat einen hohen Preis. Lassen Sie es nicht so weit kommen! Wenn Sie Ihr Bedürfnis nach Auszeiten berücksichtigen, werden Sie die geschilderten Probleme vermeiden können. Hier erfahren Sie die wichtigsten Strategien. Sie sind in diesem Kapitel bewusst allgemein gehalten. Konkrete Hilfen finden Sie in den themenbezogenen Kapiteln direkt bei den jeweiligen Anlässen.

Strategien zur Energiegewinnung

Energiemanagement: Allgemeine Strategien

1. **Analysieren Sie:** Welche Situationen und Menschen rauben Ihnen besonders viel Energie? Reduzieren Sie diese Termine und Begegnungen so weit wie möglich. Planen Sie, wenn Sie eine anstrengende Situation oder ein Treffen mit anstrengenden Menschen vor sich haben, Auszeiten immer direkt mit ein.

2. **Sorgen Sie in regelmäßigen Intervallen für Rückzugsmöglichkeiten: idealerweise täglich (mindestens 30 Minuten), monatlich (einen halben Tag) und jährlich (ein Wochenende oder eine Woche).** Dabei ist nicht wichtig, wie weit Sie entfernt sind von Ihrem Alltagsleben: Wichtig ist nur, dass Sie Abstand haben. Tun Sie während Ihrer Auszeit das, was Sie am liebsten tun: tagträumen, lesen, fotografieren, spazieren gehen, Theorien entwickeln, den Flug des Bussards beobachten, Siesta halten, meditieren, Sudoku lösen ... Was immer für Sie passt!

3. **Kombinieren Sie Bewegung und Ruhe.** Finden Sie heraus, welche Art der Bewegung Ihnen Energie bringt – und welche Art Ihnen Energie raubt. Viele leise Menschen mögen Sportarten, bei deren Ausübung sie sich gleichzeitig kleine Auszeiten gönnen können: z. B. wandern, laufen, radeln, schwimmen, Yoga oder Pilates. Mehr Anregungen für Intro-Sportarten finden Sie in Kapitel 4 auf Seite 116.

Hürde 4: Passivität

Unterschied zwischen Ruhe und Passivität

Ruhe ist gut – Passivität nicht. Denn es gibt einen entscheidenden Unterschied zwischen den beiden Begriffen: Ruhe (im Sinne der Stärke 5) ist eine innere Grundhaltung, die Konzentration und gezielte Aktivität ermöglicht. Passivität dagegen enthält eine Weigerung. Die passive Person weigert sich, Initiative zu zeigen und Impulse umzusetzen. Sie verharrt – kraftlos, trotzig oder in

Schreckstarre – in ihrer Situation und leidet lieber beträchtlich an ihrer Lage, ehe sie versucht, etwas zu ändern Das schließt Langeweile und sogar schlimme Beziehungen ein.

Die Kraftlosigkeit äußert sich oft auch in der Stimme: Viele leise Menschen sprechen leise, also in geringer Lautstärke und vor allem mit zu wenig Nachdruck. Eine langsame, leise Stimme allein kann mit einer intensiven Intonation sehr stark und statushoch wirken. Eine zu schnelle oder zu langsame, dabei leise *und* wenig nachdrückliche Stimme dagegen kostet in der Kommunikation Wirkung. Sie schickt das Signal: »Ich bin schwach!« Und so reagieren viele Mitmenschen (vor allem Extros) beim Zuhören dann auch: Sie geben dem Gesagten zu wenig Gewicht, hören gar nicht richtig zu oder werden ungeduldig.

Kraft in die Stimme bringen

> **Eine leise, wenig nachdrückliche Stimme kann die Wirkung des Gesagten zunichte machen – egal, wie klug oder wie wichtig es ist.**

Passiv ist auch, wer lieber schweigt, wenn er angegriffen wird – in der Hoffnung, dass das Nichtstun die Situation verbessern wird. Eine solche Verbesserung findet aber leider selten statt. Im Gegenteil: Wer anderen erlaubt, die Grenzen des persönlichen Respekts zu überschreiten, lädt sie ein, dies immer wieder zu tun.

Nicht Schweigen bei Angriffen

Doch auch Passivität hat ihre Gründe. Für den leisen Menschen hat sie durchaus vorteilhafte Seiten und ist damit aus seiner Sicht sinnvoll: Sie ist bequem, hilft Überstimulation (Hürde 3) zu vermeiden und wird damit zur Energiesparlampe des Intros. Im schlimmsten Fall führt dieser Energiesparmodus im wahrsten Sinne des Wortes zu einem Leben auf Sparflamme. Andere handeln, der Passive wird behandelt oder (z. B. bei Entscheidungen oder Beförderungen) links liegen gelassen. Andere geben Impulse, der Passive wird in Bewegung versetzt – oder er verharrt dort, wo er ist. Für die Karriere ist das ebenso nachteilig wie für private Beziehungen, ganz abgesehen von der persönlichen Zufriedenheit. Wer anderen die Verfügungsgewalt über sein Leben lässt, verliert das Gefühl, ein gelungenes Leben gestalten und meistern zu können.

Was für ein Preis! Handlungsstrategien zur Passivität finden Sie in Kapitel 6, wo es um den Aufbau von Kontakten geht.

Intros brauchen Zeit zum Nachdenken

Wichtig ist an dieser Stelle noch ein Hinweis zu einem Missverständnis. Da leise Menschen gern gründlich überlegen, bevor sie etwas sagen (daher die Stärke 2: Substanz), werden sie leicht als passiv wahrgenommen, ohne dass sie es in diesem Fall wirklich sind. Der Grund liegt darin, dass Intros zur Verarbeitung aller Eindrücke und Informationen, die sie wahrgenommen haben, mehr Zeit benötigen. Ein typischer Extro-Gesprächspartner wartet nicht gern lange auf eine Antwort und redet selbst weiter, weil er keine Antwort mehr erwartet. Entsprechend wird seine bewusste oder unbewusste Bewertung ausfallen: Der Intro-Gesprächspartner muss passiv sein. Dabei stimmt das in diesem speziellen Fall gerade nicht. Die eigentlichen Aktivitäten, das Nachdenken, Abwägen und Formulieren, sind einfach innen angesiedelt – dort, wo man sie nicht sieht. Wenn Sie am Telefon oder in der direkten Begegnung Zeit zum Nachdenken benötigen, sollten Sie das kurz äußern. Etwa so:

Mustersätze, die für Luft zum Nachdenken sorgen

»Lassen Sie mich kurz nachdenken.«

»Ja, das kann ich gut verstehen, dass diese Sache eilt. Ich melde mich schnellstmöglich.«

»Da sprechen Sie ein kompliziertes Thema an. Wie stehen Sie denn dazu?«

»Moment, geben Sie mir eine Minute.«

»Kann ich Sie später dazu anrufen?«

»Ich sehe mir die Sache an und melde mich. Passt Ihnen morgen Vormittag?«

Denken Sie auch daran, Wort zu halten. Die Sätze geben Ihnen Raum zum Nachdenken, doch das Ergebnis des Nachdenkens ist eine Bringschuld: Äußern Sie sich, liefern Sie – und zeigen Sie Ihre Substanz und analytische Kraft!

Hürde 5: Flucht

Anders als die Passivität ist die Flucht eine Bewegung – nur führt sie leider in die falsche Richtung. Flucht bedeutet Vermeidung durch Rückzug. Eine Situation wird zu belastend – das kann wie bei der Passivität (Hürde 4), eine Folge von Überstimulation (Hürde 3) sein, aber auch andere Ursachen haben. Die betroffene Person sucht in der Flucht Ablenkung oder Entkommen durch eine weniger belastende Aktivität oder Umgebung. Sie verdrängt die eigentliche Belastung und womöglich auch das, was eigentlich zu tun ist. Letzteres ist unter dem Namen Prokrastination – d. h. die Neigung, Dinge aufzuschieben – bekannt. So wird die gefürchtete Rede vor einem größeren Publikum verdrängt, indem die Vorbereitung immer weiter aufgeschoben wird. Der Gesprächstermin mit der Vorgesetzten über eine Gehaltserhöhung wird nicht erbeten, weil so viel Wichtiges zu erledigen ist.

Aufgeschoben ist nicht aufgehoben

Manchmal ist die Flucht das Mittel der Wahl, um Restenergie zu bewahren. Doch genauso kann sie den betroffenen Menschen auch vom aktiven Handeln und vom Erreichen seiner Ziele abhalten: weil Angst oder Bequemlichkeit die ausschlaggebenden Kräfte im Hintergrund sind und eine gezielte Kommunikation verhindern. Auch in diesem Fall ist der Preis hoch: Die Redevorbereitung in letzter Minute verursacht enormen Stress, gerade für einen leisen Menschen, der Zeit zum Nachdenken schätzt. Und die Gehaltserhöhung bekommen andere ...

Hürde 6: Verkopftheit

Etwas im Kopf zu haben ist zunächst einmal gut. Viele leise Menschen sind brillante Denker, die aufgrund ihrer Stärken wie Substanz, Ruhe und analytischem Denken zu großartigen Leistungen fähig sind.

Verkopftheit ist als Hürde die Schattenseite des Denkens: Sie wird zum Problem, wenn der Kopf den Zugang zu Gefühlen vernach-

Die Schattenseite des Denkens

lässig oder blockiert. Der leise Mensch reduziert auf diese Weise seine Wahrnehmung, indem er die emotionale Seite seiner Person unter- und die rationale Seite übergewichtet. Mindestens ebenso schädlich ist die Verkopftheit im Umgang mit anderen Menschen: Der Verkopfte vernachlässigt die Gefühlswelt seiner Kommunikationspartner, versetzt sich nicht in ihren emotionalen Zustand hinein und berücksichtigt im Austausch nur die Faktenebene.

Die Folgen für die Kommunikation können schlimm sein. Selbst im Beruf ist der emotionale Anteil am Austausch immens hoch. Ob Verhandlung oder Meeting, Gespräch in der Mittagspause oder Vortrag in der Arbeitsgruppe: Der Austausch von Fakten macht immer nur einen kleinen Anteil der wahrgenommenen Eindrücke aus. Es gibt Kommunikationspsychologen, die diesen Anteil für nicht höher als 20 Prozent halten. Der große Rest besteht ihrer Meinung nach aus Signalen zu Gefühlen und zur Beziehung der Beteiligten zueinander.

Haben Sie die Verkopftheit als persönliche Hürde erkannt? In Kapitel 7, in dem es um kluges Verhandeln geht, erfahren Sie, wie Sie handeln können, damit Sie diese Eigenschaft nicht behindert.

Hürde 7: Selbstverleugnung

Wenn Bedürfnisse unterdrückt werden Diese Hürde ist eine besondere, denn sie betrifft das Selbstverständnis des introvertierten Menschen im Verhältnis zu seiner Umwelt. Selbstverleugnung bedeutet, dass der leise Mensch seine besonderen Bedürfnisse und Eigenschaften entweder unterdrückt oder als negativ bewertet. Dies passiert besonders häufig, wenn introvertierte Menschen in einer sehr extrovertiert geprägten Umgebung leben. Das kann erstens kulturell bedingt sein wie in den USA, in denen das Sozialverhalten insgesamt extrovertiert ist. Ein leiser Mensch kann in einer lauten, nach außen gerichteten Kultur direkt oder indirekt vermittelt bekommen, dass etwas mit ihm »nicht stimmt«. Vielleicht erschienen auch deshalb die meisten Bücher über introvertierte Persönlichkeiten in den USA?

Zweitens kann Selbstverleugnung dadurch entstehen, dass ein leiser Mensch in der Familie oder im Kollegenkreis eine Minderheit darstellt, weil die meisten seiner Mitmenschen Extros sind. Der betroffene Intro riskiert in solchen Konstellationen zweierlei, wie Laurie Helgoe (2008) in ihrem Buch beschreibt: Entweder *entfremdet er sich sozial, also von seinen Mitmenschen.* Dies kann zu einer intensiven Ausprägung der Kontaktvermeidung (Hürde 9) führen und wird dort auch näher erläutert. Oder der Intro *entfremdet sich von sich selbst.* Genau dies ist in unserer Begrifflichkeit mit Selbstverleugnung gemeint.

Entfremdung von anderen oder von sich selbst

> **Ein leiser Mensch, der sich in seiner Introversion als abweichend von seiner Umgebung wahrnimmt, riskiert soziale Entfremdung oder Selbstentfremdung.**

Auch die Selbstverleugnung hat verschiedene Erscheinungsformen und Ausprägungen. Für einen sozial zugänglichen Flex-Intro (die Erläuterung finden Sie in Kapitel 1) kann extrovertiertes Verhalten zum Maßstab guter Kommunikation werden, wenn er Selbstverleugnungstendenzen hat. Dann wird er den Eindruck bekommen, dass er nicht in der Lage ist, dieses Extro-Verhalten voll und ganz umzusetzen: weil er zwar so agieren kann wie ein Extro, aber daraus nicht die gleichen positiven Erfahrungen bezieht. Die Selbstverleugnung verhindert, dass er die eigenen Intro-Bedürfnisse erkennt und beachtet. Doch auch der Flex-Intro ist immer noch ein Intro: Ja, er mag den Umgang mit Menschen wie ein Extro. Aber in einer anderen Dosis …

Hürde 8: Fixierung

Fixierung ist die erstarrte Form der Beharrlichkeit, die zu einem unbeweglichen Kommunikationsverhalten führt. Viele leise Menschen, die mit dieser Hürde zu tun haben, finden es unangenehm, wenn sie auf gewohnte Abläufe verzichten müssen: etwa, wenn sie zu ungewohnten Zeiten arbeiten oder es auf Dienstreisen mit ungewohnten Bedingungen zu tun haben.

Wenn Beharrlichkeit erstarrt

In der Kommunikation zeigt sich die Fixierung z. B. in einer Diskussion: wenn der leise Mensch auf seiner Position beharrt und lieber ausführlich auf Details schaut, anstatt auf das große Ganze.

Flexibilität für Verhandlungen erforderlich

In Situationen, in denen es besonders wichtig ist, sich auf den Kommunikationspartner hinbewegen zu können – etwa in einer Verhandlung – kann die Fixierung verhindern, dass Sie Entscheidungskriterien, Ansätze für Lösungen und die Bedürfnisse des Gegenübers in Ihre Überlegungen einbeziehen. In Kapitel 7 erfahren Sie, wie Sie in diesen Situationen handeln können.

▨ Die Fixierung ist eine Energiesparstrategie.

Die Fixierung ist wie andere Hürden dieses Kapitels vor allem eines: eine Energiesparstrategie. Wer in bestimmten Situationen fast immer gleich reagiert, verfügt über eine Art inneren Autopiloten, der eine Entscheidung scheinbar unnötig macht. Verhaltensmuster und Rituale treten an die Stelle einer bewussten Entscheidung.

Vorteile von Ritualen im Alltag

Rituale an sich sind dabei nicht unbedingt negativ. Sie haben auch in der Kommunikation ihre Vorteile: Sie helfen uns, in bestimmten Situationen angemessen und mit einem Gefühl der Sicherheit souverän zu reagieren. Ein alltägliches Beispiel: Sie machen bei einem beruflichen Anlass zwei Gesprächspartner miteinander bekannt. Diese Aufgabe werden Sie leichter und souveräner bewältigen, wenn Sie wissen,

1. wen Sie wem zuerst vorstellen (den Rangniedrigeren dem Ranghöheren) und
2. welche interessante Information Sie neben Titel und Namen nennen können, um einen Gesprächseinstieg zu erleichtern – etwa ein gemeinsames Interesse (z. B. Theater, Boxkampf), eine ähnliche Tätigkeit (z. B. pädagogische Tätigkeit oder Wissenschaftsmanagement) oder eine positive Neuigkeit über einen der Vorgestellten (z. B. eine aktuelle Auszeichnung oder eine neue Position).

Rituale wie das des Vorstellens entkomplizieren das Leben. Sie enthalten Erfahrung im Umgang mit Menschen und bilden eine stabile Basis, damit Sie sich anderen Dingen widmen können. Anders verhält es sich, wenn ein solcher »Autopilot« Ihnen die Beweglichkeit im Umgang mit anderen nimmt, die gerade in Nicht-Standardsituationen wichtig ist. Wer bei einem bestimmten Reiz (z. B. Widerstand beim Verhandlungspartner) immer eine bestimmte Reaktion zeigt (z. B. Schweigen oder ein Beharren auf Details), der verhindert mit seiner Unbeweglichkeit eine gelungene Kommunikation. Außerdem wird er so für andere in seinen Reaktionen berechenbar – auch für Menschen, die es nicht gut mit ihm meinen. Es wird leicht, bestimmte »Knöpfe« zu drücken, um eine bestimmte Reaktion zu manipulieren. Fast noch schlimmer ist der Preis, den der leise Mensch in seiner Fixierung zahlt: Er nimmt sich selbst den Spielraum und damit die Souveränität, eine Situation aktiv und mit Blick auf alle wichtigen Umstände zu bewältigen.

Je nach Situation flexibel reagieren

Hürde 9: Kontaktvermeidung

Leise Menschen haben gewöhnlich lieber wenige gute Freunde als viele oberflächlichere Kontakte. Das ist vollkommen in Ordnung. Je deutlicher sie auf der Intro-Extro-Skala im Intro-Bereich angesiedelt sind, umso mehr neigen Intros allerdings auch dazu, Menschen zu meiden, weil sie sie als anstrengend oder lästig empfinden. Hier wird es schwierig. Der Kontaktvermeider schottet sich von der Außenwelt ab und geht anderen Menschen aus dem Weg. Er ist ganz zufrieden, wenn er allein seinen gewohnten Aktivitäten (zusätzliche Gefahr: Fixierung – siehe Hürde 8!) nachgehen kann. Die Gründe dafür können vielfältig sein: Die jeweilige Person ist anstrengend. Das Ziel des Kontaktes ist anstrengend. Oder der leise Mensch hat einfach genug vom Rummel des menschlichen Miteinanders.

Gründe von Kontaktvermeidung

Damit riskiert der leise Mensch, in eine extreme Situation zu geraten: in die der sozialen Isolation. Er ist mit seinen Gedanken

Isolation vermeiden

und Gefühlen auf sich selbst zurückgeworfen. Die Folgen: Im Berufs- und Privatleben fehlen wichtige Impulse und auch Korrekturen durch andere. Wenn Teamarbeit oder Abstimmung mit anderen gefragt ist, wird es mit der Kommunikation schnell schwierig – egal, ob es um Urlaubsplanung in der Familie oder um einen Projektabschluss in der Firma geht. Kontaktvermeider werden von anderen leicht für ein wenig seltsam gehalten.

Ein stereotyper Klassiker unter den Kontaktvermeidern ist der Intro-Ehemann, der sich nach einem langen Arbeitstag in den Hobbykeller flüchtet und dort Möbel restauriert oder Eisenbahnstrecken aufbaut, anstatt mit seiner Frau zu kommunizieren. Ähnlich verhält sich die Intro-Chefin, die sich während der Weihnachtsfeier mit dem Smartphone als Alibi in eine Nische rettet, um dem allgemeinen Trubel und besonders den unberechenbaren Small-Talk-Versuchen von Kollegen und Mitarbeitern zu entgehen.

Flucht und Kontaktvermeidung Der Unterschied zur Flucht (Hürde 5) besteht im Ziel der Vermeidung. Der Flüchtende vermeidet Aufgaben oder Situationen und schiebt sie vor sich her oder tut etwas anderes. Der Kontaktvermeider geht dagegen Menschen aus dem Weg, die für ihn anstrengend sind. Dies kann besonders in Kombination mit der nächsten Hürde, der Konfliktscheu, zu sehr unangenehmen Folgen in zwischenmenschlichen Beziehungen führen.

Ein sozial entfremdeter Intro (Erläuterungen dazu finden Sie oben unter Hürde 7) kann die Kontaktvermeidung zum Programm erheben: Er fühlt sich missverstanden und empfindet seine Umgebung als ablehnend. Dies kann die Kommunikation schwerwiegend beeinflussen: Im Extremfall wird der kontaktvermeidende Intro zum verbitterten Einzelgänger voller Abneigung gegenüber seinen Mitmenschen.

Hürde 10: Konfliktscheu

In der Literatur zu leisen Menschen findet sich immer wieder ein interessantes Detail: Intros scheinen schon in jungen Jahren weniger Konflikte zu haben als Extros. Sind sie friedfertiger? Oder fähiger zur Harmonie? Ich glaube, der Grund liegt woanders.

Sind Intros friedfertiger?

Konflikte gehören zum menschlichen Miteinander, weil wir verschieden in unseren Persönlichkeiten, Wünschen, Zielen und Eigenarten sind. Sie existieren überall. Allerdings ist es für eine breite Mehrheit eine heikle Aufgabe, Konflikte auch anzusprechen: Ein Konfliktgespräch ist aufwendig, relativ stressbelastet und in seinen Folgen nur sehr beschränkt vorhersehbar. Folgerichtig kommunizieren die allermeisten Menschen nur dann über Konflikte, wenn sich der Energieaufwand lohnt. In diesem Punkt scheinen Extros und Intros unterschiedliche Bewertungsmaßstäbe zu haben: Intros kommen zumindest schneller zu der Auffassung, dass es zu anstrengend werden könnte, einen Konflikt zu thematisieren. Zudem sind sie wegen ihrer hohen Sicherheitsorientierung leicht in Sorge, dass die Kommunikation außer Kontrolle geraten könnte. Dies zeigt: Die Angst (Hürde 1) spielt mit in die Konfliktscheu hinein. Für den nach außen gerichteten Extro dagegen sind die Energiekosten in der gleichen Situation niedriger, nach dem Motto: Lieber klare Kante zeigen als im eigenen Frust zu schmoren.

Warum Intros Konflikten aus dem Weg gehen

Auch die nachteiligen Folgen sind für beide Ausprägungen unterschiedlich: Ein Extro kann sich in seinem Bestreben, Konflikte anzusprechen, im Extremfall ständig in verbalen Gefechten wiederfinden, während ein Intro sich nachts schlaflos herumwälzt, weil er über den Konflikt nachdenkt, den er nicht ansprechen mag, der ihn aber immens belastet.

In Kapitel 7 werden Sie am Beispiel der Verhandlung konkret sehen, wie Sie mit Konflikten konstruktiv umgehen können, die auf unterschiedlichen Erwartungshaltungen beruhen.

Wo liegen Ihre Hürden?

Wie im letzten Kapitel, in dem Sie Ihren individuellen Stärken genauer nachgegangen sind, geht es jetzt darum, Ihre Hürden unter die Lupe zu nehmen. In der folgenden Übersicht halten Sie zunächst fest, welche Hürden zu Ihnen persönlich gehören:

Die Frage an Sie:

Welche der Intro-Hürden, die Sie in diesem Kapitel kennengelernt haben, betreffen Sie?

Hürde 1: Angst ❑

Hürde 2: Kleinteiligkeit ❑

Hürde 3: Überstimulation ❑

Hürde 4: Passivität ❑

Hürde 5: Flucht ❑

Hürde 6: Verkopftheit ❑

Hürde 7: Selbstverleugnung ❑

Hürde 8: Fixierung ❑

Hürde 9: Kontaktvermeidung ❑

Hürde 10: Konfliktscheu ❑

Meine drei größten Hürden sind

1. ....

2. ....

3. ....

Gehen wir nun einen Schritt weiter, damit Sie von Ihren Hürden auf Ihre Bedürfnisse schließen können: Halten Sie fest, wo Sie die jeweilige Hürde besonders spüren und welche Folgen sie dort für Sie hat. Daran schließt sich die Aufgabe in der dritten Spalte an: Was für ein Bedürfnis steckt hinter der Hürde – und wie gehen Sie mit diesem Bedürfnis um? Sorgen Sie für ausreichend Ruhe, um diesen Fragen nachzugehen. Ich gebe Ihnen wieder ein Beispiel, sodass Sie einen Eindruck davon bekommen, wie Ihre Liste aussehen kann.

Von Hürden auf Bedürfnisse schließen

Meine Hürde:	In diesen Situationen zeigt sie sich besonders – mit diesen Folgen:	Dieses Bedürfnis erkenne ich daraus – und so kann ich mich darum kümmern:
Überstimulation	bei sozialen Anlässen: zu viele Menschen, zu viel Hintergrundlärm. Folge: Stress – deshalb drücke ich mich gern vor solchen Anlässen.	Am liebsten ist es mir, wenn ich mit einer Person in Ruhe reden kann. Künftig kann ich vorher planen, mit wem ich reden will – vielleicht auch Verabredungen treffen. Außerdem suche ich bewusst »ruhige Ecken«.

Sie haben mit dieser Aufgabe einen wichtigen Teil von sich in Ihr Bewusstsein geholt und wissen nun mehr über Ihre Bedürfnisse in Kommunikationssituationen. So, wie Sie Ihre »Schatztruhe« an Stärken nutzen können, sollten Sie auch Ihre Hürden nutzen: als Wegweiser zu dem, was Sie brauchen, um sich im Austausch mit anderen wohlzufühlen. Viele Intros stellen fest, dass ihre Stärken und ihre Hürden in Verbindung zueinander stehen. So kann die Unabhängigkeit auf der starken Seite als Kehrseite die Hürde der Flucht oder der Kontaktvermeidung mit sich bringen. Vorsicht und Angst sind ähnliche Geschwister, aber auch Ruhe und Passivität, Konzentration und Kleinteiligkeit. Sehen Sie noch einmal in Ihre Notizen des letzten Kapitels: Sehen Sie Zusammenhänge zwischen Ihren beiden Bündeln an Eigenschaften?

Noch eine Frage an Sie:

Welche Ihrer Stärken und Hürden stehen aus Ihrer Sicht in einem Zusammenhang?

1. .... und ....

2. .... und ....

3. .... und ....

Im weiteren Verlauf dieses Buches wird es nun konkreter: Es geht ja darum, Ihren Austausch mit anderen so zu gestalten, dass Sie Stärken nutzen und Bedürfnisse beachten können. Zunächst werfen wir dazu einen Blick auf Ihr privates und Ihr berufliches Umfeld.

Das Wichtigste in Kurzform

- Wie typische Stärken haben introvertierte Menschen auch typische Hürden. Es ist wichtig, sie zu kennen, damit sie in bestimmten Situationen nicht zu Schwachstellen werden oder das Leben erschweren.

- Gleichzeitig sind die Hürden eines leisen Menschen gute Hinweise auf seine Bedürfnisse.

- Die Hürden sind: Angst, Kleinteiligkeit, Überstimulation, Passivität, Flucht, Verkopftheit, Selbstverleugnung, Fixierung, Kontaktvermeidung und Konfliktscheu.

TEIL II

Wie Sie privat glücklich und beruflich erfolgreich werden

4. My home is my castle: den privaten Bereich gestalten

Christina ist Controllerin in einem internationalen Unternehmen. Mit ihren 34 Jahren hat sie einiges erreicht: Sie hat einen großen Verantwortungsbereich, ihre Expertise wird geschätzt, und sie gilt in ihrer Zuverlässigkeit als tragende Säule ihrer Abteilung.

Christina geht völlig in ihrer Arbeit auf. Aber es gibt auch eine Kehrseite: Wenn sie spät nach Hause kommt, wartet dort nur ihre Katze auf sie. Ab und zu trifft sie ihre beiden Freundinnen zum Radfahren oder zum Kaffeetrinken.

Ein Partner wäre schon nicht schlecht. Aber Christina scheut sich als leiser Mensch davor, aktiv auf die Suche zu gehen. Sie ist froh, wenn sie nach einem anstrengenden Arbeitstag ihre Ruhe hat und kann sich nur selten dazu aufraffen, an geselligen Ereignissen teilzunehmen. Ab und zu stöbert sie in Online-Partnerbörsen, ist aber skeptisch – es gibt im Netz schließlich reichlich gut getarnte Windhunde. Sie kann sich auch nur schlecht vorstellen, sich wie auf einem Marktplatz anzupreisen. Und trotzdem: In letzter Zeit denkt sie immer häufiger daran, wie schön es wäre, ihr Leben mit jemandem zu verbringen, der ihre Interessen teilt. Und dem sie etwas bedeutet.

Der innere soziale Kreis

**Intros im Familien-
und Freundeskreis** Der Privatbereich ist ein weites Feld – selbst, wenn wir ihn auf das
Thema dieses Buches, die Kommunikation, beschränken. Über
das Leben allein, zu zweit und in der Familie gibt es reichlich gute
Bücher. In diesem Kapitel lernen Sie den Austausch im Familien-
und Freundeskreis aus introvertierter Perspektive kennen. Da
gibt es erstens die Partner, soweit vorhanden. Singles bekommen
einen eigenen Abschnitt. Es folgt ein ausführlicher Abschnitt, in
dem die unterschiedlichen Bedürfnisse von Intro- und Extro-
Kindern und ein liebevoller, passgenauer Umgang mit ihnen zur
Sprache kommen. Lesen Sie am besten die Passagen, die für Sie
zurzeit aktuell sind!

**Leben mit und
ohne Partner** Wer mit einem Partner lebt, steht vor anderen Aufgaben als eine
Person, die – gewollt oder ungewollt – ohne Partner lebt. Beide
Lebensformen haben ihre eigenen Vorteile und Schwierigkeiten.
Das gilt logischerweise auch für leise Menschen. Einerseits ist das
Leben mit einem Partner einfacher – und andererseits ist es kom-
plizierter. Sicher ist es schön, mit jemandem zusammenzuleben,
dem man wichtig ist, der einen versteht, der für neue Impulse
sorgt. Doch ebenso sicher ist es anstrengend, wenn der Partner
andere Bedürfnisse hat und die Möglichkeiten zum Rückzug zu-
sammenschrumpfen. Beide Lebensformen kommen auf den
nächsten Seiten zur Sprache – zuallererst aber die Phase dazwischen: die Partner*suche*, vor der sich Christina so scheut.

Einen Partner finden

Die Investition: Energie!

**Partnerfindung als
Herausforderung** Einen Partner oder eine Partnerin finden – das ist für viele Intro-
Singles wie Christina eine große Herausforderung. Es bedeutet
schließlich, die Initiative zu ergreifen, um unbekannte Menschen
zu treffen und näher kennenzulernen. Das kostet Kraft und auch
Überwindung. Wenn Sie allerdings für sich entschieden haben,

dass Sie lieber mit einem Partner leben wollen, dann gilt auch: Es ist für Sie persönlich die Initiative wert, um Ihr Leben so zu gestalten, wie Sie es sich wünschen. Wenn Sie in dieser Situation sind, lade ich Sie in den kommenden Abschnitten ein, etwas zu tun, was Sie ohnehin gut können: Denken Sie in Ruhe über mögliche Optionen nach, und machen Sie dann einen Plan. Ihren Plan!

Intro- oder Extro-Partner?

Wenn Sie auf der Suche nach der Person an Ihrer Seite sind, stellt sich mit dem, was Sie inzwischen erfahren haben, eine wichtige Frage: Was für eine(n) Partner(in) sollten Sie bevorzugen, wenn Sie selbst ein leiser Mensch sind: Intro oder Extro?

Nun, werden Sie womöglich einwenden, ein Mensch besteht doch aus mehr Eigenschaften als seinem Platz auf dem Intro-Extro-Kontinuum. Das stimmt. Und prinzipiell können beide Verbindungen gut gelingen – aber auf jeweils andere Weise.

Extros sind für Intros oft attraktive Partner. Schon Carl Gustav Jung wies darauf hin, dass sich Gegensätze anziehen – so auch Intros und Extros. Wie einst Plato ging er davon aus, dass wir einen Partner suchen, der anders ist als wir, sodass wir unseren Partner vervollständigen und der Partner uns zu einer Einheit ergänzt. Sehr männlich und ausgeprägt weiblich, impulsiv und nachdenklich, schön und klug, Familienmensch und Eigenbrötlerin: Wenn Sie Ihre Umgebung entsprechend durchsuchen, werden Sie Konstellationen finden, in denen sich zwei sehr unterschiedliche Personen zusammengetan haben.

Gegensätze ziehen sich an

Dabei lässt sich gut nachvollziehen, dass ein(e) Extro auf eine(n) Intro attraktiv wirkt: Extros können mit Leichtigkeit Dinge tun, die einem leisen Menschen gerade nicht immer leicht von der Hand gehen: z. B. die große Rede auf der Familienfeier halten, die Initiative bei der Planung sozialer Anlässe übernehmen oder den Konflikt bei der Reklamation im Fachgeschäft austragen. Die

Extros und Intros ergänzen sich

Diagnostiker des Myers-Briggs Type Indicator rieten früher dazu, dass Paare in möglichst vielen Persönlichkeitsdimensionen unterschiedlich sein sollten, also auch in Sachen Introversion und Extroversion.

Auch Gleich und Gleich gesellt sich gern Diese Wahrnehmung hat sich inzwischen geändert. Neuere Studien zeigen, dass gerade ähnliche Eigenschaften anziehend wirken. In vielen gut funktionierenden Paarbeziehungen lassen sich eine annähernd gleiche Intelligenz, ein ähnlicher sozialer Hintergrund und ein ähnlicher Bildungs- und Berufsweg feststellen. Aber auch eine übereinstimmende Neigung zum Umgang mit anderen oder für bestimmte Arten der Freizeitgestaltung kann einen potenziellen Partner attraktiv und nahbar machen. Ein »Gleicher« weckt Vertrauen.

Vor diesem Hintergrund ist verständlich, dass ein ruhiger, intensiver Intro auch auf andere Intros attraktiv wirken kann. Das Schöne ist: Wenn Sie gerade auf der Suche nach einer Partnerin oder einem Partner sind, können Sie nun in aller Ruhe überlegen: Wie reagieren Sie auf Extros und Intros? Welche Eigenschaften finden Sie angenehm, und welche finden Sie anstrengend oder unattraktiv? Was wünschen Sie sich bei Ihren Kontakten?

Aber sehen wir vorab den Tatsachen ins Auge: Wenn die Liebe Sie trifft, wird es Ihre rechte Hirnhälfte sein, die Ihnen das mitteilt – also Ihr Gefühl und Ihre Intuition. Planen Sie also, analysieren Sie und denken Sie über Ihre Wünsche nach – das ist Teil des Prozesses. Doch am Ende kann es dennoch ganz unerwartet ausgehen mit der Wahl des Partners. Und das ist doch auch gut so, oder?

Partnersuche: Nutzen Sie Ihre Stärken!

Stärken bei Partnersuche einsetzen Erinnern Sie sich an die Übersicht typischer Intro-Stärken in Kapitel 2? Hier gibt es ein Wiedersehen: Sie sehen die jeweilige Stärke – und wie Sie sie bei der schwierigen Aufgabe der Partnersuche nutzen können.

Stärke	Nutzung für die Partnersuche

1. Vorsicht

Ein höheres Maß an Sicherheit bekommen Sie, wenn eine Person, die Sie kennen und schätzen, Ihnen einen Menschen vorstellt. Diese Konstellation bedeutet, dass zumindest ein vertrauenswürdiger Dritter etwas von der vorgestellten Person hält.

Beim Online-Dating empfehlen sich Vorsichtsmaßnahmen. Hier die wichtigsten:

- nur Computer mit Firewall und Antiviren-Programm nutzen
- nur Plattformen benutzen, in denen Nickname (also nicht Ihr Vorname!) und gültige E-Mail-Adresse ausreichen – keine Domain-E-Mail-Adresse nutzen
- zunächst keine persönlichen Informationen (Namen, Adresse, Telefonnummer, E-Mail-Adresse, Arbeitsplatz) herausgeben
- zunächst nicht über Festnetz telefonieren, sondern über das Mobiltelefon
- wachsam sein, wenn der Kontakt um Geld bittet, schnell von Heirat spricht oder auf seltsame Dinge im sexuellen Bereich zu sprechen kommt. In solchen Fällen: Abstand nehmen! Sofort!
- persönliches Kennenlernen nur an gut einsehbaren, öffentlichen Orten planen: z. B. tagsüber in einem Café. Mindestens eine dritte Person über den Termin und Ort informieren. Dieser Punkt gilt auch für Kontakte über Zeitungsannoncen und Partnervermittlungen!

Geben Sie im Gespräch nur sehr allmählich Informationen über sich preis. Dazu haben Sie alle Zeit der Welt.

2. Substanz

Überlegen Sie: Welche Aktivitäten machen Ihnen echte Freude und sind für Sie sinnvoll? Die Antwort macht es Ihnen möglich, Aktivitäten zu planen, bei denen Sie Gleichgesinnten begegnen können.

Stärke	Nutzung für die Partnersuche
3. Konzentration	Planen Sie in Ihren Alltag konkrete Zeitfenster für die Partnersuche ein, in denen Sie Aktivitäten (z. B. aus dieser Liste) wählen, planen und durchführen.
4. Zuhören	Hören Sie genau hin: Wie kommunizieren Männer und Frauen miteinander, wenn sie sich nicht gut kennen? Was davon passt auch zu Ihnen? Lassen Sie liierte Intro-Freunde darüber berichten, wie diese ihren Partnern begegnet sind. Was können Sie aus diesen Geschichten lernen und nutzen? Hören Sie bei einer neuen Begegnung ebenfalls hin: Worüber redet Ihr Gegenüber am liebsten? Hört er oder sie selbst gut zu?
5. Ruhe	Entspannen Sie sich! Wenn Sie Ihren Bekanntenkreis erweitern, soll dies erst einmal mit interessanten, spannenden Erfahrungen verbunden sein – auch wenn Sie ein weiteres Ziel im Hinterkopf haben. Gerade hier liegt in der Ruhe die Kraft … Noch einmal: Lassen Sie sich niemals zu etwas drängen, was Sie nicht wollen! Nehmen Sie sich nicht zu viele Aktivitäten auf einmal vor. Sorgen Sie für Auszeiten und Regeneration.
6. Analytisches Denken	Planen Sie, nachdem Sie die Frage zu Stärke 2 beantwortet haben, gezielt entsprechende Aktivitäten. Beispiele: mit dem Hund spazieren gehen, in der Bibliothek stöbern, ein Ehrenamt übernehmen, Tanzstunden nehmen, in Ausstellungen gehen, einen Sport ausüben, ein Theaterabonnement kaufen … Durch die Aktivität sind Sie selbst beschäftigt – dies entspannt die Suche deutlich. Welche Aktivitäten könnten Sie sich für ein erstes Treffen (Annonce, Online-Dating) vorstellen? Nutzen Sie Ihr analytisches Denken ruhig auch, um die Menschen einzuschätzen, denen Sie begegnen – das schafft Sicherheit. Fragen Sie sich also: Welche Eigenschaften können Sie erkennen? Welche davon finden Sie angenehm?

7. Unabhängigkeit	Nur wer allein sein kann, wird auch ein guter Partner. Je zufriedener Sie mit Ihrem derzeitigen Leben sind, umso einfacher wird es auch mit dem Kennenlernen. Wer Bedürftigkeit ausstrahlt, ist nur selten attraktiv als gleichrangige(r) Partner(in) – und eine andere Rolle wollen Sie doch nicht?! Sind Sie in diesem Sinne unabhängig? Arbeiten Sie darauf hin.
8. Beharrlichkeit	Partnersuche kann Zeit benötigen. Rechnen Sie damit – und investieren Sie diese Zeit bewusst. Schließen Sie nicht zu früh Kompromisse. Dabei unterstützt Sie die zweite Liste unter 9.
9. Schreiben	Machen Sie zwei Listen: – eine Liste mit Ihren eigenen Eigenschaften, die Sie attraktiv machen (stärkt Ihr Selbstvertrauen) und – eine Liste mit den Eigenschaften, die Sie sich von Ihrem Partner wünschen (prägt Ihre Suche). Beispiele: Humor, Zuverlässigkeit, Ehrlichkeit … Markieren Sie die Eigenschaften, auf die Sie auf keinen Fall verzichten wollen. Überlegen Sie auch: Mit welchen Unterschieden könnten Sie gut leben? Nutzen Sie neben den traditionellen Zeitungsannoncen Online-Plattformen für die Partnersuche. Das Internet lässt Zeit zum Nachdenken und ist ein schriftliches Medium.
10. Einfühlungsvermögen	Dies ist eine sehr nützliche Eigenschaft bei virtuellen und echten Begegnungen: Sie hilft Ihnen, Ihr Gegenüber einzuschätzen – und auch Ihre Kommunikation miteinander. Fühlen Sie sich beide wohl? Was ist Ihrem Gegenüber wichtig? Nehmen Sie negative Gefühle, die Sie selbst entwickeln (Ärger, Angst, aber auch Langeweile und Ungeduld), sehr ernst. Sie erhalten viele nützliche Informationen, wenn Sie Fragen stellen, die unverfänglich sind: z.B. über Freizeitbeschäftigungen. Und zuletzt: Stellt Ihr Gegenüber eigentlich auch Fragen? Versucht er oder sie, Sie zu verstehen und ist dabei in der Lage, von sich selbst abzurücken?

Bei einer ersten Begegnung können Sie auch von den Hinweisen zum Small Talk in Kapitel 6 profitieren.

Beispiel Christina Christina hat sich für eine traditionellere Kombination entschieden: Da sie Online-Plattformen kritisch gegenübersteht, entwirft sie eine Zeitungsannonce für eine seriöse Wochenzeitung. Außerdem nimmt sie Kontakt zu einer Partnervermittlung auf und macht sich im Vorfeld Gedanken darüber, was ihr an einem Partner wichtig ist. Und sie tut noch etwas: Sie besucht einen Workshop, um eine Liebhaberei zu verfolgen, mit der sie sich schon lange trägt. Sie will einen Krimi schreiben. Wer weiß, wem sie begegnet, während sie ihrem neuen Hobby nachgeht …

Mit dem Partner leben

Beziehung als Herausforderung Eine Beziehung ist etwas, das die meisten Menschen gern wollen. Trotzdem scheitern sie häufig. Die Scheidungsrate in westlichen Industrieländern liegt bei 50 Prozent – wenn überhaupt geheiratet wird. In Europa nimmt, wie ein Blick in die Statistik zeigt, die Zahl der Eheschließungen kontinuierlich ab und liegt in Deutschland besonders niedrig. Beziehungsratgeber gibt es in Hülle und Fülle. Hinsichtlich der unterschiedlichen Kommunikationsweisen und Bedürfnisse von Intros und Extros ist vor allem ein Blick auf die beiden logisch möglichen Konstellationen interessant: Wie gelingt eine Beziehung zwischen einer introvertierten und einer extrovertierten Person? Und wie bereichern sich im Vergleich dazu zwei Intros gegenseitig?

Die Frage an Sie:

Wenn Sie eine(n) Partner(in) haben:
Ist er / sie extrovertiert oder introvertiert?

Nehmen Sie, wenn Sie sich nicht sicher sind, den Test und die Übersicht aus Kapitel 1 zu Hilfe!

Er / sie ist ....

Besondere Eigenschaften und Bedürfnisse:

....

....

....

....

....

Die Intro-Extro-Beziehung

Jeder der Partner lebt in seiner eigenen Welt. Spätestens nach der ersten intensiven Verliebtheit lässt sich leicht erkennen, dass sich die beiden Welten unterscheiden: Sie werden durch Werte, Erfahrungen, Begabungen und auch durch Persönlichkeitsmerkmale geprägt, also auch durch Introversion und Extroversion. Die Unterschiede, die sich durch die beiden verschiedenen Wirklichkeiten ergeben, sind interessant, denn zwei Welten sind mehr als eine Welt. Zudem kann der eine Partner oft etwas tun, was dem anderen schwerfällt und ihn oder sie so entlasten. So wird es beispielsweise einer Extro-Partnerin leichtfallen, das soziale Leben für das Paar zu gestalten, zu planen und zu pflegen. Sie wird ihren

Wenn die Partner sich ergänzen

Mann dazu anregen (oder anschubsen), zu Partys zu gehen. Womöglich wird sie dort sogar dafür sorgen, dass er nicht allein herumsteht und wird ihn in ihre eigenen Aktivitäten einbinden. Umgekehrt kann der leise Partner für seine Frau zu einem Ruhepol werden, der sie ausgleicht und ihr wie ein Fels in der Brandung Substanz und Stabilität bietet.

Unterschiede können anstrengend sein Die Unterschiede zwischen einem Intro- und einem Extro-Partner sind andererseits aber auch anstrengend. Unterschiedliche Temperamente, Bedürfnisse und Vorstellungen können ziemlich aufeinanderknallen und für ungleiche Verteilungen sorgen: Die gerade erwähnte Extro-Partnerin trägt in der Konstellation die gesamte Last von Zeit- und Energieaufwand, wenn es um das Pflegen sozialer Kontakte geht. Auf Partys hat sie ihren Gatten im Schlepptau, obwohl sie sich als Extro viel besser amüsieren würde, wenn sie mit vielen verschiedenen Menschen ins Gespräch kommen könnte, ohne Rücksicht nehmen und ihren Mann einbinden zu müssen. Der leise Ehemann findet es im Zusammenleben mit seiner Extro-Frau seinerseits schwer, zur Ruhe zu kommen, zu entspannen und einfach einmal *nichts* zu unternehmen.

 Die Unterschiede zwischen Intro- und Extro-Partner können für eine Beziehung zu einer Bedrohung oder zu einer Bereicherung werden.

Bedürfnis-Kollisionen Wenn ein(e) Intro und ein(e) Extro zusammenleben, können die Unvereinbarkeiten im schlimmsten Fall zu einer Bedrohung für eine glückliche Beziehung werden. Der Intro-Partner kann sich überwältigt, nicht berücksichtigt, unverstanden oder unter Druck gesetzt fühlen. Der Extro-Partner kann den anderen für schwach, unaufmerksam, zu nachgiebig oder zu passiv halten, was das Selbstwertgefühl des Intro-Gegenübers schwächen kann. Hinzu kommt, dass Extros sich von ihren Partnern mehr als Intros Stimulation und aktive Gesellschaft wünschen. Sie können sich auch emotional unterversorgt fühlen, weil sie nicht die für sie notwendige Dosis an aktiver Zuwendung bekommen. Das Intro-Gegenüber findet es in einer Partnerschaft dagegen angenehm, nicht ständig Zuneigung zu signalisieren oder Initiative nachweisen zu müssen.

In der Kommunikation gibt es zwischen Intro- und Extro-Partnern oft unterschiedliche Vorstellungen von Geschwindigkeit und Lautstärke des Austausches; auch Konfrontation und Konflikte gehen sie meist unterschiedlich an. Was für den Intro-Ehemann zu viel, zu laut, zu hart oder zu schnell ist, kann der Extro-Ehefrau als normale Form des Umgangs erscheinen. Umgekehrt kann es ihr zu schaffen machen, wenn sich der leise Partner bei Meinungsverschiedenheiten in sich zurückzieht, anstatt an die Problemlösung zu gehen. Auch Vertraulichkeit kann zum Thema werden, weil Extros persönliche Informationen schneller und großzügiger weitergeben als Intros.

Dennoch können Intros und Extros in sehr bereichernden Partnerschaften zusammenleben. Voraussetzung ist, dass sie etwas üben, was der Psychologe Hartwig Hansen (2008) den Schlüssel zur Partnerschaft nennt: Respekt. Respekt ist im Zusammenleben vor allem eine Verbindung von zwei Faktoren: **Gegenseitiger Respekt als Grundlage**

Zwei Schlüssel zu einer gelungenen Partnerschaft

1. Erkennen Sie Ihre eigenen Bedürfnisse!
Nur, wenn Sie wissen und respektieren, was Sie selbst brauchen, können Sie auch die Bedürfnisse Ihres Partners akzeptieren.

2. Erkennen Sie die Bedürfnisse Ihres Partners!
Erkennen Sie an, dass Ihr Partner andere Dinge braucht als Sie und Sie eine und dieselbe Situation unterschiedlich wahrnehmen können. Diese Wahrnehmung ist unabhängig von den Gefühlen, die Sie verbinden.

Wenn Sie Unterschiede in den Bedürfnissen feststellen, ist das eine ganz normale Sache: Menschen sind unterschiedlich. Entscheidend ist, wie Sie mit Ihren Unterschieden umgehen. Sie sind **Vorteile unterschiedlicher Bedürfnisse** in einer Partnerschaft Teil eines Teams, und jedes Team profitiert davon, wenn seine Mitglieder verschiedene Eigenschaften und verschiedene Fähigkeiten haben. Blicken Sie also auf die Vorteile unterschiedlicher Bedürfnisse in Ihrer Beziehung.

So haben Sie in Ihrem extrovertierten Gegenüber eine(n) Partner(in)

- mit viel Energie und neuen Impulsen für Sie und Ihre Beziehung,
- mit der Fähigkeit, Aktivitäten und soziale Begegnungen zu initiieren – auch für Sie! Das kann sehr entlastend wirken.
- mit anderen Stärken in der Kommunikation, von denen Sie profitieren können, wenn Sie es dort mit Hürden zu tun haben: etwa wenn es um flexible Gesprächsführung (bei Hürde 8: Fixierung) oder um konstruktive Konfliktlösung (bei Hürde 10: Konfliktscheu) geht.

Mit dem Extro-Partner richtig kommunizieren

Speziell für Intro-Partner von Extros (schließlich ist dies *Ihr* Buch!) liste ich hier die wichtigsten Kommunikationsstrategien für den Umgang mit einem extrovertierten Partner auf:

Intro-Strategien für die Kommunikation mit einem Extro-Partner

1. Im Gespräch

Bringen Sie die Dinge auf den Punkt – drücken Sie sich klar aus und reden Sie kurz. Ihre Fähigkeiten zur Substanz (Stärke 2) und zum analytischen Denken (Stärke 6) machen Ihnen das leicht.

Achten Sie bei Ihren eigenen Äußerungen auf eine ausreichende Lautstärke und Deutlichkeit in der Intonation. Wenn Sie zu leise oder zu monoton reden, überhört Ihr Partner das Gesagte leicht oder unterschätzt die Dringlichkeit Ihres Anliegens.

Wenn Ihr(e) Partner(in) zu schnell redet und Sie dies stört, so bitten Sie ihn oder Sie, langsamer zu reden oder das Gesagte zu wiederholen.

Sie haben es in der Hand, das Gespräch zu entschleunigen. Sagen Sie auch, wenn Sie Zeit zum Überlegen brauchen, z. B. vor einer wichtigen gemeinsamen Entscheidung.

Zeigen Sie Verständnis für das Anliegen des anderen. Aktives Zuhören (Stärke 4) und analytisches Denken (Stärke 6) sowie Einfühlungsvermögen (Stärke 10) helfen Ihnen dabei.

Schreiben Sie vor einem wichtigen Gespräch die wesentlichen Punkte auf, die Sie besprechen bzw. erreichen wollen (Stärke 9).

Lernen Sie, die Signale des anderen (Ärger, Langeweile, Frustration, Ängste …) zu entschlüsseln. Gerade, wenn Sie unterschiedliche Arten des Ausdrucks haben, ist es gut, wenn Sie die »Sprache« des anderen verstehen.

Drücken Sie auch Ihre eigenen Gefühle aus, angenehme und unangenehme. Dazu gehören regelmäßige Zeichen der Zuneigung!

Kommunizieren Sie Ihre Bedürfnisse und fragen Sie nach den Bedürfnissen des anderen. Behandeln Sie im Gespräch beide als gleich wichtig.

Zeigen Sie Verständnis für das, was dem anderen (und Ihnen!) schwerfällt. Im Idealfall können Sie gemeinsam darüber lachen …

2. Im Zusammenleben

Machen Sie sich Ihre Bedürfnisse bewusst und leben Sie danach. Geben Sie dem/der Partner(in) Raum, die eigenen Bedürfnisse ebenfalls zu leben.

Planen Sie gemeinsame Aktivitäten so, dass Sie möglichst beide zu Ihrem Recht kommen: im Urlaub, auf Feiern oder in der Familie.

Sorgen Sie für ausreichende Rückzugsmöglichkeiten und kommunizieren Sie das Bedürfnis. Wichtig ist, dass Sie signalisieren: Ich ziehe mich nicht *vor Dir* zurück, sondern *für mich*. Bitten Sie den anderen um Verständnis.

Respektieren Sie Intro- und Extroversion als persönliche Eigenschaften. Sie wissen ja: Beide Typen haben Stärken und Schwächen.

Würdigen Sie das, was Ihr(e) Partner(in) besser und leichter macht als Sie selbst. Danken Sie ihm oder ihr für Dinge, die er / sie für Sie tut: einen Kontakt herstellen, eine Beschwerde äußern oder sich am Ostersamstag ins Einkaufsgetümmel stürzen.

Sich gegenseitig Raum lassen In meiner eigenen Intro-Extro-Beziehung habe ich erst mit den Jahren herausgefunden, wie unterschiedlich mein extrovertierter Ehemann im Unterschied zu mir »tickt« und was er braucht. Genauso wichtig war es herauszufinden, was ich selbst brauche – und dass die Differenz zwischen unseren Bedürfnissen in Ordnung geht. Wir haben im Lauf unserer Ehe gelernt, uns gegenseitig Raum zu lassen: Mein Mann braucht mehr gesellige Abende mit Freunden und in Vereinen, mehr Unternehmungen und Reisen. Und ja, er macht nun einmal gern das Radio oder den Fernseher an, sobald er ein Zimmer betritt. Ich brauche mehr Ruhe, Rückzug und vor allem Zeit ohne laute Geräusche.

Wir haben allmählich herausgefunden, wie wir trotz unserer Unterschiede in unseren Komfortzonen auf den unterschiedlichen Intro-Extro-Kontinuen leben können. Die Zeit, die wir zusammen verbringen, ist schön: Wir haben genug Humor, um über uns und übereinander zu lachen. Außerdem gibt es Kopfhörer und Ohrenstöpsel! Nicht zuletzt haben wir in unseren Vorlieben Schnittstellen, die uns beiden gleich viel Freude machen: etwa ein schönes Abendessen mit Freunden oder auch die Redekunst.

Wichtig ist vor allem eines: Wenn Ihr Partner anders »tickt« als Sie selbst, können Sie nicht davon ausgehen, dass er Ihre abweichenden Bedürfnisse erkennt. Er oder sie ist eben kein leiser Mensch. Ebenso schwer wird es Ihnen fallen, die Extro-Bedürfnisse Ihres Gegenübers zu sehen. Deshalb ist es wesentlich, dass Sie selbst wissen, was Sie brauchen – und dass Sie dies auch kommunizieren.

Die Intro-Intro-Beziehung

Wenig Konfliktpotenzial Wenn Sie in einer Beziehung mit einem (bzw. einer) Intro leben, fühlen Sie sich womöglich sehr wohl. Immerhin haben Sie jemanden an Ihrer Seite, der Ihre Bedürfnisse versteht und vielleicht sogar teilt. Was für ein idealer Ausgangspunkt!

Zwei Fragen an Sie:

In welchen Bereichen haben Ihr(e) Partner(in) und Sie unterschiedliche Bedürfnisse?

Partner(in)	Ich
....	....
....	....
....	....
....	....

Wie können Sie so mit diesen Unterschieden umgehen, dass sie Ihre Beziehung bereichern?

....

....

....

....

In Ihrem introvertierten Gegenüber haben Sie eine(n) Partner(in)

- mit einem offenen Ohr, Geduld und viel Aufmerksamkeit für Ihre Bedürfnisse,
- mit einem Gefühl für Diskretion und Verständnis dafür, dass Sie Ruhe und Rückzug brauchen,
- mit vielen gemeinsamen Interessen und
- mit wenig Konfliktpotenzial.

Gefahr der Stagnation Doch auch diese Konstellation birgt Hürden. Vielleicht die größte darunter ist die Stagnation: das gemeinsame Nicht-Bewegen. Dies ist besonders dann ein Risiko, wenn beide Partner zur Passivität (Hürde 4) oder zur Kontaktvermeidung (Hürde 9) neigen. Mögliche Folgen sind fehlende Freunde und zu wenig schöne gemeinsame Erlebnisse, eine mangelnde persönliche Weiterentwicklung und zu wenig Beweglichkeit, um mit Problemen, Konflikten und Krisen umgehen zu können. Aus dem Verständnis füreinander kann sich eine Fixierung und gegenseitige Abhängigkeit voneinander entwickeln. Sie ahnen schon: Dies alles ist nicht gesund. Deshalb hier eine Übersicht, wie Sie die Kommunikation und das Leben miteinander so gestalten können, dass Sie die Vorteile genießen und mögliche Nachteile vermeiden.

Intro-Strategien für die Kommunikation mit einem Intro-Partner

1. Im Gespräch

Sprechen Sie über das, was Sie voneinander unterscheidet. Was bedeutet das für Ihre Beziehung?

Kommunizieren Sie Ihre Bedürfnisse und vergleichen Sie sie mit den Bedürfnissen des anderen. Behandeln Sie im Gespräch beide als gleich wichtig.

Kündigen Sie im Voraus an, wenn Sie etwas Wichtiges besprechen wollen. Damit geben Sie dem/der Partner(in) Zeit, um sich vorzubereiten.

Kommunizieren Sie ruhig auch in geschriebener Form, wenn Sie beide die Neigung zur schriftlichen Äußerung haben und damit über die Stärke 9 verfügen. Ob E-Mails, SMS oder kleine Zettel – als Medium eignet sich vieles!

2. Im Zusammenleben

Schaffen Sie Rituale, um eine bestimmte Dosis Abwechslung in Ihr Leben zu bringen. Hier einige Anregungen:
– einmal jährlich ein neues Hobby ausprobieren

- jede zweite Woche miteinander ausgehen
- pro Monat eine neue Bekanntschaft mit einem interessanten Menschen schließen
- alle zwei Monate etwas Überraschendes für sich und den / die Partner(in) planen (mit abwechselnder Zuständigkeit!)

Tragen Sie die Rituale in Ihren Kalender ein.

Üben Sie schwierige Gespräche, anstehende Verhandlungen (Kapitel 7) oder Vorträge (Kapitel 8) mit dem anderen. Das trainiert Sie beide!

Gehen Sie auch ohne den anderen persönlichen Interessen nach, und pflegen Sie Ihre eigenen Freundschaften und Netzwerke.

Übernehmen Sie Ihren Teil der Verantwortung für ein ausgewogenes Leben miteinander.

Bitte schauen Sie nun auf Ihre eigene Beziehung, wenn Sie mit einer introvertierten Person zusammenleben:

Zwei Fragen an Sie:

Welche Gemeinsamkeiten haben Sie mit dem introvertierten Menschen an Ihrer Seite?

....

....

....

....

....

→

Welche Hürden bzw. Herausforderungen sehen Sie in Ihrem Zusammenleben – und was können Sie tun, um negative Folgen zu vermeiden?

Hürde **Umgang mit der Hürde**

....

....

....

....

....

Als Intro-Single leben

Allein, ohne einsam zu sein

Das Leben allein hat seine Vorzüge und seine Nachteile. Es kann eine bewusste Lebensform sein oder eine Situation, die mit dem Verlust eines Partners verbunden ist. Viele Intros können gut allein leben, ohne sich einsam zu fühlen. Sie gehen Aktivitäten nach, die sie ohne Begleitung ausüben können, und finden es sogar entspannend, nach einem anstrengenden Arbeitstag in Ruhe regenerieren und entspannen zu können.

Single-Risiken

Die Risiken ähneln denen, die Sie oben bei den Intro-Intro-Partnerschaften kennengelernt haben – mit dem Unterschied, dass Sie es allein (und nicht mit einem Intro-Partner) schwer finden, sich zu Aktivitäten aufzuraffen oder Menschen zu treffen. Dies gilt besonders dann, wenn Sie als Single eine Neigung zur Passivität (Hürde 4) oder zur Kontaktvermeidung (Hürde 9) haben. Die Folgen sind wie bei den Intro-Paaren fehlende soziale Kontakte und zu wenige Erlebnisse, die für neue Perspektiven und Eindrücke sorgen. Daraus folgen leicht persönliche Stagnation und eine verringerte Fähigkeit zum Umgang mit Problemen, Konflikten und Krisen.

Hier eine Übersicht mit Tipps, die Ihnen helfen, Ihr Single-Leben zu genießen und die genannten Risiken zu vermeiden:

Tipps für ein glückliches Single-Leben

Intro-Strategien für das Leben als Single

Schaffen Sie Ihre persönlichen Rituale, um Ihr Leben zu bereichern. Hier einige Anregungen:
- einmal jährlich ein neues Hobby ausprobieren
- zweimal jährlich einen neuen Ort kennenlernen
- jede zweite Woche eine Ausstellung oder eine Kino-, Theater- oder Tanzvorführung besuchen
- pro Monat an einer Feier oder einem sozialen Ereignis teilnehmen
- alle zwei Monate eine Unternehmung mit einem Freund oder einer Freundin planen (mit abwechselnder Zuständigkeit!)

Tragen Sie die Rituale als Aufgaben bzw. Termine in Ihren Kalender ein.

Achten Sie darauf, dass Sie sich regelmäßig mit anderen Menschen austauschen, die interessant und inspirierend auf Sie wirken. Telefon oder E-Mail sind als Medien in Ordnung, doch planen Sie bewusst auch persönliche Begegnungen außerhalb Ihres Arbeitslebens ein: mit Freunden, Familienmitgliedern oder netten Kolleginnen und Kollegen.

Gehen Sie persönlichen Interessen nach, die Ihnen Freude machen.

Wirken Sie in Ihrer Gemeinschaft: Pflegen Sie Ihre Freundschaften und Netzwerke. Helfen Sie anderen mit kleinen Gefallen, wenn Sie das gut leisten können (Blumen gießen, zuhören, ein Computerprogramm installieren, auf ein Kind aufpassen ...). Die ebenso wichtige Kehrseite: Bitten Sie umgekehrt auch andere um Hilfe, wenn Sie diese benötigen.

Wenn Ihnen ein bestimmtes Thema besonders am Herzen liegt, so erwägen Sie ein Ehrenamt, um außerhalb Ihres Berufes aktiv zu sein. Dort treffen Sie Gleichgesinnte, was immer interessant ist – und zwar nicht nur, wenn Sie auf Partnersuche sind.

Genießen und gestalten Sie Ihr Leben als Single und wirken Sie für sich und andere bereichernd. Als leiser Mensch haben Sie dazu besonders gute Möglichkeiten.

Kinder begleiten

Wenn Sie mit einem Partner zusammenleben, sind Sie eine Familie: Sie leben nicht mehr allein, sondern in einer Gemeinschaft mit einem Menschen, der Ihnen wichtig ist. Kinder und weitere Menschen können dauerhaft (der gebrechliche Vater, die verwitwete Schwiegermutter) oder vorübergehend (Gastschüler, Freundinnen, Au Pairs) dazukommen.

Die wohl größte Hürde im fröhlichen Familientrubel ist für einen leisen Menschen die Nummer 3: Überstimulation! Die Lautstärke und der unterschiedliche Schlafrhythmus kleiner Kinder und das soziale Leben der größeren können sehr anstrengend und erschöpfend sein. Die Möglichkeiten zum Rückzug sind oft begrenzt.

Tipps für ein glückliches Familienleben Die folgende Liste enthält Anregungen, die Ihnen helfen sollen, als Intro glücklich in und mit Ihrer Familie zu leben.

Intro-Strategien für das Familienleben

1. **Gleichwertige Koexistenz.** In den meisten Fällen leben in einer Familie Extros mit Intros zusammen. Leben Sie in Ihrer Familie bewusst so, dass alle zu ihrem Recht kommen – egal, wo ihre Komfortzone auf dem Intro-Extro-Kontinuum angesiedelt ist. Sorgen Sie also dafür, dass die Bedürfnisse der Intros und der Extros gleichermaßen berücksichtigt werden: Der Wunsch nach einem Mittagsschlaf ist genauso berechtigt wie die Lust darauf, mit Freunden eine Kirmes zu besuchen.

2. **Rückzugsbereich.** Sorgen Sie für einen Raum, in dem Sie sich wohlfühlen und in den Sie sich – wenn auch nur kurz – allein zurück-

ziehen können. Das kann das Schlafzimmer sein, ein Raum im Keller, auf dem Dachboden oder Ihr eigenes Zimmer. Das Wohnzimmer ist dagegen normalerweise ein Gemeinschaftsraum. Er lässt sich aber zeitweise zum Entspannen nutzen, wenn die Rasselbande im Bett oder außer Haus ist.

3. **Geräuschpegel.** Reduzieren Sie aktiv den oft zu hohen Geräuschpegel, wenn Sie lautempfindlich sind. Es bleibt immer noch genug Lärm übrig! Dies können Sie konkret tun:

- *Zimmerlautstärke einfordern!* Am Esstisch können Sie das Ritual schaffen, dass nur in »Zimmerlautstärke« gesprochen wird. Sie können das Wort auch als Aufforderung an Familienmitglieder nutzen, die in bestimmten Situationen in erhöhter Lautstärke kommunizieren.
- *Auszeiten verteilen!* Bei Streit oder Trotzreaktionen – typische Dezibel-Horror-Situationen – entstressen Sie die Lage, indem Sie die Beteiligten auf unterschiedliche Zimmer verteilen. Wer sich ärgert, kann ohnehin nichts klären. Allerdings sollte ein Gespräch folgen, wenn sich der Pulverrauch verzogen hat.
- *Technologie nutzen!* In unserer Familie gibt es Kopfhörer fürs Fernsehen, sodass die geräuschempfindliche Intro-Mutter problemlos neben Mann und Sohn ihr Buch lesen kann, die ihrerseits gerade »Die Simpsons« sehen.

4. **Babysitter.** Sie sind für Intro-Eltern überlebenswichtig, einerlei, ob es Opas, benachbarte Teenager oder die nette Nichte sind. Sitter-Einsätze sind eine ausgezeichnete Investition mit hohem Entlastungsfaktor und lohnen auch dann, wenn Sie nicht mit Partner oder Partnerin ins Theater oder auf eine Feier gehen wollen, sondern einfach einmal Ruhe brauchen. So können Babysitter mit den Kindern etwa für ein paar Stunden ins Kino, ins Museum oder auf den Spielplatz gehen. Positive Nebeneffekte: Sie lieben Ihre Kinder nach der Ruhephase besonders – und sind selbst sichtlich entspannter. Wenn Ihre finanziellen Mittel knapp sind, können Sie sich regelmäßig mit anderen Eltern als »Sitter-Dienst« abwechseln: Auch dies ist eine Variante erfolgreichen Netzwerkens ...

5. Gedankenfutter. Das brauchen Sie als Intro gerade in der ange-spannten Familienphase dringend zum Ausgleich, damit Ihr Innen-leben nicht vom Alltagsstress besetzt wird. Bleiben Sie an Ihrem Arbeitsplatz auf dem aktuellen Stand. Versorgen Sie sich mit guten Büchern, interessanten Filmen, spannenden Blogs und echten Kon-versationen, die über Themen wie Masern und Schulwahl hinausge-hen. Treffen Sie bewusst auch Menschen ohne Kinder.

6. Sport. Das tut uns allen gut – egal, mit wem wir leben. Suchen Sie sich eine Sportart aus, die Ihren Neigungen entspricht – und die Sie allein ausüben können. Dann haben Sie gleich zwei Vorteile: Fitness und eine aufgeladene Batterie! Die meisten der folgenden Sportar-ten können Sie sogar mit Freunden und Familie ausüben, wenn Sie Lust dazu haben: Fitness-Studio (Ausdauer- und Muskeltraining – keine Kurse!), Gymnastik, Inline Skating, Jogging, Pilates, Rad fahren, Schwimmen, Segeln, Surfen, Tai Chi, Tauchen, Walking, Wandern, Yoga.

Intro- oder Extro-Kind? Kinder haben wie Erwachsene ein Persönlichkeitsprofil – auch, wenn es sich beim Heranwachsen noch ändert und ausprägt. Schon bei einem Baby lässt sich aufgrund seiner Reaktionen auf Umwelt und Mitmenschen voraussagen, ob da ein Intro- oder ein Extro zur Welt gekommen ist. Und auch Kinder haben schon eine ungefähre Komfortzone auf dem Intro-Extro-Kontinuum, das Sie in Kapitel 1 kennengelernt haben. Wenn Sie Kinder haben oder mit Kindern leben, können Sie sie besser fördern und in ihrer Entwicklung unterstützen, wenn Sie wissen, was Intros und Ex-tros für ihr Wohlbefinden und Gedeihen brauchen. Gerade für junge Intros ist es unschätzbar, wenn sie sich in einer Welt, in der in Kindergärten und Schulen vor allem Extros als »cool« angese-hen werden und Aufmerksamkeit bekommen, mit ihren eigenen Stärken und Vorlieben gewürdigt sehen. Doch auch Extro-Kinder lernen am besten früh, wo ihre eigenen Vorteile und Hürden lie-gen.

Um das zu können, brauchen Sie nur eine ungefähre Einschätzung. Am besten sehen Sie sich die Übersicht ab Seite 41 an. Wenn Ihr Kind schon älter ist, kann es auch den vorangehenden Test machen. Für Kinder gilt wie für Erwachsene: Extreme Introversion oder Extroversion ist selten – wahrscheinlicher ist, dass die Komfortzone irgendwo in der Mitte liegt, mit einem Mix an Eigenschaften und einer Tendenz zum einen oder anderen Merkmal. Wenn Sie herausgefunden haben, ob Sie eine junge Extro- oder eine Intro-Person begleiten, wählen Sie einfach unter den beiden folgenden Abschnitten den passenden aus.

Das eigene Kind einschätzen

Ein Intro-Kind begleiten

Mit Intro-Kindern kenne ich mich gut aus: Ich habe nämlich eines! Herr Sohn (ich nenne ihn auf Twitter und in meinem Blog so und bleibe hier dabei) ist ganz klar ein leiser Mensch. Von klein auf unterschied er sich merklich von seinen extrovertierten Altersgenossen. Größere Gruppen und gar Menschenmassen mochte er nie, und es brauchte schon früh Überzeugungskraft, um ihn zu einem Kindergeburtstag zu locken. Dafür beeindruckte er mich schon im Kindergartenalter mit seinem reichen Innenleben – und mit Einsichten, zu denen manch Erwachsener nicht fähig ist.

Eigene Erfahrung mit Intro-Kind

Mit sechs bat uns der Herr Sohn, ihn von Karnevalsumzügen und Martinszug doch bitte zu verschonen: Die Musik sei laut und schlecht, und außerdem gäbe es zu viele Menschen. Mit acht Jahren recherchierte er, dass ein Vegetarier 100 Tieren im Jahr das Leben rettet – und stellte dauerhaft seinen Fleischkonsum ein. Nach der Schule erholt er sich erst einmal eine gute Stunde mit seinen Freunden Bach, Beethoven, Chopin und Rachmaninow am Klavier vom Trubel des Klassenraums. Er hat wenige Freunde, und die sind richtig toll. Und ja, ich bin unglaublich stolz auf ihn …

Die folgende Übersicht ist aus jahrelanger Recherche, durch viele Gespräche und Überlegungen und natürlich mit viel Liebe entstanden. Wenn ein Teil des Buches ganz besonders praxiserprobt ist, dann dieser!

Tipps für den Umgang mit dem Intro-Kind

So begleiten Sie ein introvertiertes Kind

1. Sorgen Sie dafür, dass Ihr Kind Abstand bekommen kann.

Leise Kinder brauchen oft schon sehr früh einen Ort zum Alleinsein, damit sie sich erholen können. Am besten ist ein eigenes Zimmer oder – wenn das wegen Ihrer räumlichen Bedingungen oder wegen der Geschwisterkinder nicht geht – zumindest ein ungestörter Bereich, der im Alltag eine Zeit lang nur Ihrem Kind »gehört«.

Für unterwegs, also z.B. auf Klassenfahrten, in den Ferien und auf Feiern, können Sie mit Ihrem Kind besprechen, wie es sich zwischendurch möglichst einfach eine Weile zurückziehen kann, wenn es dies braucht. Lassen Sie ihm Zeit zum Beobachten, bevor es an einer Gruppenaktivität teilnimmt.

Abstand bedeutet auch Abstand von anderen Menschen. Respektieren Sie die »Alleinzeit« Ihres Kindes und klopfen Sie immer an, bevor Sie sein oder ihr Zimmer betreten. Finden Sie heraus, wie viel körperliche Nähe (Kuscheln, enges Beieinandersitzen im Auto) für Ihr Kind erträglich ist – respektieren Sie seine Komfortzone.

2. Erleichtern Sie »Auszeiten« durch Rituale.

Je selbstverständlicher und regelmäßiger Sie Auszeiten in die Zeitplanung einbauen, umso leichter fällt ihre Nutzung. Dabei helfen Rituale enorm – Dinge, die Sie in einem bestimmten Rhythmus immer wieder und ganz ähnlich tun. Hier einige Beispiele:

– Ritual im Urlaub: nach einer aktiven Phase eine Ruhephase planen, also nach einem Besuch auf dem Markt eine Lesestunde und nach dem Schwimmbad ein Tee mit Keksen.

– Ritual bei Feiern außerhalb: Kind rechtzeitig hinbringen (nie in letzter Minute!) und zusammen das Spürhundspiel spielen: Wer findet einen Bereich, in dem es sich zwischendurch in Ruhe vom Trubel entspannen kann? Beziehen Sie den Gastgeber ruhig ein, wenn das nötig ist.

– Ritual im Alltag: nach dem Kindergarten bzw. nach der Schule mit dem Kind, seinem Lieblingsgetränk und einer kleinen Leckerei gemütlich am Tisch sitzen. Keine Fragesalven! (Hier schreibt eine notorische Fragerin …)

3. Helfen Sie Ihrem Kind, seine Bedürfnisse zu entdecken.

Finden Sie heraus, was für Ihr Kind in bestimmten Situationen »passt« – gerade dann, wenn es im Umfeld Vorstellungen gibt, die eher extro-orientiert sind. Eine Geburtstagsfeier muss z.B. keine große Sause mit vielen Kindern sein. Es kann auch ein Tag mit dem besten Freund am See sein, mit Picknick und Kuchen.

Wenn Ihr Kind in einer anstrengenden Situation sichtlich gestresst ist oder sogar »austickt« (ja, das kann auch bei Intro-Kindern passieren!), bleiben Sie selbst möglichst gelassen (durchatmen – evtl. räumlichen Abstand schaffen). Lassen Sie, wenn Ihr Kind sich beruhigt hat, die Situation gemeinsam Revue passieren: Was ist passiert? Wie kann es beim nächsten Mal besser laufen? Es hilft, dabei aktiv zuzuhören (»Also, du hast gedacht, Malte will dich nicht mitmachen lassen, und deshalb hast du …«) und offene Fragen zu stellen – also solche Fragen, die ein Fragewort mit »w« enthalten und die einen Kommentar, keine Entscheidung fordern: »Wie könntet Ihr dafür sorgen, dass bei dem Spiel alle Kinder an die Reihe kommen?« Meistens finden Intro-Kinder sehr gut heraus, was sie und andere brauchen.

Achten Sie für sich persönlich darauf, dass Sie die Bedürfnisse Ihres Kindes nicht bewerten. Das kann anstrengend sein, wenn Sie selbst ein leiser Mensch und von der Situation herausgefordert sind. Leben Sie Ihrem Kind vor, wie es seine Bedürfnisse entdecken kann – mit Fragen wie: Was kann ich? Was brauche ich jetzt? Fragen Sie das leise Kind auch nach seiner Meinung, wenn es sich im Familiengespräch zurückhält.

Wenn Ihr Kind extrovertierte Geschwister hat, so achten Sie darauf, dass Zuwendung, Redezeit und Entscheidungen fair verteilt werden. Je früher Kinder lernen, dass verschiedene Kommunikationsweisen und Wesensarten erfolgreich sein können, umso besser!

Zeigen Sie Ihrem Kind auch, dass es seine Kontakte nach seinen eigenen Vorstellungen gestalten kann. Hier wirken Sie am besten durch Ihr Vorbild: Wenn Sie selbst entspannt und gern mit Familienmitgliedern, Freunden und Bekannten umgehen (und sich bei Bedarf ebenso entspannt allein zurückziehen), so wird Ihr leises Kind mit seinem Hang zum Beobachten viel davon übernehmen. Helfen Sie Ihrem Kind bei Bedarf auch, Spielkameraden zu finden, die zu ihm oder ihr passen.

4. Würdigen Sie die besonderen Gaben Ihres Kindes.

Dieser Rat geht über das in 3. Gesagte hinaus: Würdigen bedeutet, dass Sie bewusst die Stärken in Worte fassen, die Ihr Kind hat. Nehmen Sie die Liste mit den typischen Stärken leiser Menschen. Welche davon können Sie in Ihrem Kind in Ansätzen oder bereits ausgeprägt entdecken? Ein nachhaltiges Würdigen ist immer spezifisch. Sagen Sie also nicht: »Du bist immer so schön vorsichtig!« sondern lieber: »Du hast eben geprüft, wie tief das Wasser ist, bevor Du hineingesprungen bist. Das fand ich ganz toll!«

Mit diesem Verhalten helfen Sie Ihrem Kind zusätzlich, Selbstbewusstsein zu entwickeln und Selbstzweifel zu überwinden. Intro-Kinder zweifeln leichter als Extro-Kinder an sich selbst und bewerten sich schnell unbarmherzig (»Ich bin ein Loser!«). Vermeiden Sie deshalb, wenn es eben geht, eigenen Stress auf Ihr Intro-Kind zu übertragen, etwa durch Ungeduld oder Druck. Es wird die Schuld wahrscheinlich bei sich suchen. Wenn Sie Ihr leises Kind in seinen Eigenarten annehmen und bestärken, so helfen Sie ihm dauerhaft: Es wird später in seinem Erwachsenenleben vermeiden können, sich durch die kritische innere Stimme blockieren zu lassen.

5. Unterstützen Sie Ihr Kind während der Schulzeit.

Leise Kinder fallen in der Klasse oft weniger auf. Das ist für Lehrkräfte einerseits pflegeleicht, bedeutet aber auch, dass diese dem Kind leicht weniger Aufmerksamkeit widmen als seinen vernehmlicheren Mitschülern. Ein Nachteil kann entstehen, wenn es z. B. um mündliche Noten geht, die weniger objektiv messbar sind als schriftliche. Ein leises Kind gilt leicht als passiv und zeigt auch in Gruppenarbeiten oft nicht, was es beizutragen hat.

Steuern Sie dem entgegen, indem Sie mit Lehrerinnen und Lehrern im Gespräch bleiben. Intro-Kinder mögen wegen ihrer längeren neuronalen »Verkabelung« (siehe Kapitel 1) mehr Verarbeitungszeit im Gehirn brauchen, dafür denken sie vieles gründlicher durch als ihre Extro-Klassenkameraden und können länger bei der Sache bleiben. Machen Sie auch ruhig sichtbar, was Ihr Kind in seinem außerschulischen Leben so leistet: Sportliches, Musisches, Lektüre, Soziales ...

Last but not least: Zu Hause lassen sich große Teile schulrelevanter Kommunikation gut und in einem geschützten Rahmen trainieren: am Esstisch diskutieren, für mehr Taschengeld argumentieren, in einer kleinen Gruppe ein Projekt über gefährdete Tierarten verfolgen ...

Abschließend ein Wort zur Entspannung: Viele Psychologen erwähnen in Studien zu leisen Menschen, dass diese überdurchschnittlich oft »Spätzünder« sind. Vieles an der Schulzeit mit ihren Klassenverbänden und Gruppenzwängen ist für leise Kinder so anstrengend, dass sie ihr ganzes Potenzial womöglich nicht ausschöpfen können. Die gute Nachricht lautet: Wenn junge Erwachsene erst einmal in der Lage sind, ihre eigenen Bedürfnisse und Neigungen zu berücksichtigen (Wohnsituation, Studienfach, Arbeitsformen, soziales Leben), dann erleben sie häufig einen richtigen »Schub« und werden zufrieden und erfolgreich in dem, was sie tun.

Sind Intros Spätzünder?

Ein Extro-Kind begleiten

Gerade, wenn Sie selbst ein leiser Mensch sind, kann ein extrovertiertes Kind eine Herausforderung sein. Da dieses Buch ja in erster Linie an leise Menschen gerichtet ist, finden Sie mögliche Reibungspunkte in der folgenden Übersicht besonders berücksichtigt.

Strategien für den Umgang mit dem Extro-Kind

So begleiten Sie ein extrovertiertes Kind

1. Sorgen Sie dafür, dass Ihr Kind Ansprechpartner hat

Extro-Kinder gedeihen, wenn sie ihre Ideen und Eindrücke anderen mitteilen können: Sie beziehen daraus ja ihre Energie! Eine Intro-Freundin berichtete mir neulich über ihren Sohn: »Ich liebe ihn – aber mit ihm ist es, als hätte ich ständig ein Radio an. Alles, was ihm durch den Kopf geht, muss er aussprechen. Manchmal macht mich das wahnsinnig!« Wenn Sie selbst zu den Intros gehören, wird Sie dieser erste Punkt persönlich entlasten. Natürlich sollen Sie als Vater oder Mutter Ansprechpartner Ihres Kindes sein – aber es ist besser für Sie und auch für Ihr Kind, wenn Sie nicht der einzige sind!

Extrovertierte Menschen entwickeln ihre Gedanken leichter, wenn sie sie artikulieren können. Helfen Sie also sich selbst und Ihrem Kind, indem Sie schon früh Freundschaften und Kontakte zu verschiedenen Kommunikationspartnern fördern: Lassen Sie Ihr Kind Freunde einladen, lassen Sie es bei Freunden und Verwandten übernachten, nehmen Sie es zu Festen und Anlässen mit, die für Kinder passen.

Wundern Sie sich nicht, wenn auch Ihr Extro-Kind Phasen durchläuft, in denen es sich zurückzieht: Das gehört zur normalen Entwicklung und bedeutet nicht, dass Ihr Kind vom Extro zum Intro wird.

2. Regen Sie Ihr Kind an, Erfahrungen und Eindrücke auszuwerten

Wegen der »kurzen Wege« im Hirn (siehe Seite 30) neigen extrovertierte Menschen dazu, schnell und impulsiv zu reagieren. Sie können einerseits schnell von einer Aktivität zur nächsten umschalten, lassen sich aber andererseits leicht ablenken. Helfen Sie Ihrem Kind mit Ihren eigenen Stärken, zwischendurch innezuhalten und zu reflektieren: Was passiert gerade? Wer will was? Welche verschiedenen Möglichkeiten gibt es, das Problem zu lösen? Wie kann diese Situation besser werden?

Ebenso können Sie vorgehen, wenn Sie sich über Ihr Extro-Kind ärgern. Was ist aus Ihrer Sicht nicht gut gelaufen? (Die eingeladene Freundin wurde ständig herumkommandiert.) Was soll das Kind tun? (Sich entschuldigen, beim nächsten Mal ein Spiel planen, bei dem beide zu ihrem Recht kommen.)

Auf diese Weise lernt Ihr Kind allmählich, vor dem eigenen Handeln mehr Informationen zu sammeln, sein Verhalten zu korrigieren und seine Entscheidungsfreiheit auszuloten. Dies sind wichtige Schritte zum Erwachsenwerden.

3. Finden Sie Raum für die Unterschiede

Wenn Sie als leiser Mensch mit einem Extro-Kind zusammenleben, kann das anstrengend oder sogar frustrierend sein: Ihre Bedürfnisse – etwa Lieblingsaktivitäten, Nähe, Redebedürfnis, Taktung des Tagesablaufs – sind wahrscheinlich sehr verschieden. Umso wichtiger ist es, dass Sie mit den Unterschieden umgehen lernen – und Ihr Kind ebenso!

Dazu gehört der Austausch. Erklären Sie Ihrem Kind, dass Sie (oder andere Intro-Familienmitglieder) ab und zu Ruhe brauchen, oder dass zu viele und zu häufige kleine Gäste im Haus für Sie keine pure Freude sind. Erkennen Sie umgekehrt auch die Bedürfnisse Ihres Kindes mit seinem eigenen Temperament. Hier einige Beispiele aus dem Alltag:

– Besuchsplan: Bestimmen Sie »Besuchstage« und »Ruhetage«. Wenn Ihr Kind viele Freunde hat, lassen sich mit anderen Eltern auch leicht Abmachungen treffen: abwechselnde Besuchsorte, Übernachtungen oder sogar ein gemeinsamer Babysitter tagsüber, sodass Sie selbst sogar kurz in die Bibliothek gehen oder ein wenig ausruhen können …

– Stimulation: Ein Extro-Kind mag konkrete Unternehmungen und blüht auf, wenn es dafür Aufmerksamkeit und Anerkennung bekommt. Fordern Sie es ruhig heraus: mit Projekten oder Aufgaben, die zu seinen Interessen passen. Das kann ein Puppenspiel sein, ein Zirkus, eine Interview-Reihe oder eine Kunstausstellung in der Wohnung …

– Abstand: Richten Sie Ruhezeiten ein, in denen Ihr Kind sich leise beschäftigt und in denen Sie für sich sein können. Und wenn Ihr Kind sich eine große Geburtstagsparty mit vielen Freunden wünscht, dann muss sie ja nicht unbedingt zu Hause stattfinden! Setzen Sie auch ruhig Grenzen für Ihre eigene Beteiligung an Gesprächen oder Aktivitäten. Sie müssen z. B. nicht den ganzen Nachmittag für Fragen zu einem Schulprojekt zur Verfügung stehen: Machen Sie stattdessen einen Termin von einer Stunde und schalten Sie den Fernseher aus, den Ihr Extro-Kind womöglich bei den Hausaufgaben als Hintergrundgeräusch schätzt.

4. Würdigen Sie die besonderen Gaben Ihres Kindes

Dieser Rat gilt für ein Extro-Kind genauso wie für ein Intro-Kind: Würdigen bedeutet, dass Sie bewusst die Stärken in Worte fassen, die Ihr Kind hat. Welche Stärken hat Ihr Kind? Machen Sie sie sichtbar! Ein spezifisches Würdigen ist gerade für den Extro-Nachwuchs besonders wirksam. Sagen Sie also nicht: »Du kannst so schön vor anderen reden!«, sondern lieber: »Ich habe eben gehört, wie du deinen Freundinnen das Spiel erklärt hast. Sie konnten sofort loslegen, weil deine Worte so klar waren und weil du so gute Beispiele gefunden hast!«

Denken Sie daran, wie sehr Extros es brauchen, von anderen wahrgenommen zu werden. Ihrem Extro-Kind tut es deshalb besonders gut, wenn Sie positive Dinge hervorheben: wie gut die Hausaufgaben gelungen sind, wie schön das Muttertagsgeschenk ist, wie viel dem Freund der Anruf bedeutet hat …

5. Fördern Sie die Aufmerksamkeitsspanne

Extro-Kinder haben im schulischen Bereich meist wenig Probleme mit der mündlichen Beteiligung oder mit der Gruppenarbeit. Eher sind sie herausgefordert, wenn es darum geht, sich für eine längere Zeitspanne allein auf eine Sache zu konzentrieren: also während einer Stillarbeitsphase oder einer Klassenarbeit, aber auch bei den Hausaufgaben.

Konzentration lässt sich trainieren. Zeigen Sie Ihrem Kind, wie man größere Aufgaben in Teilschritte zerlegt. Loben Sie es, wenn eine umfangreichere Aufgabe erledigt ist. Geben Sie dem Kind die Möglichkeit, zwischen verschiedenen Aktivitäten zu wechseln – aber erst nach einer gewissen Zeitspanne, die sich allmählich verlängern lässt. Oder simulieren Sie einen sportlichen Wettkampf: Wie viele Matheaufgaben kann das Kind in 20 Minuten richtig lösen? Diese Art fröhlicher Ansporn motiviert besonders Extro-Kinder, bei der Sache zu bleiben.

Je früher Ihre Kinder ihre Stärken und Hürden kennenlernen, je mehr sie sich mit ihnen angenommen und geliebt fühlen, umso besser wird es ihnen gehen. Und wer in einer Familie heranwächst, in der die Eigenarten aller Mitglieder Respekt und Raum finden, der ist bestens auf sein Erwachsenenleben vorbereitet – im sozialen Miteinander und im Umgang mit sich selbst.

Mit Stärken und Hürden leben

Das Wichtigste in Kurzform

■ Das Leben mit anderen ist bereichernd – auch für Intros, wobei diese leichter als Extros ein erfülltes Leben allein führen können.

■ Bei der **Partnersuche** kann ein leiser Mensch sämtliche Intro-Stärken einsetzen.

■ Eine **Beziehung** kann sowohl mit einem Intro- als auch mit einem Extro-Partner gut gelingen. Es gibt dabei aber unterschiedliche Dinge zu beachten und verschiedene Hürden zu überwinden.

■ Eine wichtige Basis ist es, die eigenen Bedürfnisse und die Bedürfnisse des anderen zu kennen und zu respektieren, in der Kommunikation und im Zusammenleben. Wenn sich ein Paar als Team sieht, können die Unterschiede leichter als bereichernd für den anderen wahrgenommen werden.

■ **Allein lebende leise Menschen** können ihre Situation genießen, laufen aber zuweilen Gefahr, in eine Isolation oder persönliche Stagnation zu geraten. Dagegen lässt sich aber durch gezielte Aktivitäten und Rituale gut ansteuern.

■ Das Leben in einer **Familie mit Kindern** gelingt ähnlich wie in der Paarbeziehung am besten, wenn alle Familienmitglieder Raum für ihre Bedürfnisse und Temperamente bekommen. Das fordert einerseits Kompromisse und Rücksicht, schult aber andererseits das Verständnis füreinander.

■ **Intro- und Extro-Kinder** haben besondere Bedürfnisse in der Kommunikation und in ihrer persönlichen Entwicklung. Bei der Begleitung der Kinder ist es für alle Beteiligten von Vorteil, wenn die Eltern ihre eigenen Persönlichkeitsmerkmale und Bedürfnisse kennen und ihr Kind gezielt unterstützen.

5. Öffentlich-menschlich: den Arbeitsbereich gestalten

Holger (27) ist Projektmitarbeiter in einem pharmazeutischen Großunternehmen. Er teilt sich ein Büro mit seinem Kollegen Boris. Holger arbeitet als leiser Mensch am besten und effektivsten, wenn er sich eine längere Zeit auf eine Sache konzentrieren kann, vorzugsweise ohne Geräuschkulisse.

Eine Sache treibt ihn langsam, aber sicher in den Wahnsinn: Boris ist völlig unfähig, auch nur für eine halbe Stunde am Schreibtisch bei der Sache zu bleiben. Nach spätestens 15 Minuten greift er entweder zum Telefon oder verlässt das Büro. Den jeweiligen Grund dafür teilt er Holger meistens mit. Holger ist auch sein erster Ansprechpartner, wenn Boris in einer Sache nicht weiterkommt: Denn Probleme löst er bevorzugt im Austausch mit anderen. Holger wird durch Boris' Verhalten regelmäßig aus seiner Arbeit herausgerissen und findet es schwer, wieder hineinzukommen – umso mehr, als er regelmäßig frustriert und verärgert ist. Merkt Boris nicht, dass er stört? Selbst wenn Holger sich ein Herz nimmt und die Zusammenarbeit im Büro anspricht (das hat er einige Male probiert), geht es höchstens eine kurze Zeit besser. Dann rutscht Boris in sein übliches Verhalten zurück.

Im professionellen Bereich können Sie sich nur sehr bedingt aussuchen, mit wem Sie zusammenarbeiten. Kollegen, Kunden, Vorgesetzte – sie alle haben ihre eigenen Persönlichkeiten und ihre eigenen Ziele, Gefühle, Interessen und Eigenarten. Das ist manch-

Kollegen kann man sich nicht aussuchen

mal anstrengend – gerade für die leisen Menschen, die am besten arbeiten, wenn sie ungestört sind. Nicht jeder trifft es so hart wie den leisen und empfindlichen Holger, der mit einem Super-Extro wie Boris das Büro teilt ...

Intro-Erfolg in allen Branchen

Umgekehrt gilt: Leise Menschen sind keine Minderheit! Dies bedeutet, dass unter den Intros nicht nur Controller, Revisionsprofis, Forscher und IT-Spezialisten sind. In allen Bereichen und Branchen gilt: Intros sind (mindestens) so erfolgreich wie Extros – mit ihren eigenen Mitteln und Stärken. In einigen Bereichen sind sie sogar deutlich erfolgreicher: So wären die digitale Revolution und die Entwicklung sozialer Netzwerke ohne beharrliche, an einer Sache arbeitende Intro-Geeks nicht passiert. (Es gäbe andererseits sicher auch weniger Hacker ...)

Intro-Erfolg im Berufsalltag

Dieses Kapitel soll keine Karriere- und Führungsratgeber ersetzen. Der Schwerpunkt liegt auch hier auf den Stärken und Bedürfnissen leiser Menschen: aber eben im beruflichen Zusammenhang. Die Themen, die Sie hier behandelt finden, decken die wichtigsten Fragezeichen und Druckpunkte ab, die Intros im öffentlichen Leben besonders oft finden. Wie arbeiten Sie in Teams professionell miteinander? Wie führen Sie als leiser Mensch so, dass es zu Ihnen passt? Wie machen Sie Ihre Leistungen sichtbar – gerade, wenn Sie weniger gern darüber reden, was Sie können und erreicht haben? Wie können Sie als Intro Kommunikationskanäle so nutzen, dass es Ihren Bedürfnissen entspricht? Den Abschluss bildet eine Frage zu einem oft wenig sichtbaren, aber umso spürbareren Stressfaktor, der vielen leisen Menschen zu schaffen macht: Wie können Intros auf Geschäftsreisen für das eigene Wohlergehen sorgen? Doch grundsätzlich geht es um eine große Frage: Wie gestalten Sie Ihre Kommunikation so, dass es für Sie passt und Ihnen Erfolg im Beruf bringt?

Wichtige Bereiche des Berufslebens wie Kontaktmanagement, Verhandeln, öffentliches Vortragen und die Kommunikation in Sitzungen finden Sie in den Kapiteln 6 bis 9 ausführlicher behandelt.

Leise Menschen in Teams

Leise Menschen arbeiten gern allein und sind stärker mit inneren Prozessen beschäftigt. Da liegt der Verdacht nahe, dass sie weniger teamfähig sind als ihre extrovertierten Kollegen, die aus Teamarbeit sogar ihre Energie beziehen können. Doch das stimmt nicht. Ohne Intros würde so manches Projekt scheitern und so manches Team in seiner Leistung drastisch eingeschränkt. Allerdings stimmen zwei andere Aussagen. Erstens: Intros werden in Teams leicht unterschätzt. Zweitens: Intros verhalten sich in der Teamkommunikation oft anders als Extros.

Sind Intros nicht teamfähig?

Die unterschätzten Team-Player

Leise Menschen sind leise – warum sollten sie auch in einem Team anders sein? Dieses Leisesein kann auch in einer Gruppe bestens funktionieren, wenn das leise Teammitglied in seinen Leistungen gewürdigt wird. Dies hängt von verschiedenen Faktoren ab: von der Branche, von der Unternehmenskultur, von der Einstellung der Kollegen und Vorgesetzten – und auch von der Intro-Extro-Zusammensetzung des Teams.

Sabine, eine Bekannte, arbeitete bis vor einigen Monaten in einem Team in der Stabsabteilung eines großen deutschen Konzerns. Mit einer Intro-Kollegin war sie als leiser Mensch inmitten ausgeprägter Extro-Persönlichkeiten deutlich in der Minderheit. Ihre sehr extrovertierte Teamleiterin signalisierte ihr, dass sie sie nicht mehr im Team haben mochte: Sabine erschien ihr zu farblos und zu wenig initiativ. Diese verstand die Botschaft und konnte sich bei einer Ausschreibung um eine höhere Position durchsetzen. Ihre Qualitäten – sie war hervorragend in der Recherche und im Erstellen von Vorlagen und unterhielt ausgezeichnete Kontakte in vielen Sparten des Unternehmens – waren der Extro-Chefin völlig entgangen, weil Sabine sie nicht nachdrücklich kommunizierte. Die Lücke fiel der Chefin erst auf, als es zu Problemen kam: Informationskanäle waren weggebrochen, Vorlagen wurden wegen ihrer geringen Qualität bemängelt. Immerhin war sie so fair, dies Sabine zu sagen und zuzugeben, dass sie nicht richtig hingesehen hatte.

Wenn Qualitäten nicht wahrgenommen werden

Sabines Erfahrung machen viele Intros: Sie werden unterschätzt, obwohl sie mit ihren Stärken oft Leistungen erbringen, die die Teamleistung erheblich steigern. Es liegt also etwas schief – die Extros nehmen die Qualität ihrer Intro-Kollegen nicht wahr. Das ist aber erst die Hälfte der Wahrheit: Denn diese Intro-Kollegen tun ihrerseits zu wenig, um mit ihren Stärken und Leistungen wahrgenommen zu werden.

Intro-Teamarbeit

Leistung sichtbar machen

Die zentrale Frage ist also: Wie können Sie als Intro in Ihrem Team so arbeiten und so kommunizieren, dass Sie und Ihre Leistungen angemessen sichtbar sind? Was können Sie außerdem tun, damit Sie sich mit den Kolleginnen und Kollegen möglichst wohlfühlen – und diese sich mit Ihnen?

Strategien für gute Teamarbeit

Gute Antworten auf diese Fragen sollten zwei Bedingungen erfüllen: Sie sollten erstens Ihre Bedürfnisse und zweitens die Bedürfnisse der extrovertierten Gruppenmitglieder (bei den Intros ist es ja einfach …) berücksichtigen. Die folgenden Strategien zielen darauf ab, diese beiden Perspektiven zu vereinbaren.

Erfolgreich im Team kommunizieren: So vereinbaren Sie Ihre Bedürfnisse mit den Bedürfnissen der anderen

1. Ihr Bedürfnis: längeres ungestörtes Arbeiten allein

Extro-Bedürfnis: in Teilschritten arbeiten, untereinander beraten, über Ergebnisse und weiteres Vorgehen kommunizieren

Strategie: Schaffen Sie Rituale für den Austausch, an denen Sie und andere sich orientieren können und die Ihnen den nötigen Freiraum geben, damit Sie sich auf Ihre Arbeit konzentrieren können.

Anregungen:

- Kommen Sie früher zur Arbeit oder bleiben Sie länger als die anderen. Nutzen Sie diese »einsame« Phase, um länger an einer Aufgabe zu arbeiten.
- Bleiben Sie nach Meetings ein wenig länger, um mit den anderen ins Gespräch zu kommen. Planen Sie diese Zeit bewusst ein.
- Vereinbaren Sie mit den Kollegen ein tägliches Zeitfenster, in dem Sie ungestört arbeiten können.
- Unterteilen Sie Ihre Arbeit in tägliche Teilschritte und machen Sie nach einer Zeit eine Pause, um sich mit den anderen auszutauschen. Nutzen Sie dazu auch E-Mail und Telefon.
- Mit unangekündigt erscheinenden Kollegen können Sie eine andere Zeit vereinbaren, wenn es gerade für Sie nicht passt: »Ich bin gerade an einer dringenden Sache. Hast du nach dem Mittagessen Zeit für einen Kaffee?« Achtung: In Krisensituationen aller Art ist das nicht angemessen!
- Sprechen Sie mit Ihren Kolleginnen und Kollegen über ihre Arbeit. Seien Sie spezifisch: »Wie hat denn der Kunde reagiert, der letzte Woche ...« Diese Art der Aufmerksamkeit wird sehr geschätzt.

2. Ihr Bedürfnis: zwischendurch zur Ruhe kommen

Extro-Bedürfnis: zwischendurch Austausch mit anderen suchen

Strategie: Planen Sie auf Veranstaltungen oder auch für Ihren Arbeitsalltag bewusst Phasen ein, in denen Sie sich mit Kolleginnen und Kollegen austauschen. Planen Sie Rückzugsphasen ebenso.

Anregungen:

- Betrachten Sie Ihre Arbeit als Bühne. Anwesenheit fordert eine gewisse Präsenz. Sorgen Sie für Möglichkeiten, die Bühne zwischendurch zum Ausruhen zu verlassen: Das kann ein Spaziergang in der Mittagspause sein, in besonders stressigen Situationen sogar eine Mini-Auszeit in der Toilettenkabine.
- Verabreden Sie sich zum Mittagessen. Viele leise Menschen schätzen ein Mittagessen zu zweit oder zu dritt. Geben Sie den Menschen, mit denen Sie zu tun haben, Ihre volle Aufmerksamkeit.

- Schwänzen Sie bei Veranstaltungen oder Seminaren kleine Module – z. B. einen Vortrag. Nutzen Sie die gewonnene Zeit für einen Rückzug.
- Finden Sie dazu die informellen Regeln im Team heraus: Welche sozialen Anlässe und Begegnungen sind wichtig? Welche sind es eher nicht? Handeln Sie entsprechend. Das heißt:
- Haben Sie den Mut, nicht-prioritäre Unternehmungen nicht mitzumachen – etwa den Barbesuch nach einem erschöpfenden Veranstaltungstag. Gleichen Sie Ihr Fernbleiben dadurch aus, dass Sie bei einer anderen Aktivität mitmachen, solange Ihr Energiepegel noch relativ hoch ist: Gehen Sie also z. B. am ersten Abend mit, am zweiten Abend nicht.
- Regen Sie selbst Aktivitäten an, an denen Sie sich gern beteiligen: z. B. ein neues Café ausprobieren, ein Geburtstagsgeschenk für den runden Geburtstag einer Kollegin organisieren.

3. Ihr Bedürfnis: Weniger reden – mehr arbeiten

Extra-Bedürfnis: durch Kommunikation signalisiert bekommen, mit wem man es zu tun hat und wie man selbst ankommt

Strategie: Kommunizieren Sie gezielt.

Anregungen:

- Gerade, wenn Sie gern allein arbeiten, gilt: Sammeln Sie alles, was Sie mit Erfolg bewältigen. Schriftlich. Das ist gut für Ihr Selbstvertrauen und macht es leichter, zwischendurch etwas zu erwähnen, wenn es gerade passt: »Ich habe gerade ein ganz ähnliches Projekt abgeschlossen, nämlich ...«
- Sehen Sie Meetings nicht als Zeitverschwendung – nutzen Sie die Informationen in Kapitel 9!
- Pflegen Sie Kontakte mit einzelnen Menschen, die Sie schätzen. Nutzen Sie dazu die Hinweise in Kapitel 6.
- Nutzen Sie Ihre Beobachtungs- und Analysestärke: Was ist den Menschen um Sie herum wichtig? Was mögen sie? Zeigen Sie zwischendurch, dass Sie wahrgenommen haben: »Haben Sie noch Interesse an der Botticelli-Ausstellung in Berlin? Meine Schwester war gerade da, und sie sagt, die Reise lohnt wirklich!«

- Entdecken Sie Ihren persönlichen Stil des Humors. Nutzen Sie ihn, um positive Aufmerksamkeit zu schaffen. Ausnahmen: Sarkasmus und Ironie.
- Helfen Sie Ihren Extro-Kollegen (und Chefs!), indem Sie in Gesprächen Wichtiges zusammenfassen oder Entscheidungen anstoßen.
- Übernehmen Sie Verantwortung und kommunizieren Sie entsprechend: Präsentieren Sie Ergebnisse des Teams, wenn diese in Ihren Bereich gehören. Klären Sie Aufgaben und Erwartungen, wenn Sie eine neue Aufgabe oder neue Mitarbeiter bekommen. Sprechen Sie an, wenn etwas nicht »rund« läuft.
- Achten Sie auf den Fokus Ihrer Kommunikation – seien Sie *Problemlöser* und nicht *Bedenkenträger.* Sagen Sie also: »Wie können wir es schaffen, dass die Lieferung noch rechtzeitig zugestellt wird?« anstatt »Das kommt bestimmt nicht pünktlich an!« Beide Aussagen basieren auf der gleichen Situation …
- Sorgen Sie dafür, dass Meilensteine gefeiert werden: Sie stärken so das Gefühl des Miteinanders in einem positiven Moment – und machen die gute Arbeit des Teams sichtbar. Bitten Sie Vorgesetzte ruhig dazu …

Intro-Führungsstrategien

Sind Sie als leiser Mensch in einer Führungsposition? Dann sind Sie in guter Gesellschaft. Es gibt viele sehr erfolgreiche leise Chefinnen und Chefs! Das hat Gründe. In ihrem Buch über Intro-Chefs verweist Jennifer Kahnweiler (2009) auf drei besondere Stärken, über die leise Vorgesetzte oft verfügen: Sie können erstens souverän zugunsten ihres Verantwortungsbereichs über ihr eigenes Ego hinaussehen (in diesem Buch: Stärke 7 – Unabhängigkeit), haben zweitens ein ruhiges Selbstbewusstsein (hier: Stärke 5 – Ruhe) und drittens eine besondere soziale Kompetenz, weil sie auf ihre Mitmenschen und ihre Bedürfnisse blicken können (hier: Stärke 4 – Zuhören und Stärke 10 – Einfühlungsvermö-

Qualitäten von Intro-Chefs

gen). Aktive, motivierte Mitarbeiter bekommen von leisen Chefs oft Raum, um Ideen umzusetzen und Fähigkeiten zu entfalten.

Doch es gibt auch Faktoren, die leisen Führungskräften zu schaffen machen: Stress, fehlende Netzwerke, mangelnde Selbstdarstellung sowie falsche oder mangelnde Wahrnehmung durch andere. Dies hängt mit der bevorzugten Kommunikation leiser Menschen zusammen – und auch mit ihren diversen Hürden, die Sie aus Kapitel 3 kennen.

Schritt aus der Komfortzone

Eine Führungsposition zu übernehmen bedeutet für leise Menschen oft einen großen Schritt aus der Komfortzone. Auf einmal geht es nicht mehr darum, einen überschaubaren Bereich herausragend zu bewältigen, sondern die Aufgabe ist es, mit der eigenen Kommunikation mehrere Bereiche mit den dazugehörigen Menschen wie ein Orchester zu einem Zusammenspiel zu bringen. Mit der Neigung zur Kleinteiligkeit (Hürde 2), der Kontaktvermeidung (Hürde 9) oder der Konfliktscheu (Hürde 10) wird der Chefsessel schnell zum Albtraum. Die neuen Aufgaben und die neue Verantwortung können diffus, unverständlich oder chaotisch erscheinen – und es fehlt noch die Erfahrung, die in der bisherigen Position viele Entscheidungen erleichtert und beschleunigt hat.

Es gibt leise Menschen, die sich bewusst gegen eine formale Führungsposition entscheiden (oder die sich lieber selbstständig machen, um möglichst unabhängig zu sein). Das ist völlig in Ordnung. Wenn Sie persönlich vor dieser Entscheidung stehen, ob Sie in der Hierarchie aufsteigen wollen, stellen Sie aber bitte eines sicher: Der Schritt aus der Komfortzone darf es nicht sein, der Sie abhält, die Stelle anzunehmen. Es gibt wie gesagt ganz herausragende »leise« Chefs.

Sehen wir einmal genauer hin: Worin zeichnen sich diese leisen Chefs als Führungskräfte aus? Die Antwort liegt in vier grundsätzlichen Strategien.

Führungsstrategie 1: Bauen Sie Selbstvertrauen auf

Der Hintergrund ist einfach: Wenn Sie als Führungskraft nicht von Ihren Stärken und Kompetenzen überzeugt sind, werden Sie es schwer haben, Ihre Mitmenschen von ihrem Vorhandensein zu überzeugen. Der Grund liegt darin, dass Sie auf verschiedenen verbalen und körpersprachlichen Ebenen zu viele Signale kommunizieren, die die Botschaft senden: »Ich finde mich selbst eigentlich nicht so richtig überzeugend.« Dies ist keine Einladung zu einem King-Kong-artigen Gehabe – und als leiser Mensch würden Sie ihr auch ohnehin nicht folgen, oder? Ein gesundes Selbstvertrauen können und sollen Sie allerdings kultivieren. Üben Sie, sich etwas zuzutrauen: Machen Sie sich Ihre Stärken bewusst und nehmen Sie Ihre Schwachpunkte ohne Bewertung wahr – unabhängig von den Rückmeldungen Ihrer Umwelt. Selbstvertrauen und Selbsterkenntnis gehören eng zusammen.

Sicherheit kommunizieren

> Sie stärken Ihr Selbstwertgefühl, indem Sie sich regelmäßig fragen: Was ist mir heute gut gelungen? Welche Stärken konnte ich nutzen?

Viele leise Menschen gehen mit sich selbst eher kritisch um, weil sie ihr Verhalten, ihre Kommunikation und ihre Gedanken in der inneren Verarbeitung ständig bewerten. Gehören Sie dazu? Dann ist es für Sie hilfreich, wenn Sie ihre Gedanken durch konkretes Nachfragen in eine selbstwertfördernde Richtung lenken. Fragen Sie sich jeden Abend: Was ist mir heute gut gelungen? Welche Stärken konnte ich nutzen? Wenn Sie Ihr Selbstvertrauen besonders effektiv steigern wollen, dann führen Sie über diese Erfolge ein Tagebuch, in dem Sie jeden Tag einen Eintrag machen. Sie werden bald merken, wie sich Ihre Beobachtung verschiebt und Ihr Selbstvertrauen steigt.

Erfolgstagebuch führen

Wenn Sie meinen, dass Sie intensiver an Ihrem Selbstvertrauen arbeiten sollten, ist womöglich ein gezieltes Coaching für Sie hilfreich, in dem Ihnen ein Experte oder eine Expertin professionell zur Seite steht.

Führungsstrategie 2: Geben Sie dem Menschen vor Ihnen Ihre ganze Aufmerksamkeit

Sich auf das berufliche Umfeld einstellen

Diese zweite Strategie ist direkt mit Einfühlungsvermögen (Stärke 10) verbunden, aber auch mit Stärken wie Konzentration (Stärke 3) und Zuhören (Stärke 4). Sie verschiebt die Perspektive von Ihrer eigenen Person zu den Menschen in Ihrem Umfeld – zu Ihren Vorgesetzten, Kollegen und Mitarbeitern.

Introvertierte Vorgesetzte können eine starke Wirkung dadurch entfalten, dass sie ihre Aufmerksamkeit gezielt auf ihr Gegenüber richten. Dies zeigt sich beispielsweise

- durch die Fähigkeit, das Gegenüber als Person wahrzunehmen, auch unter nicht streng dienstlichen Aspekten (das kranke Kind, der Lieblingsurlaubsort),
- durch die Fähigkeit, ein Gespräch mit Substanz zu führen,
- durch die Fähigkeit, unvoreingenommen zuzuhören (also ohne sofortige Bewertung und ohne kritische Haltung) und Diskretion zu wahren sowie
- durch die Fähigkeit, andere Meinungen jenseits von Status- und Dominanzverhalten ernst zu nehmen und in die eigenen Überlegungen einzubeziehen.

Starke Präsenz durch Einfühlungsvermögen

Eine aufmerksame Vorgesetzte kann eine starke Präsenz ausstrahlen. Dazu reicht die erste Führungsstrategie nicht aus: Ein Mensch, der sich auf Selbstvertrauen beschränkt und auf sich selbst bezogen bleibt, ist nicht unbedingt präsent – es fehlt die Hinwendung zu seiner Umwelt, selbst wenn er die sozialen Rituale des Austausches beachtet. Wir haben alle ein Empfinden dafür, ob uns jemand mit aufrichtigem Interesse zuhört und uns seine ungeteilte Aufmerksamkeit schenkt.

Die Chefin, die mit ihren Vorgesetzten, Kollegen und Mitarbeitern so kommuniziert, hat mehrere Vorteile: Sie hat einen leichteren und besseren Zugang zu Informationen, weil die meisten gern und vertrauensvoll mit ihr sprechen. Sie findet heraus, was ihre Teammitglieder motiviert, weil sie erfährt, was ihnen wichtig ist:

mehr Zeit zu Hause, eine Gehaltserhöhung oder ein spannendes Anschlussprojekt. Sie sieht, wo in ihrem Team es Weiterbildungsnachfrage, Konfliktpotenzial oder Entscheidungsbedarf gibt. Sie weiß, wer sich für welchen Arbeitseinsatz am besten eignet und wer von einer Unterstützung durch Mentoring oder Coaching profitieren könnte. Kurz: Sie ist bestens im Bilde. Und die Mitarbeiter fühlen sich geschätzt und wahrgenommen.

Führungsstrategie 3: Sorgen Sie für einen guten Überblick

Gute Führungskräfte sehen weiter als bis zum gerade anstehenden Projekt. Sie haben eine umfassende Vorstellung von den Zielen ihres Unternehmens und von den Aufgaben und Kapazitäten ihres Bereichs. Das verschafft ihnen Abstand vom Tagesgeschäft und befähigt sie dazu, flexibel zu handeln und schnell umzuplanen (denn Unvorhergesehenes passiert ständig!) und Prioritäten zu setzen (denn es gibt immer zu viel zu tun!).

Ziele des Unternehmens immer im Blick

Einen Überblick bekommt auch, wer die Ziele und die Entwicklung seines Bereichs plant – sogar dann, wenn sich nur ein Teil des Plans in die Realität umsetzen lässt. Das Planen ist eine starke Seite vieler leiser Führungskräfte und kommt ihren Stärken entgegen: Es gelingt am besten schriftlich (Stärke 9), mit einer analytischen Bestandsaufnahme und einer Aufteilung in Teilziele mit Prioritätensetzung (Stärke 6) und mit Orientierung auf das Wesentliche (Stärke 2). Die Beharrlichkeit (Stärke 8) hilft dabei, die geplanten Ziele auch zu erreichen.

Planung: Starke Seite der Intros

Wenn Sie die dritte Führungsstrategie verfolgen, werden Sie dreierlei feststellen: Erstens sind Sie effektiv. Zweitens schaffen Sie es leichter, andere zu ermutigen, Ziele zu setzen – besonders dann, wenn Sie sich auch Führungsstrategie 2 zu Eigen gemacht haben. Drittens werden Sie es leichter finden, mit Ihren Vorgesetzten über Ihren Arbeitsbereich zu kommunizieren und Entscheidungen anzuregen oder zu vertreten: Sie werden als Führungskraft sichtbar, die genau weiß, was sie tut. Was ja auch stimmt!

Führungsstrategie 4: Schulen Sie Ihre Dialog- und Konfliktfähigkeit

Kommunikation im Team beobachten

Als Führungskraft sind Sie nicht nur dafür verantwortlich, dass die Produktivität stimmt und die Arbeit getan wird. Zu Ihren Aufgaben gehört auch, dass Sie die Kommunikation im Auge behalten: Wie läuft die Zusammenarbeit Ihrer Teammitglieder? Wie ist der Austausch mit anderen Führungsebenen und Arbeitseinheiten? Wer sollte sich mit wem einmal zusammensetzen? Wer solche Fragen vernachlässigt, wird schon bald nachteilige Folgen feststellen: Konflikte eskalieren, Funkstille kostet Informationen und womöglich Ressourcen, fehlender Austausch sorgt für Missverständnisse oder Lagerbildung.

Diese Führungsstrategie fordert Ihre soziale Kompetenz. Anhand der beiden Stichworte Dialog und Konflikte sehen Sie im Folgenden, worin ihre Möglichkeiten und Vorteile liegen.

Dialog

Management by walking around

Für den gelungenen Dialog einer Führungskraft gibt es im Amerikanischen seit rund 30 Jahren einen schön anschaulichen Begriff: »management by walking around« – also Führen durch Herumlaufen. Das Prinzip ist einfach. Sorgen Sie in Ihren Abläufen dafür, dass Sie mit den Menschen in Ihrem beruflichen Umfeld immer wieder zusammentreffen und kommunizieren können. Als leiser Mensch werden Ihnen dabei besonders solche Gelegenheiten zusagen, in denen Sie eine oder zumindest nur wenige Personen auf einmal treffen. Sie werden auch mehr hören – denn unter vier Augen oder in einer kleinen Gruppe lässt sich nun einmal mehr ansprechen als in einem Team-Meeting.

Machen Sie sich also auf: Treffen Sie Vorgesetzte, Kollegen und Mitarbeiter dort, wo sie arbeiten (oder essen!). Nutzen Sie Geschäftsreisen, Aufzüge, gemeinsame Wartezeiten und soziale Anlässe, um ins Gespräch zu kommen. Nutzen Sie Führungsstrategie 2 und geben Sie Ihren Gesprächspartnern Ihre volle Aufmerksamkeit. Seien Sie ein(e) ansprechbare(r) Chef(in)!

▨ Praktizieren Sie »management by walking around«!

Sie werden durch »management by walking around« zweierlei erreichen: Erstens werden Sie mehr erfahren. Atmosphärisches (unter anderem auch Konflikte und Mobbing; siehe unten), Neuigkeiten und Überraschendes, Vertrauliches und Privates, Potenziale und Probleme. Zweitens werden Sie als Führungskraft erstaunlich beliebt werden – und bekannt als Person, die den Puls des Betriebes kennt. Denn was ist dieser Puls anderes als das, was die Menschen um Sie herum umtreibt?

Konflikte

Konflikte sind völlig normal. Menschen sind unterschiedlich – auch in ihrem Fühlen, Wollen oder Handeln, in ihren Gewohnheiten und Eigenarten. Für diverse Arbeitsumfelder, in denen Menschen (also Kollegen, Kunden und Geschäftspartner) verschiedener Generationen, Traditionen und Kulturen aufeinandertreffen, gilt erst recht: Durch die Verschiedenheit der Persönlichkeiten entstehen leicht Konflikte, wenn es Unvereinbarkeiten gibt. Die beiden Bürokollegen Holger und Boris, die Sie zu Beginn des Kapitels kennengelernt haben, unterscheiden sich in Bereichen, die deutliches Konfliktpotenzial haben.

Konflikte sind menschlich

Unvereinbarkeiten allein führen aber noch nicht zu echten Reibungen. Sie sind daran zu erkennen, dass sie für die Beteiligten zu einer emotionalen Belastung werden und die Arbeitssituation beeinträchtigen. Konflikte bergen ein Risiko: Wenn sie nicht angesprochen und aufgearbeitet werden, verschwinden sie nicht, sondern werden größer – und die genannten Belastungen und Beeinträchtigungen auch. In ernsten Konfliktfällen kann die Arbeitsfähigkeit eines Teams völlig lahmgelegt werden. Wenn Konflikte allerdings beachtet und besprochen werden, bieten sie auch eine Chance: Dann kann ein Konflikt ein Störungs-Seismograph sein, der »Kommunikationsbeben« misst und so hilft, die Kommunikation, aber auch Situationen, Abläufe oder Verhaltensweisen zu verbessern. Und diese Verbesserung ist eine weitere Führungsaufgabe.

Konflikt birgt Chance

Konflikt aktiv angehen Führungskräfte sollten aus diesen beiden Gründen – möglicher Schaden und mögliche Verbesserung – aktiv mit Konflikten umgehen und die Kommunikationsstrategien dabei an die Diversität der Persönlichkeiten anpassen können – also z. B. an Japanerinnen und Franzosen, an Praktikanten und Senior-Managerinnen sowie natürlich an Intros und Extros. Der Chef von Holger und Boris, die Sie zu Beginn des Kapitels kennengelernt haben, bekam die Spannung zwischen den beiden mit – und entschärfte die Situation dadurch, dass er bei einem Umzug des Projektbereichs Holger sein eigenes kleines Einzelbüro besorgte, während Boris mit einem anderen (Extro-)Kollegen in ein Zweierbüro zog.

Mobbing Konfliktmanagement umfasst auch den Bereich des Mobbing. Wenn Sie einen echten Dialog mit Ihren Mitarbeitern pflegen, werden Ihnen Störungen mit großer Wahrscheinlichkeit auffallen. Dennoch werden Sie es als leiser Mensch womöglich schwer finden, Unangenehmes zur Sprache zu bringen und in Ihr Handeln einzubeziehen – gerade, wenn Flucht (Hürde 5) oder Konfliktvermeidung (Hürde 10) zu Ihren Eigenschaften gehören. Trösten Sie sich: Das Thema Konflikt ist auch für Extros ein Minenfeld! Wenn Sie an Ihrer Konfliktkompetenz arbeiten und Ihr Repertoire erweitern wollen, finden Sie im Literaturverzeichnis vier ausgezeichnete Bücher, die Ihnen mit vielen konkreten Beispielen und solidem Hintergrundwissen weiterhelfen.

Leistungen sichtbar machen

Warum Intros bei Beförderungen umgangen werden So effektiv und leistungsstark leise Menschen im Beruf auch sein mögen – meistens haben sie in einem Bereich ein Problem: Sie mögen sich nicht gern selbst anpreisen und stehen lauten »Trommlern und Schaumschlägern« kritisch gegenüber. Das ist die eine Seite der Medaille. Die andere Seite: Leise Menschen werden bei Beförderungen leicht übergangen – einfach deswegen, weil die Entscheidungsträger von ihren Leistungen und Erfolgen zu wenig wissen.

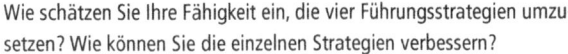

Zwei Fragen an Sie:

Wie schätzen Sie Ihre Fähigkeit ein, die vier Führungsstrategien umzusetzen? Wie können Sie die einzelnen Strategien verbessern?

Führungsstrategie	Meine Kompetenz	Verbesserungsansatz
1. Selbstvertrauen aufbauen	....	....
	....	....
2. Aufmerksamkeit geben	....	....
	....	....
3. Überblick verschaffen	....	....
	....	....
4. Konflikt- und Dialogfähigkeit schulen	....	....
	....	....

Die Erfolgsstrategie liegt offensichtlich in der Mitte: Sie sollen nicht zum Schaumschläger oder zur Trommlerin werden – aber Sie sollen dafür sorgen, dass Ihre Leistungen ausreichend und angemessen sichtbar sind. Mit den folgenden Prinzipien schaffen Sie es, Ihre Stärken und Erfolge zu kommunizieren:

Prinzipien für erfolgreiche Kommunikation im Beruf

Kommunizieren für die Karriere: 5 Prinzipien für den Alltag

Prinzip 1: Orientieren Sie Vorgesetzte – und vor allem sich selbst!

Schreiben Sie alles auf, was Sie als Ihre Leistung ansehen: Verkaufserfolge, abgeschlossene Projekte, gelöste Probleme, erfolgreiche Kommunikation mit (schwierigen) Kollegen und Kunden. Was Sie nicht aufschreiben, geht auch Ihnen leicht verloren. Noch wichtiger: Die Liste Ihrer Erfolge hilft Ihnen, wenn Sie mit sich selbst oft sehr kritisch umgehen. Denken Sie daran: Wenn nicht Sie von Ihren Leistungen überzeugt sind – wie sollen es dann andere sein? Beugen Sie zu herber Selbstkritik und zu großem Perfektionismus vor, indem Sie Ihre Leistungen sachlich auflisten. Sie lernen gleichzeitig, sie auch zur Kenntnis zu nehmen …

Sehen Sie die Liste alle sechs Monate an und fassen Sie auf einer DIN-A4-Seite zusammen, was Sie in diesem Halbjahr Besonderes erreicht haben. Wenn Sie angestellt sind und nach Zielvereinbarungen mit Vorgesetzten arbeiten, sind das ausgezeichnete Unterlagen – und Argumente für Gehaltserhöhungen! Womöglich noch wichtiger ist die Tatsache, dass Sie jederzeit einen Überblick über »Ihr« Portfolio an Erfolgen haben. Dies lenkt Ihren eigenen Blick auf das Erreichte, was sonst allzu leicht untergeht. Sie erkennen außerdem deutlicher, was Ihnen leichtfällt und was Sie interessiert. Der Effekt: eine Stärkung Ihres Selbstvertrauens!

Am erfolgreichsten sind Sie in der Umsetzung dieses Prinzips, wenn Sie wissen, was für Ihr berufliches Umfeld zählt:

– Was gilt als Erfolg?

– Was wird als besonders wichtig angesehen?

– Welche Kompetenzen werden besonders benötigt?

Achten Sie darauf, dass die Erfolge, die Sie kommunizieren, zu den Antworten auf diese Fragen passen.

Das Prinzip funktioniert übrigens auch ausgezeichnet bei Vorgesetzten, die zum Mikro-Managen neigen: Schicken Sie regelmäßig (z.B. am Ende jeder Woche oder alle zwei Wochen) einen kurzen Sachstand über laufende Projekte auf maximal einer Seite und ruhig nach einem bestimmten Muster aufgeteilt. Bewährte Rubriken sind: Titel, Sachstand in Spiegelstrichen, anstehende Aufgaben, zu klärende Fragen. Wer freitags auf diese Weise informiert wird, kann sich entspannen ...

Prinzip 2: Bauen Sie Kontakte zu Kollegen und Vorgesetzten auf

Leistungen zeigen Sie zum einen bei typischen professionellen Anlässen wie Mitarbeitergesprächen, Meetings und Vorträgen. Diese »offizielle« Kommunikation bietet aber nur eine Plattform für Ihre Sichtbarkeit. Bauen Sie daneben unbedingt Ihr eigenes professionelles Netzwerk innerhalb und außerhalb Ihres Arbeitsbereichs auf. Gehen Sie mit bestimmten Kollegen mittags essen. Gehen Sie zu informellen Anlässen wie Geburtstagsfeiern. Bauen Sie vertrauensvolle Beziehungen auf. Bei der Umsetzung des Prinzips helfen Ihnen die Führungsstrategie 4 (Seite 138) und Kapitel 6.

Prinzip 3: Signalisieren Sie, was Sie interessiert

Was Ihnen leicht von der Hand geht und Sie besonders interessiert, wissen Sie, wenn Sie Prinzip 1 regelmäßig befolgen. Daraus können Sie mögliche Karriereschritte ableiten: Am besten orientieren Sie sich dorthin, wo Sie gern und gut arbeiten!

Die Menschen um Sie herum sind aber keine Hellseher. Wenn Sie also ein bestimmtes Projekt oder ein bestimmter Arbeitsbereich interessiert, sollten Sie das den richtigen Personen gegenüber (beiläufig) erwähnen. Das wiederum fällt Ihnen leichter, wenn Sie Prinzip 2 befolgen ...

Prinzip 4: Übernehmen Sie Verantwortung

Es gibt viele Aufgaben, die nicht unbedingt »Ihr Job« sind, die aber das, was Sie können, sichtbar machen. Entscheiden Sie sich bewusst, eine Aufgabe zu übernehmen und für sie geradezustehen.

Das kann bedeuten, mit einem schwierigen Kunden zu verhandeln, vor dem andere in Deckung gehen. Es kann ebenso bedeuten, vor einem Leitungsgremium zu sprechen. Treten Sie in Meetings mit eigenen Punkten auf – lassen Sie sich auf die Tagesordnung setzen und haben Sie den Mut, Sachstände oder einen Projektbericht auch vor Höherrangigen zu präsentieren.

Verantwortung zu übernehmen – das bedeutet Sichtbarkeit: Andere nehmen wahr, wofür Sie stehen und was Sie tun. Verantwortung bedeutet außerdem Risiko: Sie können an der Aufgabe scheitern, und auch dies ist dann sichtbar. Aber wenn es so leicht wäre mit der Karriere, dann könnte es ja jeder schaffen!

Prinzip 5: Delegieren Sie Verantwortung.

Nein, dies ist kein Widerspruch zum vorangehenden Prinzip. Sie können nur dann Verantwortung übernehmen, wenn Sie Bereiche abgeben, in denen andere aktiv werden können und Sie nicht mehr wirklich gefordert sind. Auch wenn es Ihnen schwerfällt: Trauen Sie Ihren Mitarbeitern ruhig etwas zu – geben Sie Verantwortung ab, wenn Sie glauben, dass die jeweilige Person die Aufgabe bewältigen kann. Die Konsequenz: Die Guten motiviert es, wenn sie gefordert (und sichtbar!) werden. Sie werden also leichter gute Leute in Ihr Team bekommen. Für Sie persönlich ist die Strategie wertvoll, weil Sie mehr Raum für Ihre eigenen Verantwortungsbereiche haben, die Sie nach Prinzip 4 als wichtig definiert haben.

Aber Achtung: Auch die Delegation von Verantwortung hat einen Preis. Es kann sein, dass Sie Frau Meier erst anleiten müssen, bevor sie die Veranstaltung organisieren kann. Das kostet Zeit. Es kann auch sein, dass Herr Schulz die Präsentation nicht bewältigen kann. Dann stehen Sie als Vorgesetzte(r) dafür mit gerade. Wie bei Prinzip 4 gilt: Verantwortung ist auch ein Risiko. Auf der möglichen Gewinnseite steht die Entlastung, wenn Frau Meier erst einmal im Bilde ist und erste Erfahrungen mit der Koordination gemacht hat. Und wenn Herr Schulz die Präsentation meistert, stehen Sie auch mit auf der Gewinnerseite.

Kommunikationskanäle nutzen

Ständig erreichbar Neben der persönlichen Begegnung sind Telefon und E-Mail die weitaus häufigsten Kommunikationskanäle im Berufsleben. Mobiltelefone, die auch E-Mails weiterleiten, tragen dazu bei, dass wir auch außerhalb unseres beruflichen Umfelds immer erreichbar sind – zumindest wird das von vielen Kommunikationspartnern vorausgesetzt.

Die meisten Menschen bevorzugen einen der beiden Kanäle. Aus meiner Erfahrung ziehen die meisten leisen Menschen die E-Mail gegenüber dem Telefon vor – aus Gründen, die in den folgenden Abschnitten deutlich werden. Doch jenseits der Vorlieben gilt: Anlass und Gesprächspartner lassen manchmal das Telefon, manchmal die E-Mail geeigneter erscheinen. Kurz: Wir brauchen im Berufsleben beide Kommunikationsformen. Nachfolgend geht es um die Frage, wie Sie sie als leiser Mensch für sich selbst und andere optimal nutzen. Dabei sei eines vorausgesetzt: Es gibt bestimmte Situationen, in denen Sie nur unter vier Augen kommunizieren sollten – etwa, wenn Sie eine Schwangerschaft ankündigen, einem Mitarbeiter kündigen oder Kritik vermitteln wollen.

Telefonieren

Leise Menschen und Telefone sind nicht immer die besten Freunde. Das klingelnde Telefon verursacht bei vielen leisen Menschen das Gefühl einer Unterbrechung. Dies betrifft besonders diejenigen Intros, die gern länger an einem Stück an einem Projekt arbeiten. Doch auch allgemein gilt: Das Telefon kann zu einem echten Stressfaktor werden. Bei einem Anruf geht die Konzentration verloren, ebenso Energie – am Telefonhörer fühlt sich ein Intro leicht unter Druck. Das hat vor allem zwei Gründe: Zum einen muss sich der Angerufene unvermittelt auf einen Gesprächspartner und dessen Anliegen einstellen. Das ist schwerer als bei einem persönlichen Zusammentreffen, weil außer der stimmlichen Information (also Tonlage, Lautstärke, Geschwindigkeit und Intonation) keine körpersprachlichen Signale beim Interpretieren helfen. Zum anderen wird am Telefon auch sofort eine Reaktion auf das Gesagte erwartet; anders als beim Schreiben einer E-Mail gibt es keine zeitliche Verzögerung. In der Folge fühlen sich leise Menschen vom Telefon nicht nur oft gestört, sondern sie fühlen sich der Kommunikationssituation auch ausgeliefert. Extrovertierte Menschen nehmen ein Telefonat oft als Gelegenheit zum

Stressfaktor Telefon

Austausch zwischendurch und weniger als Störung wahr, sondern eher als angenehmen Reiz von außen.

> **Ein Anruf bedeutet für einen leisen Menschen leicht Stress und das Gefühl, der Situation ausgeliefert zu sein.**

Anruf als Herausforderung

Leise Menschen sind auch zögerlicher, wenn es darum geht, selbst jemanden anzurufen. Hierfür gibt es vor allem zwei Gründe. Erstens sind Intros leichter als Extros in Sorge darüber, dass ihr Anruf für ihren Gesprächspartner unpassend sein und eine Belästigung bedeuten könnte – sei es ein Kunde, ein Chef oder ein Kollege. Der Hintergrund ist vermutlich das eigene Empfinden bei Anrufen: Wenn der Intro selbst das Telefon als Störung empfindet, nimmt er leicht an, dass dies auch anderen so geht, wenn er selbst anruft. Zweitens ist ein Telefongespräch auch dann ein Sprung ins Unkalkulierbare, wenn der Anruf von einem selbst ausgeht: Was ist, wenn der Chef plötzlich noch mit einem zusätzlichen Anliegen kommt, oder wenn der angerufene Kunde sich über etwas beschwert? Was, wenn der Kollege noch über dies und jenes reden will und kein Ende findet? Ein besonderer »Härtetest« für Intros besteht darin, eine unbekannte Person anzurufen: Das ist die Unkalkulierbarkeit in Reinform! Ein Intro in einem Call-Center ist wahrscheinlich eine echte Rarität …

Tipps zur stressfreien Telefonkommunikation

Für eine gute Bürokommunikation bleiben zwei Fragen: Wann sollten Sie lieber jemanden anrufen, anstatt eine E-Mail zu versenden? Und wie reduzieren Sie den Stress, den das Anrufen und das Angerufenwerden bei Intros so leicht verursachen?

Telefonieren: Nutzen und Stressbegrenzung

Rufen Sie an,

… wenn Sie etwas kurz, direkt und schnell klären können: Dann spart Ihnen der Anruf im Vergleich zum Schreiben einer E-Mail Zeit.

… wenn Sie Ihrem Kommunikationspartner etwas mitteilen wollen, was

»sensibel« ist und schriftlich nicht verbreitet werden sollte (oder leicht missverstanden werden könnte). Der Klang Ihrer Stimme liefert zusätzliche Informationen, und das Telefon ist in diesem Fall die diskreteste Form der Kommunikation, wenn Sie sich nicht persönlich treffen können.

... wenn Sie etwas zu verhandeln haben. Wenn Sie etwa eine Einigung über einen Verkaufspreis anstreben, ist ein Telefongespräch wegen der »sensiblen« Thematik diskreter als eine geschriebene E-Mail. Außerdem ersparen Sie sich ein ständiges Hin und Her an elektronischem Austausch, bis Sie sich geeinigt haben.

So entstören Sie Ihre Telefonkommunikation

Wenn Sie selbst anrufen:

Machen Sie sich vor dem Gespräch Notizen. Schreiben Sie Stichpunkte auf, die Sie im Gespräch unterstützen können: offene Fragen, Anliegen, Informationspunkte – was immer es ist, was im Gespräch wichtig sein wird. Der Vorteil: Sie nutzen Stärke 9, das Schreiben, und haben damit einen roten Faden sichtbar vor sich. Wenn das Telefonat besonders wichtig ist und/oder Sie besonders unsicher sind, können Sie sogar Ihre Einleitung und Ihren Schluss notieren.

Diesen roten Faden können Sie auch nutzen, wenn Sie Ihren Gesprächspartner nicht erreichen und deshalb auf Anrufbeantworter/Voicemail zu sprechen haben. Eine aufgezeichnete Nachricht können Sie weder korrigieren noch löschen. Doch keine Sorge: Wenn Sie sich vorab mit Stichworten auch auf eine Aufzeichnung vorbereiten, ist das »Sprechen auf die Maschine« deutlich weniger anstrengend und bedeutet weniger Überlegungszeit und weniger Füllwörter, die Sie unsouverän erscheinen lassen.

Die Struktur einer guten Nachricht auf Anrufbeantworter ist übersichtlich. Fassen Sie kurz und klar folgende Informationen in Hauptsätze:

– Ihren Namen,
– den Grund Ihres Anrufs
– Ihre Telefonnummer

– Ihren Wunsch für die weitere Kommunikation: Was soll die angerufene Person tun?

– und am Ende eine freundliche Grußbotschaft (Beispiel: »Herzlichen Dank im Voraus für Ihren Rückruf. Viele Grüße – Sabine Schmidt.«).

Wenn Sie Sorge haben, dass Sie stören könnten, fragen Sie direkt nach der Begrüßung: »Ich brauche etwa fünf Minuten. Können Sie jetzt gerade gut reden?« Die Frage ist besonders dann wichtig, wenn Sie eine mobile Nummer anrufen: Sie wissen nicht, wo sich Ihr Gesprächspartner gerade aufhält. Wenn Sie heraushören, dass Ihr Gegenüber unter Druck ist, vereinbaren Sie einen Telefontermin, der besser passt – und den Sie mit gutem Gewissen und niedriger Hemmschwelle wahrnehmen können.

Wenn Sie angerufen werden:

Fragen Sie sich zunächst: Kann und will ich jetzt telefonieren? Manchmal hilft es bei der Entscheidung, wenn Sie die Nummer des Anrufers identifizieren können …

Wenn die Antwort »Ja« lautet: Halten Sie das Gespräch kurz (außer natürlich, Sie wollen in eine vertiefte Kommunikation einsteigen). Setzen Sie direkt einen zeitlichen Rahmen (»Schaffen wir das in fünf Minuten? Ich habe bis 10 Uhr Zeit.«) – das gibt gerade Vielrednern am anderen Ende der Leitung Orientierung. Wenn Sie dies nicht getan haben, können Sie ein Gespräch auch mit Blick auf die Zeit beenden: »Ich denke, wir haben das Wichtigste geklärt. Danke! Auf mich wartet jetzt ein Meeting/ein Termin.« Übrigens gilt: Auch ein Termin mit sich selbst ist ein Termin. Sie brauchen nicht spezifisch werden …

Wenn die Anwort »Nein« lautet: Lassen Sie Voicemail oder Anrufbeantworter die Nachricht entgegennehmen. Rufen Sie zurück, wenn es in Ihren Ablauf passt – oder senden Sie eine E-Mail, wenn Sie das Anliegen auf diese Weise lieber erledigen wollen.

Das mag selbstverständlich klingen, doch ich erlebe oft, dass gerade Menschen, die nicht gern telefonieren, den Apparat nicht mit gutem Gewissen läuten lassen können. Denken Sie daran: Das Telefon ist für Sie da – nicht umgekehrt!

E-Mails

E-Mails sind als Kommunikationsmittel bei leisen Menschen aus mehreren Gründen beliebter als das Telefon: Zunächst einmal sind sie schriftlich und kommen damit Stärke 9 entgegen. Im Vergleich zum Telefonieren lassen sie dem Schreiber mehr Zeit zum Nachdenken und Formulieren. Leicht lassen sich beliebige Zahlen an Ansprechpartnern mit einer einzigen Nachricht erreichen, sodass eine Gruppenkommunikation möglich ist, obwohl jeder für sich allein arbeitet – ein ganz besonderer Vorteil für leise Menschen, die es schätzen, beim Arbeiten für sich zu sein. Besonders, wenn der Energiepegel niedrig ist, sind E-Mails komfortabler als jede mündliche Kommunikation, weil sich der Austausch und das Alleinsein miteinander vereinbaren lassen.

Komfortabel für Intros

Allerdings haben E-Mails eine Eigenschaft, die viele Intros leicht übersehen: Sie sind trotz ihrer Schriftlichkeit »schnell«. Das heißt: Extros denken nicht lang über die Wortwahl nach und drücken in Windeseile auf »Senden«, anstatt noch einmal nachzulesen, was der Bildschirm anzeigt. Auch die Wortwahl in E-Mails ist in ihrer Tendenz weniger förmlich als in einem Brief und hat in ihrem Stil viel mit gesprochener Kommunikation gemeinsam. Dies halte ich deshalb fest, weil Intros dazu neigen, die eigene Sorgfalt beim Formulieren auch bei anderen Schreibern als gegeben vorauszusetzen. Als Konsequenz messen sie dem Wortlaut in E-Mails leicht größere Bedeutung bei, als sie eigentlich haben. Dann kann eine flüchtig hingeworfene Flapsigkeit leicht bedrohlich wirken und eine zu kurze Antwort als Abfuhr.

E-Mail als schnelles Medium

»Schnell« bedeutet auch: Der Sender einer E-Mail erwartet wie im gesprochenen Austausch eine zügige Antwort. Wer sich zu lange Zeit nimmt, sorgt für entsprechenden Frust oder für Unsicherheit: Ist die ursprüngliche Nachricht auch angekommen?

E-Mails sind zwar schriftlich, haben aber auch Eigenschaften gesprochener Kommunikation.

Fehlen von non-verbalen Signalen

Eine wesentliche Eigenschaft mündlicher Kommunikation hat die E-Mail allerdings nicht: Sie transportiert keine nicht verbalen Botschaften. Am Telefon hören wir am Tonfall vieles heraus – etwa, wie dringend eine Nachricht ist oder wie ernst es jemand mit seiner Aussage meint. Wenn wir einen Menschen vor uns haben, sehen wir zusätzlich seine Mimik, seine Bewegungen, seine Körperhaltung – und bauen die Botschaften, die wir jenseits der Worte sehen und hören, in unser Verständnis ein. Das ist per E-Mail nicht möglich. Dort gibt es nur eine einzige Informationskategorie: den Text allein. Auch das Hinzufügen von Emoticons ändert daran nicht viel – zeigt aber, dass Verfasser das völlige Fehlen der Körpersprache als Mangel empfinden und deshalb Smileys einfügen: Gefühle fassen wir eben selten in Worte – man hört und sieht sie neben den Worten.

Neigung zur Über-Interpretation

Der reine Text versorgt uns nur mit Inhalt, nicht mit emotionalen Aussagen. Umso mehr ist gerade der nachdenkliche (Intro-)Leser leicht versucht, in den Text etwas »hineinzulesen«: Ist die Antwort viel knapper als der versandte Text? Das könnte Distanz bedeuten. Folgt auf ein »Sehr geehrter Herr Meier« an den Kunden ein »Hallo Frau Müller«? Das könnte mangelnden Respekt signalisieren. Bei wenigen Informationen werden schon Grußformeln auf ihren Beziehungswert hin interpretiert. So kommt es leicht zu Missverständnissen und Fehleinschätzungen – denn der Empfänger liest in den Text ja hinein, was er selbst mit sich trägt; der Abgleich mit der Aktion des Senders (in Form von körpersprachlichen Signalen) fehlt völlig.

Zusammengefasst heißt das: Interpretieren Sie in einen elektronischen Text nicht zu viel hinein. E-Mails werden von vielen Nutzern wie mündliche Äußerungen formuliert – schnell, salopp, und ohne zu viel Mühe auf die Form zu verwenden.

Doch trotz ihrer Risiken ist die E-Mail für viele leise Menschen im Vergleich zum Telefon die bessere, angenehmere Wahl. Wenn der Ansprechpartner und die Botschaft sich für das Medium eignen, so nutzen Sie elektronische Kommunikation. Bedenken Sie nur eines: So komfortabel eine E-Mail auch sein mag – sie kann und darf den direkten Austausch mit Vorgesetzten, Mitarbeitern und Kollegen nicht ersetzen. Achten Sie deshalb bewusst darauf, dass der elektronische Weg der Mitteilung nicht zur Vermeidungsstrategie wird, um den Menschen in Ihrem Arbeitsumfeld persönlich und telefonisch aus dem Weg zu gehen.

Der folgende Kasten ist ein Gegenstück zur Übersicht fürs Telefonieren ab Seite 146. Er ermöglicht Ihnen eine gelungene Kommunikation via E-Mail:

Strategien für erfolgreichen E-Mail-Einsatz

E-Mails: Optimale Nutzung

Schicken Sie eine E-Mail,

... wenn Sie etwas spezifisch schwarz auf weiß haben wollen: z. B. einen vereinbarten Betrag, einen Zeitraum oder eine Aufteilung von Arbeit im Projekt. Dies kann ein Telefongespräch, z. B. eine Verhandlung, ergänzen, wenn Sie eine besprochene Vereinbarung fixieren wollen.

... wenn Sie selbst einen niedrigen Energiepegel haben und das Thema für Telefon und E-Mail-Verkehr gleichermaßen geeignet ist.

... wenn Sie ein Treffen oder einen Termin vorbereiten und sichergehen wollen, dass Ihre Kommunikationspartner alle auf einem Wissensstand sind. Zusätzliches Plus: Eine E-Mail erreicht mehrere Ansprechpartner, und kleinere Dokumente wie etwa eine Tagesordnung lassen sich leicht mitverschicken – am besten direkt im E-Mail-Text.

... wenn Sie es mit einem unbekannten Ansprechpartner zu tun haben und nicht wissen, wie er oder sie mündlich kommuniziert. Das gibt Ihnen mehr Sicherheit (Sie können überlegen!) und kostet Sie auch weniger Energie.

Nutzen Sie die Vorteile von E-Mails – aber lassen Sie sie nicht zum Ersatz für den direkten Kontakt werden.

Ein wichtiger Rat zum Schluss: Seien Sie nicht immer erreichbar. Setzen Sie sowohl für das Telefonieren als auch für das Lesen und Versenden von E-Mails bestimmte Zeiten des Tages fest – wie häufig, hängt von Ihrem Beruf ab. Sie werden staunen, wie sehr diese einfache Zeitmanagement-Strategie Ihren Alltag entstresst!

Beruflich unterwegs

Reisen als notwendiges Übel

So sehr ich meinen Beruf liebe – das Reisen zu meinen Kunden ist und bleibt ein notwendiges Übel, das ich in Kauf nehme, um das zu tun, was ich gern tue. Der Grund ist einfach: Reisen ist für leise Menschen anstrengend.

Beruflich unterwegs zu sein ist für leise Menschen deutlich energiezehrender als für Extros. Oft fehlen Rückzugsmöglichkeiten; außerdem zehren viele Eindrücke und Unerwartetes an den Kraftressourcen. Dabei geht es gar nicht um größere Katastrophen. Ermüdend auf Intros wirken schon Zugverspätungen mit vagen Anschlussmöglichkeiten, überfüllte Warte- oder Frühstücksräumlichkeiten, Gedrängel in allen Varianten, vor allem aber auch unberechenbare Geräuschkulissen. Nächtliches Türenknallen oder Flurgespräche selbst in guten Hotels gehören zu meinen persönlichen Horrortrips. In Zügen lassen mich Ohrenstöpselträger mit hochgedrehter Musik reflexartig zu Ohropax greifen.

Tipps: So wird Reisen angenehm

Doch es hilft nichts. Reisen gehört für viele leise Menschen nun einmal zum Berufsleben dazu. Die folgenden Empfehlungen sollen Ihnen diesen Lebensbereich erleichtern und verschönern. Ich sammle sie aus reinem Eigeninteresse schon länger ...

Reisetipps für Intros

1. Suchen Sie sich Rückzugsräume

Unter Rückzugsräumen fasse ich alles zusammen, was der Entspannung und vor allem dem Energieaufladen zwischendurch dient:

- Planen Sie kurze Hotelzimmerfluchten auf Konferenzen oder an Seminartagen. Schwänzen Sie dazu einfach einen Vortrag oder ein soziales Event. Alternativ essen Sie schnell und verzichten aufs Dessert. Profis schaffen sogar ein Nickerchen zwischendurch!
- Wenn es Ihnen finanziell möglich ist: Buchen Sie in der Bahn 1. Klasse (im Ruhebereich!) und im Flieger Business. Allein der zusätzliche Platz macht einen großen Unterschied, und der Geräuschpegel ist meistens (!) deutlich niedriger.
- Waschräume: Ich empfehle sie nervösen Coachees als Rückzugsraum vor öffentlichen Auftritten in fremden Umgebungen. Eine Toilettenkabine ist ein geschützter Raum und somit ideal zum tiefen Durchatmen ohne Publikum. (Vor allem, wenn er sauber und gut gelüftet ist ...)
- Ohropax ist auch eine Rückzugsmöglichkeit: eine akustische. Tragen Sie immer mindestens ein Set bei sich. Ich kenne aber auch Intros, die High-Tech-Kopfhörer gekauft haben (Sie wissen schon, die guten, die Außengeräusche unterdrücken) und darauf schwören: Man hat Ruhe – und wird außerdem fast nie angesprochen, wenn man sie trägt.

2. Definieren Sie Reisezeit als Kombination aus »Kontaktzeiten« und »Alleinzeiten«

Natürlich dienen Geschäftsreisen auch der Kontaktanbahnung. Sorgen Sie aber schon in der Planung der Reise dafür, dass Sie auch Mahlzeiten und Ruhephasen ohne Kontakt haben. Das ist wichtig zum Regenerieren! Während meiner Seminarreisen gehe ich höchstens einmal mit den Teilnehmern essen und treffe nur an jedem zweiten Abend Auftraggeber, Geschäftskontakte oder

Freunde. Hier gilt das Prinzip, das Sie im sechsten Kapitel über Netzwerken finden werden: Lieber Qualität als Quantität.

Manchmal werden Sie Ihre »Alleinzeiten« mit einer Absage verteidigen müssen – etwa, wenn Kollegen, Seminarteilnehmer oder andere Kontakte Sie einladen, zu einem Essen oder einer Veranstaltung mitzukommen. Seien Sie in Ihrer Absage freundlich, aber schlicht. Erklären Sie nicht zu viel. Versuchen Sie es mit »Nein, heute geht es nicht – aber wir sehen uns dann ja morgen. Viel Spaß heute abend!«.

3. Regulieren Sie Reisegespräche

Extros finden es angenehm, unterwegs mit ihren Sitznachbarn zu plaudern. Wenn Sie müde sind, geht das schnell an die Nerven – und obendrein fühlen Sie sich der Situation leicht hilflos ausgeliefert. Dagegen hilft ein einfaches Mittel: Haben Sie einige Sätze parat, mit denen Sie freundlich Ihren Rückzug signalisieren können, wenn Ihnen die Unterhaltung oder Ihr Gesprächspartner zu viel wird. Hier einige Muster:

- »Das war ein nettes Gespräch – danke!« (dann: Blick zurück auf den Computer oder aufs Papier!)
- »Ich gehe dann mal wieder an meine Arbeit.« (dann: sofort umsetzen!)
- »So – ich mache vor der Landung noch einmal kurz die Augen zu!«
- »Danke für Ihre Tipps – und jetzt will ich wissen, wie dieses Buch endet!«
- »Lassen Sie uns doch Karten austauschen, und ich melde mich wegen dieser Information bei Ihnen.«

Manchmal werden Sie während Ihrer Reise interessante Gesprächspartner treffen, die womöglich zu Netzwerkkontakten werden können. Vor allem in diesen angenehmen Fällen sollten Sie Visitenkarten austauschen, damit Sie nach der Reise in Kontakt bleiben können.

Das Wichtigste in Kurzform

- Introvertierte Menschen können ebenso gut in **Teams** arbeiten wie ihre extrovertierten Kollegen. Sie arbeiten allerdings mit anderen Mitteln und Schwerpunkten. Die Vielfalt, die dadurch in die Gruppe kommt, kann sich sehr fruchtbar auswirken.

- Die besonderen Intro-Bedürfnisse – ungestörtes Arbeiten, zwischendurch zur Ruhe kommen, eine Kommunikation in Maßen – lassen sich über gezielte Strategien mit den Anforderungen des Arbeitsplatzes vereinbaren.

- Leise Menschen haben als Führungskräfte ein hohes Potenzial. Ihre Erfolgsrezepte lassen sich in vier **Führungsstrategien** zusammenfassen: Selbstvertrauen aufbauen, dem Menschen vor sich die gesamte Aufmerksamkeit widmen, für einen guten Überblick sorgen und die persönliche Dialog- und Konfliktfähigkeit schulen.

- Für die Karriere ist es wichtig, die eigenen **Leistungen sichtbar** zu machen. Mit einer bewussten Kommunikation kann das jeder leise Mensch erreichen. Fünf Prinzipien helfen bei der Umsetzung: Vorgesetzte und sich selbst orientieren, Kontakte zu Kollegen und Vorgesetzten aufbauen, signalisieren, was Sie interessiert, selbst Verantwortung übernehmen und Verantwortung an andere delegieren.

- Bei den **Kommunikationsmedien** bevorzugen viele leise Menschen den E-Mail-Austausch gegenüber dem Telefon. Die Telefonkommunikation ist allerdings in bestimmten Fällen vorzuziehen und lässt sich zudem deutlich entstressen. Der Kontakt via E-Mail kann durch den Abstand zum Kommunikationspartner angenehmer sein und ist in bestimmten Situationen auch zu empfehlen. E-Mails sollten aber nicht der Vermeidung unmittelbarer Kontakte dienen.

- **Geschäftsreisen** können viel Energie kosten, lassen sich aber mit einigen einfachen Mitteln sehr viel angenehmer machen: mit Rückzugsräumen zwischendurch, mit geplanten Zeiten allein vor und nach sozialen Anlässen sowie durch einen souveränen Umgang mit Gesprächspartnern unterwegs.

TEIL III

Wie Sie Präsenz zeigen und Gehör finden

6. Mutproben: Kontakte aufbauen und pflegen

Wir Menschen sind soziale Wesen. Deswegen treffen wir ständig andere Menschen – und zwar nicht nur, weil es etwas zu besprechen oder zu erledigen gibt, sondern auch, weil wir uns einfach gern mit anderen austauschen. Im Prinzip jedenfalls.

Anne (40) ist in ihrem Beruf auf diesen informellen Austausch angewiesen. Sie gehört zu den Flex-Intros, also zu den sozial zugänglichen Introvertierten, die Sie in Kapitel 1 kennengelernt haben, und mag den Umgang mit Menschen. Als Leiterin der Presse- und Öffentlichkeitsarbeit in einem großen mittelständischen Unternehmen genießt sie es, mit den unterschiedlichsten Ansprechpartnern zu tun zu haben: mit Journalisten ebenso wie mit Kollegen in fast allen Abteilungen ihrer Firma.

Anne arbeitet lange Stunden mit viel Abwechslung und häufigen Unterbrechungen: Menschen stehen in der Tür, das Telefon klingelt. Umso mehr genießt Anne es, abends mit einem guten Buch die Beine hochzulegen, um zur Ruhe zu kommen. Aber das geht nicht immer: In ihrem Beruf ist es selbstverständlich, dass sie Veranstaltungen besucht und auch abends bei verschiedenen sozialen Anlässen präsent ist. Grundsätzlich ist es Anne auch klar, wie wichtig es ist, auf informeller Ebene Kontakte zu knüpfen und zu pflegen. Trotzdem hat sie nach solchen Abenden oft das Gefühl, viel geredet und wenig erreicht zu haben. Erst neulich – auf einer großen Konferenz in der Schweiz – fand sie es nach einem langen

Tag voller Vorträge besonders mühsam, abends mit unbekannten Menschen ins Gespräch zu kommen. Sie blieb für anderthalb Stunden und zog sich dann müde in ihr Hotelzimmer zurück.

Beziehungspflege im Small Talk

Anne kann den meisten sozialen Anlässen wenig abgewinnen und merkt, dass sie besonders der unverbindliche Small Talk leicht erschöpft. Doch gerade jenseits der »Pflichtveranstaltungen« ermöglicht der Austausch mit Kollegen und Geschäftspartnern (und auch mit interessanten Unbekannten) einen Kontakt, der entspannter als im beruflichen Alltag ist. Im Small Talk steht die Beziehungspflege im Mittelpunkt – selbst, wenn es scheinbar um Themen wie das Essen oder die neuen Büroräume geht. Der Aufbau persönlicher und professioneller Netzwerke passiert nicht während des offiziellen Teils einer Veranstaltung. Echte Kontakte entstehen durch Gespräche mit den Sitznachbarn, während der Begegnungen in der Kaffeepause oder beim gemeinsamen Bier an der Bar, lange nachdem sich der Saal geleert hat.

Inoffizieller Informationsaustausch

Das Dumme ist nur: Wenn Extrovertierte nach der Leitungsklausur eine Flasche Wein öffnen, sich schon zum Frühstück verabreden oder auf Konferenzen im Flur plaudern, nutzen Introvertierte diese »inoffiziellen« Zeitslots mit Vorliebe, um sich vom Getümmel auszuruhen oder allein joggen zu gehen. Doch obwohl kleine Auszeiten in diesem Buch immer wieder empfohlen werden, sollen sie doch bewusst dosiert sein. Sonst können die Folgen berufliche Nachteile mit sich bringen: Denn bei all den erwähnten informellen Anlässen werden Meinungen abgeglichen, Entscheidungen vorbereitet, Koalitionen gebildet. Abseits vom Konferenzraum und vom Schreibtisch zeigen Sie, wie gut Sie ins Team passen. Und nicht zuletzt bekommen Sie dort Zugang zu Informationen, die Sie offiziell erst später bekommen. Oder gar nicht.

> **Beziehungsaufbau gehört zu den allgemeinen beruflichen Kompetenzen.**

Netzwerken auf eigene Art

Die Fähigkeit, soziale Anlässe zu nutzen, Small Talk zu meistern und Netzwerke aufzubauen sind für Intros wie Extros gleich wichtig. Es gibt allerdings einen wesentlichen Unterschied: Extros mögen all diese Aktivitäten und die dazugehörige Stimulation. Intros dagegen finden sie oft anstrengend und empfinden – siehe oben – informelle Kommunikation als wenig lustvoll. Jedes Netzwerk will gepflegt, erweitert und manchmal auch geflickt werden, damit es seine Funktion erfüllt. Das erfordert eine gewisse Zielstrebigkeit und eine Investition von Zeit, Energie und womöglich auch Geld. Doch auch leise Menschen können diese Investitionen erfolgreich und mit Freude tätigen – vorausgesetzt, sie betreiben das Netzwerken auf ihre eigene Art. Konkret heißt das: Netzwerken für leise Menschen hat andere Eigenschaften und auch andere Ziele. Intros wie Anne sind weniger auf Stimulation aus und können auf Konferenzen nicht nur wunderbar allein zu Mittag essen, sondern genießen die Auszeit allein sogar. Sie brauchen auch keinen großen Bekanntenkreis, sondern sind mit wenigen, guten Kontakten sehr zufrieden. Ihnen ist die Qualität einer Beziehung wichtig: Sie soll dauerhaft und für sie persönlich sinnvoll sein.

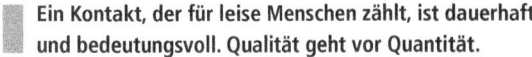 **Ein Kontakt, der für leise Menschen zählt, ist dauerhaft und bedeutungsvoll. Qualität geht vor Quantität.**

Ein Netzwerken, das leise Menschen angenehm finden, berücksichtigt diese Präferenzen. Es unterscheidet sich entsprechend von der Art der Kontaktanbahnung, die Extros bevorzugen. Um diese besondere Art des Intro-Netzwerkens geht es in diesem Kapitel.

Kontakte pflegen: Netzwerken

Netzwerken ist das große Ganze, um das es beim Thema Kontakte eigentlich geht: Wir alle leben in Netzen von Beziehungen, privat wie beruflich. Wir kennen Menschen – und Menschen kennen uns. Wir treffen uns in Familien und Freundeskreisen, in Sportvereinen und an Stammtischen, in Berufsverbänden und Rotary Clubs, bei Empfängen und auf Konferenzen. Netzwerken kann immer dann stattfinden, wenn Sie nicht allein sind: auf einer Familienfeier, einer Party, beim Schwimmwettkampf Ihrer Tochter oder in der Schlange vor der Kasse beim Einkaufen. Kurz:

Netzwerken findet überall statt

Es geht bei allen Netzwerkaktivitäten um den bewussten Aufbau und die Pflege von Kontakten.

Umschlagplatz für Informationen Netzwerke sind weder Klüngelläden noch konspirative Clubs (obwohl es Institutionen gibt, die schwer oder gar nicht zugänglich sind). Sie sind im Prinzip ein riesiger Umschlagplatz für Informationen. Wir leben in einer Welt, die uns vieles anbietet und auch viele Entscheidungen abfordert. Deshalb hören wir gern hin, wenn andere uns Entscheidungen erleichtern – wenn wir z. B. einen Arzt suchen oder eine Steuerberaterin, einen Graphik-Designer oder eine gute Babysitterin. Dies gilt übrigens auch für Personalverantwortliche: Die Netzwerkexpertin Monika Scheddin schätzt, dass 85 Prozent aller Managementpositionen über Beziehungen – also an empfohlene und bekannte Personen – vergeben werden.

Es geht also hier um Begegnungen mit Menschen, mit denen Sie freiwillig in Verbindung treten oder bleiben. Manchmal sind diese Menschen organisiert und durch ein gemeinsames Interesse verbunden – z. B. in einem Interessenverband oder einem Sportverein. Oft aber sind Netzwerke auch nicht formell geregelt, etwa eine Nachbarschaft oder ein Kreis von Studienfreunden, der sich einmal im Jahr trifft. Extros wie Intros profitieren von diesen mehr oder weniger engen Verbindungen über Netzwerke. Sie können Orientierung bieten (Zugang zu Informationen, Perspektiven im Beruf, Unterstützung und Weiterbildung, Vergleich mit Kollegen, Beratung und Feedback durch kompetente Gleichgesinnte) oder Plattformen (Anbahnung von Kooperationen und Geschäftskontakten, Sichtbarkeit der eigenen Leistung).

Von Netzwerken profitieren Netzwerke können auch entlasten: etwa durch die Weitergabe eines Projekts, das zu weit weg von Ihren Kernkompetenzen liegt. Oder eine gemeinsam organisierte Kinderbetreuung! Zusätzlich bieten viele Netzwerkaktivitäten mehr Lebensqualität durch gemeinsamen Sport und Freizeitgestaltung, auch wenn sie professionelle Ziele haben: vom Golfen bis zum Bergsteigen und von gemeinsamen Reisen über entspannte Kaminabende bis zu gemeinsamen Kochaktionen. Gemeinsam haben alle gelungenen

Netzwerkaktivitäten eines: Sie ermöglichen allen aktiv Beteiligten einen gegenseitigen Nutzen.

> **Die Schlüsselfrage lautet: Wie können Sie als leiser Mensch so netzwerken, dass es Ihnen entspricht und Sie Ihre Stärken einsetzen können?**

Zum Thema Netzwerken gibt es viele kluge Ratgeber. Hier soll eine Frage neu gestellt werden: Wie können Sie als leiser Mensch mit Ihren Stärken und Bedürfnissen netzwerken – also so, dass es zu Ihnen passt? Ich beschränke mich hier auf die Strategien, die eine Antwort auf diese Frage geben. Gleichzeitig können Sie Ihren eigenen Plan entwickeln: Nach jeder Strategie finden Sie Fragen, die Sie Schritt für Schritt zu Ihren ganz persönlichen Netzwerkaktivitäten führen.

Strategie 1: Setzen Sie sich konkrete Ziele

Bei einer zielorientierten Planung kommen Ihnen Ihre analytischen Fähigkeiten zugute (Stärke 6), aber auch das Streben nach dem Wesentlichen (Substanz, Stärke 2) und Ihre Fähigkeit zur Konzentration (Stärke 3).

Zwei Fragen an Sie:

1. Welche Ziele verfolgen Sie mit Ihren Netzwerkaktivitäten?

private Ziele		berufliche Ziele	
Hobby (inkl. Sport)	❑	kollegiale Kontakte	❑
Entlastung (z. B. Betreuung)	❑	Informationsaustausch	❑
persönliche Entwicklung	❑	Hilfe, Weiterbildung	❑
gemeinsame Erlebnisse	❑	Vergleich mit anderen	❑
neue Impulse	❑	neue Karriereperspektiven	❑
....	❑	....	❑

→

2. Welche Netzwerke sind damit für Sie interessant?

Formulieren Sie die Antworten so genau wie möglich!

private Netzwerke	berufliche Netzwerke
(z. B. Vereine, Initiativen, Freunde)	(z. B. Verbände, Clubs, Kollegenkreis)

.... —   .... —

.... —   .... —

.... —   .... —

.... —   .... —

.... —   .... —

.... —   .... —

Versuchen Sie nun, eine Rangliste herzustellen: Nummerieren Sie die Netzwerke, die Sie aufgeschrieben haben, in jeder Spalte auf den Platzhaltern separat nach Wichtigkeit – die wichtigsten privaten und beruflichen Netzwerke bekommen also eine 1, die nächsten eine 2 ...

Wenn Sie diesen Kasten mit Ihren Antworten gefüllt haben, dann wissen Sie nun, wo es sich für Sie lohnt, Energie und andere Ressourcen zu investieren.

Strategie 2: Definieren Sie Ihre Ressourcen

Als leiser Mensch wissen Sie besonders gut, dass die Ressourcen, um die es beim Netzwerken geht, nicht unbegrenzt sind. Umso wichtiger ist es, dass Sie sich in diesem zweiten strategischen Schritt bewusst entscheiden, in welchem Umfang Sie wofür Zeit, Energie und Geld »ausgeben« wollen.

Zwei Fragen an Sie:

3. Welche der folgenden Ressourcen können und wollen Sie in Ihre Netzwerkaktivitäten investieren?

private Netzwerke	berufliche Netzwerke
Zeit :	Zeit : ....
(pro Tag / Woche / Monat?)	(pro Tag / Woche / Monat?)

Zeit brauchen Sie unter anderem für die Teilnahme an Veranstaltungen, Kontaktverwaltung, Kommunikation und für (Ehren-)Ämter.

Geld :	Geld : ....
(pro Woche / Monat / Jahr?)	(pro Woche / Monat / Jahr?)

Geld brauchen Sie unter anderem für Mitgliedsbeiträge, Reisekosten, Verpflegung und Unterkunft oder auch Teilnahmegebühren.

4. Teilen Sie nun genauer auf: Welchen Anteil an Zeit und Geld wollen Sie in jedes Netzwerk investieren? In der Rubrik »Einsatz« sagen Sie, wozu genau Sie beides verwenden.

Berücksichtigen Sie an dieser Stelle die Prioritäten, die Sie oben unter Strategie 1 (Frage 2) gesetzt haben: Je wichtiger das Netzwerk, umso mehr Ressourcen sollten Sie einsetzen.

private Netzwerke	berufliche Netzwerke
Netz: .... Einsatz:	Netz: .... Einsatz: ....
Zeit: .... Geld:	Zeit: .... Geld: ....

→

```
Netz: ............  Einsatz: ...........        Netz: ............  Einsatz: ...........
Zeit: ............  Geld: ................        Zeit: ............  Geld: ...............

Netz: ............  Einsatz: ...........        Netz: ............  Einsatz: ...........
Zeit: ............  Geld: ................        Zeit: ............  Geld: ...............

Netz: ............  Einsatz: ...........        Netz: ............  Einsatz: ...........
Zeit: ............  Geld: ................        Zeit: ............  Geld: ...............

Netz: ............  Einsatz: ...........        Netz: ............  Einsatz: ...........
Zeit: ............  Geld: ................        Zeit: ............  Geld: ...............

Netz: ............  Einsatz: ...........        Netz: ............  Einsatz: ...........
Zeit: ............  Geld: ................        Zeit: ............  Geld: ...............
```

Ressourceneinsatz bestimmen

Starke Seiten wie Analyse, Substanz und Konzentration bringen Sie über die ersten beiden Strategien in Ihren Netzwerkaktivitäten weiter, ohne dass Sie sich überanstrengen: Sie bestimmen Ihre Ressourcen und entscheiden außerdem, wo Sie sie bevorzugt einsetzen. Wenn Sie Ihre Pläne umsetzen, werden sich Ihre Prioritäten womöglich verschieben, oder die Ressourcen teilen Sie etwas anders als geplant ein. Beides ist in Ordnung: Am wichtigsten ist es, dass Sie einen Masterplan haben, der für Sie sinnvoll ist und mit dem Sie vor allem auch Anregungen für konkrete Schritte in Ihr eigenes Kontaktmanagement bekommen.

Kommen wir nun zu zwei Strategien, die berücksichtigen, wie Sie als leiser Mensch am liebsten kommunizieren.

Strategie 3: Machen Sie Bekannte miteinander bekannt

Halten wir hier noch einmal fest: Die meisten leisen Menschen bevorzugen ein Gespräch mit einem oder zwei Menschen gegenüber dem Gespräch in Gruppen. Zu ihren Stärken gehört die Vorsicht (Stärke 1), die in ihrer hemmenden Version als Angst (Hürde 1) dazu führen kann, dass eine Kontaktaufnahme zu völlig Unbekannten als eher unangenehme Aufgabe empfunden wird. Diese dritte Strategie berücksichtigt diese Neigungen und ist so einfach wie wirkungsvoll: Bringen Sie Menschen aus Ihrem Bekanntenkreis in Verbindung, von denen Sie glauben, dass sie sich etwas zu sagen haben und voneinander profitieren könnten.

Andere profitieren lassen

Kommunizieren Sie über soziale Medien (siehe dazu Seite 192 ff.) und im Gespräch, wenn einer Ihrer Kontakte etwas Interessantes veröffentlicht oder erreicht hat: sei es ein Buch, ein Interview oder eine Ehrung wie etwa ein Preis. So machen Sie Ihre Bekannten bekannter. Mit positiven Hinweisen auf andere und durch aktive Verbindungsstiftung treten auch Sie selbst positiv in Erscheinung: Sie stiften für die Beteiligten einen Nutzen und werden selbst sichtbar als jemand, der gern andere sichtbar macht und für sie Nutzen stiftet. Das ist fortgeschrittenes, kluges Netzwerken.

Bekannt werden durch Vermittlung

Planen Sie direkt hier Ihre ersten sechs Vermittlungen:

Die Frage an Sie:

5. Welche Menschen können Sie miteinander in Kontakt bringen?

private Netzwerke   berufliche Netzwerke

wer: ....   wer: ....

mit wem: ....   mit wem: ....

weswegen: ....   weswegen: ....

→

```
wer: ............................            wer: ............................
mit wem: ........................            mit wem: ........................
weswegen: .......................            weswegen: .......................


wer: ............................            wer: ............................
mit wem: ........................            mit wem: ........................
weswegen: .......................            weswegen: .......................


wer: ............................            wer: ............................
mit wem: ........................            mit wem: ........................
weswegen: .......................            weswegen: .......................


wer: ............................            wer: ............................
mit wem: ........................            mit wem: ........................
weswegen: .......................            weswegen: .......................


wer: ............................            wer: ............................
mit wem: ........................            mit wem: ........................
weswegen: .......................            weswegen: .......................
```

Strategie 4: Bitten Sie Bekannte darum, Sie mit jemandem bekannt zu machen

Sich vorstellen lassen
Diese Strategie ist das Gegenstück zur vorangehenden und baut auf den gleichen Prinzipien auf. Auch sie ist denkbar einfach: Sie bitten Personen, die Sie bereits kennen, Ihnen jemanden vorzustellen, den Sie gern kennenlernen wollen. Diese Strategie funktioniert übrigens ausgezeichnet bei hochrangigen Personen, auf die sehr viele Menschen zugehen: Ein gemeinsamer Bekannter oder eine Bekannte wirkt hier Wunder. Sie tragen Ihrerseits zum Gelingen bei, indem Sie sich einen guten Einstieg ins Gespräch überlegen. Anregungen dazu finden Sie in Kapitel »Kontakte. Auf Bedürfnisse achten« ab Seite 184.

Die Frage an Sie:

6. Welche Menschen möchten Sie kennenlernen – und wen können Sie bitten, Sie vorzustellen?

private Netzwerke	berufliche Netzwerke
wen:	wen: ....
Vorsteller(in):	Vorsteller(in): ....
weswegen:	weswegen: ....
wen:	wen: ....
Vorsteller(in):	Vorsteller(in): ....
weswegen:	weswegen: ....
wen:	wen: ....
Vorsteller(in):	Vorsteller(in): ....
weswegen:	weswegen: ....
wen:	wen: ....
Vorsteller(in):	Vorsteller(in): ....
weswegen:	weswegen: ....
wen:	wen: ....
Vorsteller(in):	Vorsteller(in): ....
weswegen:	weswegen: ....
wen:	wen: ....
Vorsteller(in):	Vorsteller(in): ....
weswegen:	weswegen: ....
wen:	wen: ....
Vorsteller(in):	Vorsteller(in): ....
weswegen:	weswegen: ....

Strategie 5: Seien Sie beständig

Gutes Netzwerken lebt vor allem von einer Eigenschaft: von der Beständigkeit. Dies bedeutet zweierlei.

Beharrlich aktiv sein Erstens sollten Sie über einen längeren Zeitraum hinweg in einem Netzwerk aktiv sein. Erst dann können Sie die echten Vorteile wahrnehmen, und Ihre Beziehungsarbeit trägt Früchte. In Netzwerken, die nicht auf digitalen, sondern auf persönlichen Begegnungen beruhen, dauert es leicht ein bis zwei Jahre (je nach Häufigkeit der Treffen), bis Sie dort als Mitglied etabliert sind und tragfähige Kontakte aufgebaut haben – vorausgesetzt, Sie sind auch tatsächlich aktiv. Karteileichen bauen keine Kontakte auf. Bleiben Sie also geduldig dabei! Ihre Beharrlichkeit (Stärke 8) kommt Ihnen dabei zugute.

Netzwerk-Buchführung Zweitens bedeutet Beständigkeit, dass Sie Ihre Kontakte geduldig aufbauen und pflegen. Dazu gehört, dass Sie mit den Menschen kommunizieren, die Sie in dem jeweiligen Netzwerk interessant finden. Dies wiederum setzt voraus, dass Sie nach den Veranstaltungen ein wenig Buch führen: Wen haben Sie getroffen? Was finden Sie interessant? Welche Informationen über Ihren Gesprächspartner wollen Sie behalten?

Viele erfahrene Netzwerker nutzen den Computer, um diese Informationen zu sammeln: Das geht auf digitalen Netzwerken wie XING und LinkedIn, wobei allerdings nur die dort Aktiven auch mit Kontaktdaten gelistet sein können. Des Weiteren gibt es viele Kontaktmanagement-Programme und Apps, die Sie nutzen können, und auch E-Mail-Programme bieten oft Kontaktmanagement-Optionen. Kurz: Probieren Sie einfach aus, was Ihnen gefällt.

Sie sehen: Der administrative Aufwand hält sich in Grenzen. Ihr wichtigstes Kapital für diese fünfte Strategie ist Ihr systematisches, analytisches Denken (Stärke 6) und die schon erwähnte Beharrlichkeit. Also: Bleiben Sie dran – auch beim siebten Frageteil zu Ihrer eigenen Netzwerkplanung.

Die Fragen an Sie:

7.a. Wie genau dokumentieren Sie bisher Ihre Kontakte, die Sie aufbauen und pflegen wollen?

....

....

....

b. Was brauchen Sie, um Ihre Kontakte noch besser zu pflegen?

....

....

....

c. Wie bekommen Sie die notwendigen Hilfsmittel?

....

....

....

d. Bis wann erledigen Sie die nötigen Änderungen?

....

....

....

Mit dem Ende dieses Abschnittes haben Sie eine eigene erste Planung, mit deren Hilfe Sie ab sofort konkret und »leise« netzwerken können. Beginnen Sie bald mit der Umsetzung!

Kontakte: starke Seiten leiser Menschen

Leise Kontaktstrategien

Leise Menschen haben besondere Stärken, die den Umgang mit anderen Menschen leicht machen und angenehm gestalten. Diese Stärken sind wie ein Kapital im sozialen Umgang – und gleichzeitig der beste Ausgangspunkt, um die Kontaktstrategien zu zeigen, die sich für leise Menschen besonders eignen. Denn richtig gut sind wir alle in den Bereichen, die uns leichtfallen. Werfen wir also einen Blick auf das, was leise Menschen im Umgang mit anderen meistens besonders gut können.

Stärke 4: Zuhören

Ein offenes Ohr ist hilfreich

Zuhören können: Das ist eine der besonders starken Eigenschaften leiser Menschen im Gespräch. Diese sind weniger als ihre extrovertierten Zeitgenossen darauf angewiesen, Reaktionen und Bestätigung von ihren Gesprächspartnern zu empfangen. Introvertierte Menschen sammeln dafür gern Eindrücke und Informationen – und das beste Mittel dafür ist eben ein offenes Ohr. Wenn ein Mensch zuhören kann, ist das für den Gesprächspartner wunderbar: Er bekommt Aufmerksamkeit, und damit einen Raum, in dem er sich ohne Druck äußern kann. Das, was er sagt, wird zur Kenntnis genommen. Extrovertierte sortieren ihre Gedanken gern einmal erst während des Redens (während Intros meist lieber sorgfältig durchdachte und ausformulierte Gedanken äußern – vielleicht!). Ihnen tut diese Aufmerksamkeit mindestens ebenso gut wie einem introvertierten Gesprächspartner, der sich (endlich einmal!) ohne Druck äußern kann.

Echtes Zuhören verleiht Präsenz

Zuhören gibt es in mehreren Qualitäten. Am besten ist es, wenn das Ohr des Hörers gleich in doppelter Hinsicht offen ist: Erstens ist sein Besitzer im besten Fall unvoreingenommen und neugierig auf das, was der andere gerade sagt. Das heißt, er lässt sich weder von Vorannahmen oder Stereotypen einschränken, noch ist er gelangweilt. Zweitens hat der Zuhörer hinter seinen Ohren offene Kapazitäten – das heißt: Er ist nicht damit beschäftigt, seinen nächsten Redebeitrag schon in Worte zu fassen, während der andere redet. Am besten zeigen Sie diese Aufmerksamkeit beim Zuhören mit einem guten, bewussten Blickkontakt. Doch vortäuschen können Sie diese besondere Art von Aufmerksamkeit beim Zuhören auf Dauer nicht: Wirkliches Zuhören verleiht Ihnen dank Ihres offenen Ohrs eine Präsenz und Intensität, die viel mehr ist als körpersprachliche Strategie. Freuen Sie sich über diese Stärke: Viele Extros müssen sich diese Stärke mühsam aneignen.

Anne, die Sie zu Beginn dieses Kapitels kennengelernt haben, war sich ihrer Stärke des Zuhörens bisher wenig bewusst. Sie ist inzwischen Meisterin darin, das Gehörte in das, was sie selbst äußert, bewusst einzubeziehen. Dies tut sie, indem sie bei bestimmten Punkten interessiert nachfragt oder indem sie Inhalte aktiv berücksichtigt. Anne hat festgestellt, dass ihre Gespräche auf diese Weise viel intensiver werden – und ihre Kontakte auch!

Hier sind einige Sätze, die Ihnen helfen, das, was Sie hören, zum Kontaktaufbau zu nutzen:

Tipps zum Kontaktaufbau

Vom Zuhören zum echten Austausch: Satzdesigns für aktive Zuhörer

- »Sie haben gerade auch erwähnt, dass (Sie mit dieser Firma schon einmal eine Konferenz in Köln organisiert haben). Wie (zufrieden waren Sie)?«
- »Ich werde noch einmal ganz neu über (unsere Konferenz in Köln) nachdenken – nachdem Sie (so überzeugend für Bonn plädieren).«
- »Mir geht noch immer nach, was Sie eben gesagt haben: (Ist es wirklich so wichtig, schon ein Jahr vorher mit der Planung anzufangen)?«

Stärke 5: Ruhe

Entschleunigte Kommunikation

In der Ruhe liegt die Kraft, lautet ein altes Sprichwort. Das gilt auch für den Small Talk. Leise Menschen fühlen sich bei Unruhe, einer lauten Umgebung oder im Umgang mit nervösen Menschen leicht unwohl oder zumindest unbehaglich. Umgekehrt sind gerade sie es, die in eine Begegnung Ruhe hineinbringen können – und eine ideale Atmosphäre für einen angenehmen, entspannten Austausch. Ruhige Intros schaffen es, dem Zuhören, Nachdenken und Reden über eine entschleunigte Kommunikation Raum zu geben.

Ruhe positiv sehen

Voraussetzung ist allerdings, dass Sie als leiser Mensch die Ruhe auch als Stärke sehen: Wenn Sie eigentlich glauben, dass Schnelligkeit beim Reden, eine große Dynamik in der Themengestaltung oder viele Körperbewegungen das eigentlich Erstrebenswerte sind (alles übrigens typische Extro-Verhaltensmuster), dann ist es schwer, den eigenen ruhigen Duktus als etwas besonders Positives zu würdigen.

Damit Sie glauben, dass Ruhe auch im Small Talk etwas Positives ist, bringe ich Ihnen einige Beweise.

Ruhe zeigt Souveränität und Gelassenheit

Ruhe als Statussignal

Wenn Sie sich Zeit zum Reden und Bewegen lassen, zeigen Sie: Sie geben sich Raum. Sie lassen sich Luft. Sie setzen sich selbst nicht unter Druck. Experten für Statussignale sind sich einig: Wer die Ruhe weg hat, zeigt Souveränität, Gelassenheit und insgesamt einen hohen Status. Im Literaturverzeichnis finden Sie zum Thema Status das sehr gute Buch von Tom Schmitt und Michael Esser sowie – speziell für Statusfragen aus weiblicher Sicht – den spannenden Band von Marion Knaths.

Zielgerichtet auftreten

Voraussetzung für diese starke Wirkung ist allerdings, dass alles, was Sie im Austausch mit anderen tun oder sagen, zielgerichtet und definiert wirkt. Bei echter innerer Ruhe ist das eine natürliche Verhaltensweise und heißt: Alle Ihre Bewegungen – einerlei, ob mit Augen, Händen oder Füßen – haben einen Anfang und ein

Ende und erscheinen motiviert. Sie sprechen in ganzen Sätzen und erwecken den Eindruck, dass Sie genau wissen, was Sie sagen wollen.

Ruhe entspannt Gesprächspartner

Extrovertierte Gesprächspartner ziehen leichter Aufmerksamkeit auf sich. Sie sind aber in den meisten Fällen nicht in der Mehrheit. (Wenn Sie die Erfahrung einer überwältigenden Extro-Mehrheit machen wollen, empfehle ich TV-Events. Oder die Jahrestagung der German Speakers Association, die Sie ein wenig schon im Vorwort beschrieben finden.) Im Normalfall gibt es bei sozialen Anlässen rund 30 bis 50 Prozent eher introvertierte Menschen. Diese finden es wunderbar entspannend, mit einem ruhigen Menschen zu reden: mit einem Menschen, bei dem sie sich im Austausch nicht unter Druck fühlen, sondern der sogar abwarten kann, wenn sie einmal nachdenken oder nach einem Wort suchen wollen. Geht es Ihnen selbst nicht ähnlich? Pausen sind in westlichen Kulturen wohl das am meisten unterschätzte Mittel in der Konversation ...

Pausen werden unterschätzt

Small Talk ist für viele Menschen anstrengend. Sie fühlen sich in sozialen Situationen mit fremden Menschen leicht unwohl. Besonders andere Intros, aber auch viele Extros wissen es deshalb zu schätzen, wenn ein Gesprächspartner wie Sie zu einem Gespräch in ruhigem Tempo und sogar mit Sprechpausen in der Lage ist. Die ruhige, angenehme Art, die für Intros typisch ist, kann eine entspannte Ruhe im Austausch schaffen und die Situation für alle entstressen.

Situationen entstressen

Damit profitieren auch Extros von einem ruhigen Gesprächspartner: Sie bekommen eine Plattform zum Darstellen, Reden, Ausführen. Wichtig im Umgang mit Extros ist, dass Sie das Zuhören besonders deutlich machen: durch Bewegung im Augen- und Mundbereich, durch Nicken, mit kleinen Füllwörtern (wie am Telefon) und durch gezielte Rückfragen. Halten Sie auch sehr bewusst Blickkontakt.

Ruhe bewahrt Energie

Kraft ist kostbar Dieser dritte »Ruhe-Bonus« bringt Ihnen einen persönlichen Nutzen. Wenn es Sie als leisen Menschen Energie kostet, bei sozialen Anlässen mit anderen Menschen zu kommunizieren, dann ist es ein handfester Vorteil, wenn Sie mit Ihrer kostbaren Kraft haushalten können.

Energie fokussieren Mit innerer Ruhe schaffen Sie genau dies. Sie können Geschwindigkeit und Druck im Austausch mit anderen reduzieren. Sie halten deutlich länger durch, als wenn Sie ziellos, hektisch oder unter Druck agieren. Sie sind außerdem besser in der Lage, Ihre Energie im Sinne von Stärke 3, der Konzentration, zu fokussieren: auf Menschen hin und in Situationen hinein, die Sie (in aller Ruhe!) als interessant oder wertvoll identifiziert haben.

Überblick

So nutzen Sie Ihre innere Ruhe bei sozialen Anlässen

Stellen Sie vor einem sozialen Anlass sicher, dass Sie auch tatsächlich ruhig sind: Denn wir wirken, wie wir uns fühlen – und nicht, wie wir am liebsten wirken wollen.

Körperstrategien:

– Atmen Sie zur Vorbereitung und auch während des Anlasses tief und langsam durch. Gönnen Sie sich und Ihrem Gesprächspartner bewusst eine Pause zum Durchatmen, wenn Sie etwas Wichtiges gesagt haben.
– Nutzen Sie den ruhigen Atemrhythmus, um auch Ihre Stimme zur Ruhe zu bringen. Diese zeigt sich besonders in zwei Bereichen. Erstens in einer guten – also einer nicht zu hohen, aber ausreichend dynamischen – Redegeschwindigkeit. Zweitens in einer tiefen Stimmlage in Ihrem individuellen stimmlichen Spielraum. Ein »tiefes« Sprechen wirkt entspannt und souverän.
– Richten Sie sich auf, sodass Sie eine gute Spannung in der Wirbelsäule fühlen.

- Entspannen Sie bewusst Schultern, Ellenbogen und Knie.
- Nutzen Sie Ihre innere Ruhe, um einen angenehmen Blickkontakt zu schaffen: Sehen Sie Ihr Gegenüber freundlich und gelassen an. Dabei entspannt es sowohl Sie als auch Ihren Gesprächspartner, wenn Sie Ihren Blick nicht auf eine Stelle seines Gesichts fixieren, sondern zwischen Augenbrauen und Nasenspitze hin- und herwandern lassen.

Mentalstrategie 1: Sie haben die Wahl!

Führen Sie sich vor Augen, dass Sie sich bewusst entscheiden und damit eine Wahl treffen: *Sie* entscheiden sich, zu diesem Anlass zu gehen. *Sie* entscheiden, mit wem Sie wie lange reden. *Sie* werden auch entscheiden, wann Sie wieder gehen. Niemand wird zählen, wie viele Kontakte Sie schaffen oder was Sie im Laufe des Abends tun.

Mit dieser Denkweise sind Sie souveräner Akteur – und nicht jemand, der sich widerwillig zu etwas geschubst fühlt. Die mentale Einstellung verleiht Ihnen schon im Vorfeld des Anlasses eine befreite Ruhe: Denn Sie sitzen selbst am Steuer und entscheiden, wohin die Reise geht. Sie signalisieren damit auch an andere: Sie wissen genau, was Sie tun. Auf Ihre Beziehung wie auf Ihr Selbstwertgefühl wird sich dies positiv auswirken.

Mentalstrategie 2: Sie (und nur Sie!) setzen Ihre Ziele!

Setzen Sie sich vor dem Anlass konkrete Ziele, die Sie dann während der Veranstaltung verfolgen. Das gibt Ihren Handlungen Definition und sorgt dafür, dass Ihre Ruhe souverän und statushoch wirkt.

Es gibt allerdings eine Bedingung: Die Ziele sollten für Sie attraktiv und erreichbar sein. Muten Sie sich also nichts zu, was Sie zu sehr anstrengt und / oder nicht einmal der Mühe wert erscheint!

Hier sind zur Veranschaulichung die Ziele, die Anne für typische Veranstaltungen in ihrem Berufsleben formuliert hat:
- Mit drei unbekannten Menschen ins Gespräch kommen, die einen sympathischen Eindruck machen.

> – Einen Experten für das finden, woran ich gerade arbeite – und ihm
> zwei Fragen stellen, die mich dabei umtreiben.
> – Zwei Stunden durchhalten und dabei nach Herzenslust Menschen
> beobachten.
> – Ein Gespräch jedes Mal freundlich beenden, wenn es zu anstrengend
> wird.

Sie sehen: In der Ruhe liegt tatsächlich viel Kraft! Als leiser Mensch haben Sie im Small Talk und sozialen Miteinander aber noch weitere Vorteile. Hier die nächste Stärke, die Sie mit vielen anderen leisen Menschen gemeinsam haben könnten:

Stärke 6: Analytisches Denken

Gespräche gezielt auswerten

Leise Menschen sind viel damit beschäftigt, Beobachtungen mit dem, was in ihnen vorgeht, abzugleichen. Diese Eigenschaft trainiert sie früh darin, das Aufgenommene zu filtern und zu gewichten – mit dem angenehmen Nebeneffekt, dass viele leise Menschen analytisch sehr stark sind. Genauer gesagt sind es diejenigen, die entsprechend der Unterscheidung in Kapitel 2 stärker »linkshirnig« sind. Dies ist nicht nur im Controlling und in der Wissenschaft nützlich, sondern erfreulicherweise auch im Small Talk: Wenn Sie Wesentliches und Gesprächsmuster leicht identifizieren können, dann wird es Ihnen auch leichtfallen, ein Gespräch je nach Stadium und Gesprächspartner weiterzuentwickeln und in vielen thematischen Bereichen gezielt Informationen zu verwerten.

Im Prinzip hat jedes informelle Gespräch, das Sie bei sozialen Anlässen führen, drei Phasen, die gemeinsam eine Art Architektur bilden. Wenn Sie wissen, wozu die einzelnen Phasen dienen, wird es Ihnen mit Ihrem analytischen Blick gut gelingen, sie entsprechend zu füllen.

Analyse im Small Talk (1): Phasen und ihre Funktionen

Small Talk ist unverbindlich: Er verpflichtet zu nichts. Im Einstieg **Der Einstieg** entscheidet sich, ob Sie und Ihr Gesprächspartner daran Interesse haben, das Gespräch fortzusetzen. Das hängt zum einen davon ab, ob die »Chemie« stimmt. Wenn nicht, ist das in Ordnung: Es gibt bei sozialen Anlässen viele mögliche Gesprächspartner. Zum anderen hängt das Weiterführen des Gesprächs davon ab, ob man sich etwas zu sagen hat. Hier können Sie mit Blick auf das Wesentliche beim Einstieg punkten.

Die folgenden Fragen helfen Ihnen einen leichten Einstieg zu bekommen:

Was verbindet uns in dieser Situation? – Wir beide trinken den gleichen Rotwein. Wie der andere ihn wohl findet?

Was ist hier interessant? – Das ist mein erster Junggesellenabschied: Mein Kollege heiratet. Woher kennt ihn mein Gesprächspartner?

Was möchte ich wissen? – Spannend, diese Dienstreise nach Singapur. Aber wie komme ich morgen am besten vom Konferenzhotel zum Flughafen?

Haben Sie mit dieser Strategie ein Thema ermittelt, so ergreifen Sie selbst die Initiative und beginnen das Gespräch. Das hat den Vorteil, dass Sie nicht spontan auf die Bemerkung des anderen reagieren müssen, sondern selbst steuern können: mit einem Thema, das Ihnen liegt.

Die wohl beliebteste Einstiegsfrage unter Bekannten lautet: »Na, **Keine Floskeln zum** wie geht's?« Stellt Ihnen Ihr Gesprächspartner diese Frage, so ver- **Einstieg** meiden Sie jede Plattitüde (»Gut!« »Muss ja!«). Antworten Sie stattdessen positiv und spezifisch – Ihre Worte wirken im Optimalfall wie der Auftakt zu einem wirklich netten Austausch. Sagen Sie also etwas wie »Jetzt, wo ich Sie sehe: ausgezeichnet!« oder einfach »Herr Müller – wir haben uns ja ewig nicht gesehen!«

Der Mittelteil Im Mittelteil geht es darum, das Gespräch so in Gang zu halten, dass es zu einem Austausch kommt, der für Sie und Ihren Gesprächspartner angenehm und bereichernd ist. Dabei müssen Sie nicht die ganze Zeit selbst reden. Hören Sie zu (das ist Ihre nächste Stärke; siehe unten!) oder stellen Sie interessiert offene Fragen – also solche Fragen, die sich nicht mit »Ja« oder »Nein« beantworten lassen und die an einem Fragewort mit »w« leicht erkennbar sind.

Beispiele für offene Fragen: Wie komme ich zu ...? Was steht jetzt auf dem Programm? Wo finde ich ...? Woher kommt eigentlich ...?

Gut ausgewählte Fragen lassen den Austausch schnell lebendig werden. Wenn Sie zudem das, was Ihr Gesprächspartner sagt, nach einem einfachen Muster filtern, wird es Ihnen leichtfallen, den Austausch in Gang zu halten, wenn Sie das wollen.

Fragen Sie sich: Was von dem, was mein Gesprächspartner sagt, lässt sich zum Weiterentwickeln oder zum Wechseln des Themas nutzen?

Einen Themenwechsel leiten Sie mit Sätzen wie »A apropos X, ...« oder »Da Sie gerade X erwähnen ...« ein.

Achten Sie gerade im Mittelteil darauf, selbst Kommentare und eigene Eindrücke einzustreuen: Sie führen kein Interview, sondern ein Gespräch.

Der Ausstieg Ein informelles Gespräch kann länger oder kürzer sein. Wichtig ist: Sie können es jederzeit und ohne nähere Angabe von Gründen beenden. Diese Tatsache wirkt auf viele leise Menschen sehr entlastend: Denn sie bekommen Freiraum, wenn die Situation oder der Gesprächspartner zu viel Energieaufwand fordern.

Wenn Sie ein Gespräch beenden wollen, so ist das in einer Small-Talk-Situation einfach. Sagen Sie schlicht: »Danke für den netten Austausch. Wir sehen uns sicher später noch einmal.« Oder: »Ich hoffe, wir können das Gespräch bald einmal fortsetzen.« Das Unverbindliche, Leichte am Small Talk ist in dieser Situation genau Ihr Vorteil: Sie können das Gespräch jederzeit schließen, wenn Sie das möchten – ohne Entschuldigung oder Begründung. Sogar ein »Oh – ich sehe gerade einen alten Freund, den ich gern begrüßen will!« ist völlig legitim: Jeder weiß, dass es bei sozialen Anlässen darum geht, Kontakte zu pflegen.

Wenn Sie den jeweiligen Kontakt später fortsetzen möchten, können Sie in dieser Phase den Austausch von Visitenkarten anregen. Ich nutze Karten gern, um mir später (z. B. im Hotelzimmer) reichlich Notizen zu machen. So entlaste ich mein Gedächtnis – und bereite eine Phase vor, in der Intros besonders punkten können: das Follow-up.

Viele leise Menschen sind in der geschriebenen Kommunikation **Follow-up** besonders stark (siehe Stärke 9!). Sie haben damit einen entscheidenden Vorteil für ein schriftliches Follow-up nach einem Netzwerkanlass. Ich biete z. B. meinem Gesprächspartner einen Kontakt im Online-Netzwerk XING an (siehe Seite 192) oder lasse ihm einen Zeitschriftenartikel zu einem unserer Themen zukommen. Diese Gelegenheit nutze ich, um im Nachhinein für das angenehme Gespräch zu danken, möglichst mit einem Hinweis auf den Austausch selbst: »Gern denke ich an unseren Austausch während der Konferenz in Singapur zurück. Inzwischen habe ich den Bordeaux tatsächlich bei dem Weinhändler bekommen können, den Sie empfohlen haben. Herzlichen Dank noch einmal. Mit dieser E-Mail schicke ich Ihnen wie versprochen …«

Auf der folgenden Seite finden Sie noch einige Tipps für Ihre eigenen Follow-ups.

3 Tipps für Ihr Follow-up:

1. Schreiben Sie lieber auf Papier als in die Tastatur – E-Mails sind zwar akzeptabel, doch Briefe und Karten sind selten geworden und haben einen Effekt, den Sie sich wünschen: Sie werden wahrgenommen.

2. Schreiben Sie etwas mit Nutzwert. Ihr Gesprächspartner soll das Gefühl haben, mit etwas angenehm überrascht zu werden, was er nicht erwartet hat, aber gut gebrauchen kann: einen Link, einen Artikel, einen Hinweis auf einen Ort, wo er etwas finden kann, was er braucht ...
Wenn Sie sich für E-Mail entscheiden, vermeiden Sie bitte datenreiche Anlagen – diese landen oft in Spam-Ordnern. Schicken Sie lieber einen Link oder kopieren Sie einen nicht zu langen Text direkt in Ihre Mail.

3. Schreiben Sie zeitnah. Innerhalb von zwei bis vier Tagen nach Ihrer Begegnung erinnert sich Ihr Gesprächspartner wahrscheinlich noch gut an Sie.

Analyse im Small Talk (2): So finden Sie Themen, die passen – auch für Sie!

Intros wollen Substanz
Gerade haben Sie gesehen, wie Sie im Einstieg und Mittelteil des Small Talk Themen schnell finden und auch steuern können. Leisen Menschen wie Anne ist dies oft zu wenig: Sie wünschen sich im Austausch mit anderen mehr Substanz, auch wenn der Anlass informell ist und es vor allem um Beziehungsaufbau geht. Sie mögen es, wenn ein sozialer Kontakt ihnen Gelegenheit zum Nachdenken gibt, etwa, weil der Mensch interessant ist oder eine besondere Bedeutung für sie hat. Oder weil sich eine spannende Gelegenheit zum Austausch über ein bestimmtes Thema ergibt.

Vom Small Talk zum Big Talk
Doch die eigentliche Herausforderung liegt dort, wo sich leise Menschen viel lieber austauschen: in der Tiefe. Viele Intros freuen sich am Small Talk besonders dann, wenn es ihnen gelingt, ihn in »Big Talk« zu verwandeln – also mit dem Gesprächspartner etwas

Substanzielles zu bereden, was sie interessiert und eine andere Intensität des Austausches ermöglicht. Ideal ist, wenn Ruhe hinzukommt und damit Luft zum Verarbeiten bleibt: mit Pausen zwischen Gesprächsphasen und in einer Atmosphäre der Gelassenheit. Dann kann der Denkstoff mit einem angenehmen Gegenüber sogar dazu führen, dass der betroffene Intro Energie *bekommt,* anstatt sie in die Kommunikation zu *investieren* – mit angenehmen Nebenwirkungen wie Freude und einem Gefühl tiefer Befriedigung.

Das traditionelle Wort für »Big Talk« ist Konversation. Zu der Zeit, als man das Wort aktiv nutzte, schätzte man Konversation als eine wichtige soziale Fähigkeit hoch ein. Heute, im Zeitalter von SMS, Facebook-Postings und Tweets, haben viele Menschen Mühe, sich in ein substanzreiches Thema zu vertiefen – geschweige denn, eines zu beginnen. Doch es lässt sich lernen, ein Gespräch zu führen, das den Namen verdient. Menschen mit Blick für das Wesentliche (also jenen mit Stärke 2) fällt dies meist nicht schwer. Und wenn Sie sich um einen echten Austausch bemühen, werden Sie sehen, wie positiv dies Ihre Beziehung mit der Person prägt, mit der Sie sich unterhalten.

Geschickte Themenwahl

Am einfachsten ist es gerade für die Einstiegsphase, wenn Sie ein Thema wählen, das Sie – siehe oben unter Einstieg auf Seite 179 – mit einem Ihnen bekannten Ansprechpartner durch etwas *gemeinsam Erlebtes* verbindet: Ihr letztes Treffen, Ihre letzte Kommunikation – oder einfach Ihre Freude, ihn wiederzusehen. Verbinden kann Sie mit einem unbekannten Ansprechpartner auch etwas *vor Ort:* die Bekanntschaft mit der Gastgeberin, der Weg vom oder zum Flughafen, das Büffetangebot oder das Abendprogramm.

Tipps zur Themenwahl

Um dann zu etwas Wesentlichem überzugehen, müssen Sie kein Philosoph sein. Finden Sie via Analyse Themenbereiche, die eine Bedingung erfüllen: Sie interessieren Sie wirklich. Hier ist eine Liste mit Vorschlägen, die Sie beliebig erweitern können:

Themen mit Gehalt

– Situationen, die Sie (womöglich gemeinsam) erlebt haben und in denen Sie jemand oder etwas beeindruckt hat: Der Eröffnungsvortrag (Konferenz) – der berühmte Redner hat es mit seinen 87 Jahren geschafft, den Saal in seinen Bann zu ziehen.

– Dinge, die Sie interessieren und von denen Sie annehmen, dass sie Ihren Gesprächspartner auch interessieren könnten.
Beispiel: Im Gebäude, in dem der IT-Kongress stattfindet, war früher eine Schokoladenfabrik untergebracht. Sie fragen sich, welche Gemeinsamkeiten es gibt.

– Dinge, über die Sie gern mehr erfahren wollen – vor allem, wenn Ihre Gesprächspartnerin sich dort gut auskennt.
Beispiel Netzwerktreffen: Fragen Sie, ob es in der Firma Ihrer Gesprächspartnerin eine Frauenquote gibt. Wie denkt sie darüber?

– Fragen, die Ihnen durch bestimmte Eindrücke in der gemeinsamen Umgebung durch den Kopf gehen: Was bewirkt die Hintergrundmusik?

Wenn Sie tiefer in die Kunst der echten Konversation einsteigen wollen, sei Ihnen das Buch von Theodore Zeldin ans Herz gelegt, das ich im Literaturverzeichnis aufführe. Es ist eine Liebeserklärung an das kultivierte Gespräch und hat besonders für leise Menschen einen ganz besonderen Reiz.

Kontakte: auf Bedürfnisse achten

Einen ersten Schritt haben Sie nach dem letzten Abschnitt schon hinter sich: Sie wissen, welche Art von Austausch Ihnen persönlich guttut. Sie können nun gezielt nach Menschen und Situationen suchen, die Sie bereichern.

Andererseits gehört es zum Leben, dass Sie immer wieder auch Begegnungen erleben werden, die nicht ideal sind. Die Party mit

Die Frage an Sie:

Welche Stärken helfen Ihnen, mit Unbekannten ins Gespräch zu kommen?

Ich kann relativ leicht »Small Talk« in »Big Talk« verwandeln. (Stärke 2) ❑

Ich kann gut zuhören und das Gehörte für den Verlauf des Gesprächs verwerten. (Stärke 4) ❑

Mir fällt es leicht, zu meiner inneren Ruhe zu finden. (Stärke 5) ❑

Ich habe ein Repertoire an Themen, die sich als Einstieg bewährt haben. (Stärke 6) ❑

Ich weiß schnell, was dem anderen wichtig ist. (Stärke 10) ❑

Ich kann gut auf Gesprächspartner eingehen. (Stärke 10) ❑

Ich habe im Small Talk weitere Stärken, nämlich

....

....

....

....

....

....

....

....

lauter Musik. Die verkrampfte Weihnachtsfeier in der Firma als alljährlicher Pflichttermin. Der Elternabend nach einem langen Arbeitstag. Oder gar das pure Grauen für viele Intros, inklusive der Autorin: die Visitenkartenparty in ihren diversen Erscheinungsformen, mit der eigentlichen Aufgabe, so viele Kontakte wie möglich zu schließen. Was auch immer »schließen« hier heißen mag.

Sie können bei solchen Anlässen Ihren Energieeinsatz in gesunden Grenzen halten und dafür sorgen, dass Sie sich so wohl wie möglich fühlen. Dazu ist es wichtig zu wissen, wo genau Ihre Hürden liegen. Sehen wir einmal genauer hin.

Hürde 2: Kleinteiligkeit

Small-Talk-Situationen sind für viele leise Menschen deshalb schwer, weil sie die Neigung zur Kleinteiligkeit verstärken. Die Intros, die eher einzelne Bäume und weniger den Wald mit seinen Wegen sehen, gehen in der »chaotischen« Situation des sozialen Miteinanders leicht verloren und leiden besonders leicht auch unter Überstimulation (Hürde 3; siehe Seite 188).

Umso wichtiger ist es, der jeweiligen Situation eine Struktur zu geben. Mit den folgenden einfachen Strategien wird es Ihnen leichter fallen, sich in einer Gruppe von Menschen souverän zu bewegen und sich sicher zu fühlen.

Small Talk: Strategien für mehr Übersichtlichkeit

1. Denken Sie »Klasse« statt »Masse«.
   Leise Menschen schaffen es in besonderer Weise, eine tiefe Verbundenheit zwischen ihnen und ausgewählten Mitmenschen herzustellen. Die Betonung liegt dabei auf »ausgewählt«: Statt vieler Kontakte mit vielen Menschen schätzen Intros eher einen intensiven, regelmäßigen Kontakt mit wenigen Menschen. In diese Beziehungen investieren sie dann auch. Viele Introvertierte finden Gespräche zu zweit angenehmer als einen Austausch in einer Gruppe. Unter vier Augen fühlen sie sich entspannter, und die Zahl

der Eindrücke hält sich in komfortablen Grenzen. Innerhalb dieser Grenzen lässt sich ein Thema leichter gestalten und die Perspektive des Gesprächspartners gut einbeziehen: weil es eben nur eine Person ist. Deshalb gilt: Sprechen Sie bevorzugt mit einzelnen Menschen. Wenn Sie bei einem Netzwerkereignis nacheinander mit drei oder vier Menschen reden, ist das bei einem angenehmen Austausch (»tief« statt »breit«, mit Übergang vom Small Talk zur echten Konversation) ein gutes Ergebnis – und führt womöglich zu viel nachhaltigeren Kontakten als die »breit« angelegte Kontaktstrategie eines typischen Extros.

2. Orientieren Sie sich räumlich:
   Suchen Sie sich zu Beginn der Veranstaltung verschiedene *»Fluchtpunkte«*, wohin Sie sich bei Bedarf zurückziehen können. Dies gibt den Räumlichkeiten eine übersichtliche Struktur und schützt Sie auch vor Hürde 3: der Überstimulation. Suchen Sie sich eine Sitzgelegenheit, von der aus Sie den Raum gut überblicken können. Wenn Sie neue Gesprächspartner suchen, ist ein Standort in der Nähe der Tür klug.

   Sich räumlich orientieren

3. Finden Sie mögliche Gesprächspartner:
   Suchen Sie freundlich aussehende Personen (allein oder in kleinen, offenen Gruppen). Sie können sich auch im Vorfeld einer Veranstaltung mit einzelnen Personen verabreden – etwa, wenn Sie sie nach einem E-Mail-Austausch persönlich kennenlernen wollen oder wenn Sie gern etwas Bestimmtes besprechen wollen.

   Mögliche Gesprächspartner finden

4. Setzen Sie sich persönliche Ziele:
   Nehmen Sie sich für den Anlass etwas Konkretes vor, das zu Ihnen und Ihrem momentanen Zustand passt: Planen Sie, mit einer bestimmten Person ins Gespräch zu kommen (z. B. durch Vorstellen – bitten Sie jemanden darum, der Sie beide kennt). Oder setzen Sie sich zum Ziel, nur so lange zu bleiben, wie Sie sich wohlfühlen – und dann jederzeit zu gehen oder eine Auszeit zu nehmen!

   Sich persönliche Ziele setzen

Hürde 3: Überstimulation

Zu viele Eindrücke als Energieräuber

Zu viel auf einmal ist zu viel und damit schädlich. Das gilt auch für schöne Dinge im Leben: für Pralinen, für Rotwein und auch für Menschen. Für Intros bedeutet »zu viel« oft ein Zuviel an Eindrücken. Genau das ist Überstimulation: Eine Situation nimmt Ihnen durch die Vielfalt der Eindrücke Energie. Das erschöpft und nimmt die Freude an der Begegnung mit anderen. Es wird also anstrengend. Deshalb ist es für Intros nicht ungewöhnlich, dass sie soziale Anlässe vorsichtig dosieren und sie sehr bewusst auswählen, um sich nicht zu verausgaben. Dies ist auch völlig legitim – niemand muss ständig unter Menschen sein! Hier aber geht es um die Situation selbst: Wie vermeiden Sie, dass Sie zu schnell zu viel Energie aufwenden müssen?

Small Talk: Strategien gegen Überstimulation

Auszeiten

1. Achten Sie bei allen sozialen Anlässen darauf, dass Sie sich wohlfühlen. Setzen Sie sich nicht unter Druck, sondern gönnen Sie sich Pausen vom Austausch mit Menschen. Dabei ist zweierlei wichtig: Sie sollten allein sein und entspannen können. Es gibt verschiedene Möglichkeiten: Gehen Sie zur Toilette. Sehen Sie Bilder an den Wänden an. Setzen Sie sich in aller Ruhe hin und beobachten Sie bei einem guten Getränk entspannt die Menschen um sich herum. Holen Sie zwischen Gesprächen mehrmals tief und langsam Luft: Das beruhigt Sie, versorgt Sie mit Sauerstoff und wirkt wie eine Mini-Auszeit. Und Ihre Kontakte werden Sie außerdem frisch »aufgeladen« als viel interessanter und präsenter wahrnehmen – ein guter Start!

Eins nach dem anderen

2. Vermeiden sie es, gleichzeitig mehrere Dinge zu tun. Damit reduzieren Sie die Aufnahme von Reizen in Ihrem Hirn und können das, was Sie tun, mit mehr Aufmerksamkeit tun. Auch dies erhöht Ihre Präsenz. Konzentrieren Sie sich also auf den Menschen oder die Menschen, mit denen Sie gerade reden oder etwas tun. Wenn Sie diese Kommunikation beendet haben, denken Sie an Ihr nächstes Ziel – oder holen Sie sich erst einmal etwas vom Büffet.

3. Eine zu hohe Lautstärke ist für leise Menschen ein echter **Lautstärke**
Energiefresser und ein wesentlicher Grund für Überstimulation. Ich habe an mir und anderen leisen Menschen
beobachtet, dass wir dazu neigen, Lärm als eine Art Natur-
gewalt anzusehen, gegen die wir nichts tun können. Hinzu
kommt, dass die Extros um uns herum weniger Probleme
mit Lautstärke haben, sodass diese nur »unser« Problem zu
sein scheint. Doch nur Mut: Oft lässt sich sehr wohl etwas
bewirken, wenn Sie merken, dass Ihnen bei einem sozialen
Anlass die Umgebung zu laut ist. Bei einem Lärmpegel, an
dem Sie nichts ändern können (z.B. ein landender Flieger
bei einem Gespräch am Flughafen – oder auf dem Rosen-
montagszug in Köln), können Sie zwar kein Ohropax
benutzen, doch Sie können die Stimulation verringern:
Konzentrieren Sie sich sehr bewusst auf Ihren Gesprächspartner. Das blendet den Hintergrundlärm aus und verbessert außerdem die Verständigung. In vielen anderen Fällen
können Sie die Lärmbelastung sehr wohl beeinflussen. Die
Extro-Empfangsdame im Fitness-Studio dreht bereitwillig
die Musik herunter, die Ihr Krafttraining in echten Stress
verwandelt und ein Gespräch mit anderen unmöglich
macht. Voraussetzung ist allerdings, dass Sie fragen. Folgen
Sie dabei dem folgenden Muster: Sagen Sie erstens sachlich, was los ist, zweitens, was es bewirkt, und drittens, was
Sie sich wünschen. Sagen Sie also zur Studio-Empfangs-
dame: »Die Musik im Kraftraum ist heute so laut. Wir
können uns viel besser unterhalten, wenn sie auf Zimmerlautstärke läuft. Würden Sie sie netterweise herunter-
drehen?«

Hürde 4: Passivität

Wenn Sie bei sozialen Anlässen genau hinsehen, werden Sie
überall Intros sehen, die nur scheinbar aktiv sind: Sie holen etwas
zu trinken oder prüfen ihre Nachrichten auf dem Smartphone. Sie
gehen Papiere durch und sehen auf die Uhr. Nur mit dem Kontakt
sieht es nicht gut aus …

Initiative ergreifen

Gelegenheiten, die der Kontaktanbahnung dienen, erscheinen meist unstrukturiert. Es ist dem leisen Teilnehmer oft unklar, was genau er tun kann und tun sollte, um mit den anderen Menschen im Raum in Verbindung zu treten. Dadurch stellen sich leicht Unbestimmtheit und Unsicherheit ein. Der leise Mensch fühlt sich deswegen nicht wohl in seiner Haut. Dies ist eine große Versuchung, erst einmal gar nichts zu tun und sich zurückzuhalten, anstatt gezielt etwas in Sachen Kontaktaufnahme zu tun. Damit macht er sich von anderen abhängig: Wenn diese keine Initiative zeigen, steht er allein herum. Wenn die anderen dagegen Initiative entwickeln, hat der Passive auf den Impuls zu reagieren, der kommt, und kann nicht selbst auswählen, mit wem er über was reden will. Im schlimmsten Fall kann er mit dem Impuls nicht oder nicht schnell genug umgehen und vergibt so die Chance auf einen netten Kontakt.

Tipps zur Kontaktaufnahme

Das offensichtliche Fazit lautet also: Bei der Kontaktaufnahme ist es besser, selbst die Initiative zu ergreifen. Sie werden das leichter schaffen, wenn Sie die Komplexität und damit den Unsicherheitsfaktor in der Kommunikation reduzieren. Dies erreichen Sie mit einem einfachen Prinzip: Nehmen sie sich etwas Konkretes vor, das Ihre Netzwerkaktivitäten und Ihre Zeit strukturiert. Dazu finden Sie hier einige interessante Möglichkeiten aus dem Erfahrungsschatz leiser Menschen:

So werden Sie bei sozialen Anlässen aktiv

1. **Übernehmen Sie Aufgaben.** Dieser Rat gilt besonders für Menschen in einem frühen Karrierestadium. Helfen Sie beim Registrieren oder bei der Begrüßung von Gästen. Organisieren Sie den Service. Halten Sie Vorträge oder organisieren Sie Arbeitsgruppen. Im professionellen Bereich zeigen Sie dadurch auch die Bereitschaft, Verantwortung zu übernehmen, und machen sich in positiver Weise sichtbar.

Ein Beispiel: Jungen Wissenschaftlern, mit denen ich in Seminaren arbeite, rate ich, auf Konferenzen oder auch bei kleineren Fachtreffen möglichst früh in der Karriere Arbeitsgruppen zu koordinieren. Dadurch lernen sie die Regeln durch eigene Anschauung kennen, treten in ihrer wissenschaftlichen Gemeinschaft positiv in Erscheinung und kommen zudem leicht mit Entscheidungsträgern in Kontakt.

2. **Seien Sie früh da.** Machen Sie es sich zur Aufgabe herauszufinden, wer noch zu der Veranstaltung kommen wird. Das können Sie je nach Veranstaltung auf unterschiedliche Weise tun: Sehen Sie ins Konferenzprogramm. Werfen Sie einen Blick auf die ausgelegten Namensschilder – wenn Sie früh kommen, liegen die meisten noch da. Oder sprechen Sie freundlich-interessiert die anwesenden Organisatoren und Menschen am Begrüßungstisch an: Wen erwarten sie denn so?

3. **Reihen Sie sich in Schlangen ein.** Das klingt merkwürdig, hat aber einen Vorteil: Der Platz in der Schlange sorgt für Struktur. Sie haben (am Begrüßungstisch, am Büffet, an der Bar …) je einen potenziellen Gesprächspartner vor sich und hinter sich. Hinzu kommen ein Ziel und eine Wartezeit. All dies macht die Situation auf angenehme Weise übersichtlich.

4. **Nutzen Sie Stehtische.** Stehtische sind ideale Kontaktforen: Sie sichern Abstand und haben einen klaren Nutzwert – sie sind dazu da, dass man etwas auf ihnen ablegt. Suchen Sie sich anfangs mit Ihrem Teller oder Glas einen Stehtisch, der unbelegt oder nur von einer Person belegt ist. Ihre Chancen stehen gut, dass Sie im ersten Fall bald Gesellschaft bekommen und im zweiten Fall ein netter, leiser Mensch auf Sie wartet, dem der Tisch ebenfalls einen sicheren Komfort bietet. Fragen Sie einfach freundlich, ob noch Platz ist …

Sie wissen nun, wie Sie mit Ihren Stärken Kontakte fördern können. Sie kennen außerdem einige Fallstricke und Versuchungen, mit denen leise Menschen oft zu ringen haben. Abschließend geht es um soziale Situationen, bei denen Ihre Kommunikationspartner gar nicht persönlich anwesend sind, sondern in den Weiten der Online-Netzwerke präsent sind.

Kontakte in der Komfortzone: das Web 2.0

Indirekt netzwerken

Digitale Netzwerke und Kontaktforen – auch »soziale Medien« genannt – sind ideale Tummelplätze für Netzwerkaktivitäten: Facebook, XING, LinkedIn, Twitter, Google+, aber auch Partnervermittlungen, Diskussionsforen, Chatrooms – die Auswahl ist unübersehbar riesig. All diese Online-Plattformen haben zweierlei gemeinsam: Sie ermöglichen einen indirekten Kontakt in schriftlicher Form. Damit entsprechen sie der Stärke 8 leiser Menschen: dem Schreiben.

Gefühl der Sicherheit

Für sozial eher zurückhaltende Intros ist das Online-Netzwerken eine Möglichkeit, Kontakt aufzunehmen – aber nicht »so richtig«, weil im digitalen Raum ja immer genügend sicherer Abstand ist. Der Austausch verläuft im Vergleich zur gesprochenen Kommunikation verzögert und ist räumlich getrennt. Auch dies sorgt für ein angenehmes Gefühl der Sicherheit und Kontrolle: Es ist genug Zeit zum Antworten da, was Intros entgegenkommt, die lieber in Ruhe nachdenken, bevor sie etwas äußern. Auf Twitter, der Plattform für Mini-Blogs, las ich einmal das Zitat: »140 Zeichen sind die Dosis, in der sich Menschen gut ertragen lassen.« Ich bin sicher, der Satz stammt von keinem Extro! Andere Intros wiederum sehen die digitalen sozialen Medien von heute eher als notwendiges Übel denn als Chance zum Netzwerken: Es ist eine Aktivität mehr, die regelmäßig gepflegt sein will. Der typische Satz aus diesem Lager lautet (meist kombiniert mit Augenrollen): »Wann soll ich denn dafür noch Zeit haben?!« Zu welchem Lager gehören Sie?

Die Frage an Sie:

Was bedeuten digitale soziale Netzwerke für Sie?

gute Ergänzung zu realen Treffen	❑
erträgliches Netzwerken	❑
notwendiges Übel	❑
keine Meinung / fehlende Information	❑

Die meisten leisen Menschen bevorzugen, wie Sie nun wissen, eher wenige und dafür qualitativ wertvolle Beziehungen. Doch vieles, was im Netz kommuniziert wird, liest sich eher oberflächlich, manchmal auch marktschreierisch oder schlicht dumm und laut. Vieles – nicht alles! Es gibt genauso ganz erstaunlich intensiven und substanzreichen digitalen Austausch.

Sicher ist: Digitale Medien sind ein Teil des Netzwerkens, das zu unserer Zeit einfach dazugehört – und sie werden in Zukunft eher noch wichtiger werden. Machen Sie also als leiser Mensch das Beste daraus. Das Beste ist auch in diesem Fall das, was zu Ihnen passt. Hier einige Tipps für die Nutzung:

Tipps zur Nutzung digitaler Netzwerke

- Wählen Sie bewusst nur wenige Plattformen aus, die Ihrer Art zu kommunizieren und vor allem Ihrer Zielsetzung entsprechen. Beispiele: *Facebook* ist ein buntes Sammelsurium, in dem sich private und berufliche Kontakte tummeln. *LinkedIn* und *XING* sind rein professionelle Plattformen, in denen Sie sich entsprechend darstellen – wobei LinkedIn international stärker ist, XING dagegen im deutschsprachigen Raum für viele die erste Wahl darstellt. *Twitter* ist ein Mikro-Blog, in dem Sie direkt mit Menschen kommunizieren, indem Sie Nachrichten mit maximal 140 Zeichen schreiben bzw. lesen. *Google+* macht allen genannten Netzwerken mit neuen Möglichkeiten seit Mitte 2011 Konkurrenz. Es gibt viele weitere Plattformen. Wählen Sie zu Beginn maximal zwei. Das reicht. Kommunizieren Sie an ausgewählten digitalen Orten – und dann regelmäßig!

- Bauen Sie Ihr Profil in jedem Netzwerk so aus, dass es Ihren Zielen und Ihren gewünschten Botschaften entspricht. Netzwerken wirkt nur, wenn Sie Ihre Kontakte und Ihr Profil pflegen: Seien Sie in Ihren Botschaften und in den Dialogen, die Sie mit anderen führen, klar und in sich stimmig. Auf diese Weise bekommen Sie die Online-Identität, die Sie sich wünschen.

- Betrachten Sie die Kontakte in digitalen Medien erst einmal nicht als freundschaftliche oder berufliche Beziehung. Beides, Freundschaft wie beruflicher Austausch, kann sich aber erstaunlich schön entwickeln, wenn der Austausch funktioniert. Ich habe mich für die Plattformen XING und Twitter entschieden, die sich gegenseitig gut ergänzen. Ich habe auch festgestellt, dass meine Website und mein Blog durch die Kontakte auf den Plattformen für höhere Zugriffszahlen sorgen – und für mehr direkte Kommunikation über meine Arbeit. Das heißt nicht, dass alle Sie und Ihr Profil mögen müssen – wie im wirklichen Leben lässt es sich auch im digitalen Universum nicht allen recht machen. Sowohl die Zahl als auch die Qualität Ihrer Kontakte wachsen am besten so wie in der Natur: langsam und kontinuierlich.

- Reservieren Sie in Ihrer Zeitplanung regelmäßig Zeit für digitales Netzwerken. Das bedeutet einerseits: Seien Sie regelmäßig aktiv, also möglichst mehr als einmal wöchentlich. Posten Sie Beiträge. Bestätigen Sie Kontaktanfragen, die Sie passend finden. Lesen Sie Nachrichten an Ihre Adresse und beantworten Sie sie gegebenenfalls. Der Hinweis bedeutet andererseits auch: Lassen Sie sich während anderer Aktivitäten nicht von Ihrer Twitter-Timeline oder Ihren Facebook-Nachrichten ablenken, indem Sie zwischendurch immer wieder hineinsehen.

- Kommunizieren Sie stetig und innerhalb der öffentlichen Rolle, für die Sie sich entscheiden. Was Sie in digitalen Medien schreiben, baut im besten Fall Vertrauen auf: Ihre Leser und Kontakte werden den Eindruck bekommen, dass sie Sie ein wenig kennen. Kommunizieren Sie entsprechend über das, was Sie vermitteln wollen: weil es Ihnen wichtig ist, weil es den anderen Nutzen bringt, weil es bestimmte Eigenschaften oder Fähigkeiten herausstellt. Ich stelle immer wieder fest, dass ich gar nicht überrascht bin, wenn ich Menschen aus der XING- oder Twitter-Welt im wirklichen Leben begegne: Man erfährt viel übereinander.

Da Sie sowieso nachdenken, bevor Sie etwas kundtun, werden Sie das in Ihrer Kommunikation berücksichtigen.

■ Bewerten Sie Ihre digitalen Aktivitäten genauso hoch wie andere Netzwerkaktivitäten. Jeden Tag finden Menschen online sehr handfeste Dinge: neue Jobs, Lösungen für ihre Probleme, Dienstleister für anstehende Arbeiten, guten Rat oder Anfragen für Aufträge: genau das, was sie auch in realen Begegnungen finden.

Bitte bedenken Sie aber auch: Echtes Netzwerken beginnt damit, dass Sie irgendwann den realen Menschen hinter dem Online-Profil begegnen. Diese Begegnung lässt sich durch keinen Chat, keinen Tweet, keine Nachricht auf Facebook und keine E-Mail ersetzen. Nutzen Sie also das Internet, um die Kontakte, die Sie sich wünschen, anzubahnen und nach einem persönlichen Treffen auch zu pflegen. Gehen Sie aber nach einem Kennenlernen auch den nächsten Schritt: Wenn Ihnen ein Kontakt interessant vorkommt und Qualität verspricht, sollten Sie ein Treffen im »real life« anregen und anstreben. (Dies erübrigt sich natürlich, wenn Ihr Twitter-Kontakt von Papua-Neuguinea aus schreibt ...)

Das Wichtigste in Kurzform

■ Leise Menschen haben bei sozialen Anlässen alle Voraussetzungen, erfolgreich auf andere zuzugehen. Am besten und angenehmsten gelingt dies, wenn sie ihre persönlichen Vorlieben und Eigenschaften kennen und zu einem Netzwerken nutzen, das zu ihrem Verständnis von Kontakt passt.

■ Dieses »leise« Netzwerken lässt sich mit fünf Strategien gut verfolgen: Konkrete Ziele setzen, Ressourcen definieren, Bekannte einander vorstellen, sich selbst vorstellen lassen sowie längerfristig und beständig in Netzwerken aktiv bleiben.

■ Ein Kontakt, der für leise Menschen zählt, ist dauerhaft und bedeutungsvoll. Qualität geht vor Quantität.

■ Eher introvertierte Menschen haben im sozialen Umgang mit anderen in den meisten Fällen drei besondere **Stärken**: Sie können ausgezeichnet zuhören, sind ruhig und können mit ihrer analytischen Kraft leicht geeignete Themen und vor allem einen Zugang zu ihren Gesprächspartnern finden.

■ Bei sozialen Anlässen sollten leise Menschen auf besondere **Bedürfnisse** achten: Sie fühlen sich von dem Überangebot an Eindrücken leicht überfordert, verausgaben sich schnell bei einer Überstimulation und laufen zudem Gefahr, zu passiv zu bleiben, anstatt bewusst Kontakte zu suchen und Gespräche zu gestalten. Es gibt aber Möglichkeiten, diese Risiken zu vermeiden: durch das Schaffen von Übersicht, durch Auszeiten und Rückzug zwischendurch, durch die bewusste Planung von Aktivitäten auf Veranstaltungen.

■ **Digitale Netzwerke**, die online gepflegt werden, können gerade für leise Menschen, die sich gern schriftlich ausdrücken, eine gute Ergänzung zu anderen Kontakten sein. Sie unterliegen allerdings ihren eigenen Regeln und sollten nie zum Ersatz für »echte« Begegnungen werden, sondern diese ergänzen.

7. Zwischen Mensch und Sache: Verhandeln

Sina ist Doktorandin an einer renommierten deutschen Hochschule mit angeschlossener Universitätsklinik. Sie untersucht Stoffwechselstörungen bei übergewichtigen Patienten, wobei sie sich als Biochemikerin besonders auf bestimmte Blutwerte konzentriert. Dafür ist sie auf die Arbeit mit Mäusen angewiesen, denen sie Seren injiziert und Blutproben zur Analyse entnimmt. Die Arbeit ist schwierig, weil sie umfangreich ist und es in manchen Bereichen auf kleinste Details ankommt. Bisher kommt Sina mit den Anforderungen gut klar: Sie mag ihre Arbeit und verbringt auch abends viele Stunden im Labor. Erste Ergebnisse hat sie mit Erfolg (und viel Herzklopfen) auf nationalen Konferenzen vorgetragen. Sie hofft, in den nächsten zehn Monaten mit dem Schreiben der Doktorarbeit fertig zu werden. Dann kann sie ihr Promotionsverfahren abschließen, bis ihre derzeitige Stelle ausläuft. Sie betreut gleichzeitig auch zwei Studierende mit ihren Master-Abschlussarbeiten, was sie als ziemlich aufwendige Angelegenheit empfindet.

Doch plötzlich wird es noch enger mit dem Zeitplan: Sinas wissenschaftlicher Betreuer, ein bekannter Professor, hat ein großes Drittmittelprojekt eingeworben und erwartet, dass sie aktiv in der Forschung mitwirkt. Diese neuen Aufgaben kann Sina nur mit zusätzlicher Unterstützung bewältigen. Sie beschließt, ihren Betreuer um eine wissenschaftliche Hilfskraft zu bitten, die ihr die Routinearbeiten im Labor abnehmen kann.

Die eigene Position klären

Sina steht damit vor der Aufgabe, eine Verhandlung zu führen. Sie will etwas erreichen, und dafür braucht sie die Mitwirkung einer anderen Person: ihres Chefs.

Geben und Nehmen
In einer Verhandlung geht es um Geben und Nehmen: Alle Beteiligten sollen zu einem Ergebnis kommen, das sie unterstützen und umsetzen können – auch, wenn sie ganz unterschiedliche Interessen haben. So wird der wissenschaftliche Betreuer Sinas Vorschlag nur zustimmen, wenn er die Lösung für nützlich und umsetzbar hält. Optimalerweise hat er auch selbst einen Vorteil davon: Das macht die Entscheidung dann wesentlich leichter.

Nur, wenn die Verhandlungspartner sich auf eine Lösung einigen, können sie mit ihren eigenen Zielen weiterkommen. Sinas Chef will, dass sie zusätzliche Forschungsarbeit erledigt und Master-Studierende betreut. Sina will ihrerseits die Doktorarbeit in ihrem gesetzten Zeitrahmen abschließen. Die Vereinbarung am Ende der Verhandlung führt im besten Fall zu einer Entscheidung, die die Beteiligten miteinander treffen und im Anschluss an das Gespräch auch umsetzen. Das bedeutet in Sinas Fall: Die Hilfskraftstelle – oder eine andere Entlastung – muss auch eingerichtet werden.

Ausgangspunkt definieren
Als leiser Mensch können Sie in einer Verhandlung eine sehr gute Figur machen. Sie gehört zu den Kommunikationstechniken, bei denen Intro-Stärken besonders hilfreich sind. Bevor wir zu diesen Stärken kommen, geht es zunächst um zweierlei: Erstens erfahren Sie etwas über die Grundlage einer Verhandlung – um die Bestimmung Ihrer eigenen Position. Mit Ihrer Verhandlungsposition definieren Sie Ihren Ausgangspunkt und entwickeln von dort aus alle weiteren Strategien. Zweitens lernen Sie die verschiedenen Phasen der Verhandlung mit ihren Aufgaben kennen, damit Sie für Ihre eigenen Anlässe entsprechend planen können.

> Eine Verhandlung bereiten Sie vor, indem Sie zunächst Ihre Position bestimmen. Auf dieser Basis bereiten Sie dann alles Weitere vor.

Die drei folgenden Punkte helfen Ihnen bei der Bestimmung Ihrer Position:

Verhandlung: 3 Punkte zur Klärung Ihrer Position

Punkt 1: Standpunkt und Ziel bestimmen

– Was haben Sie zu bieten?
– Welches Ziel wollen Sie mit der Verhandlung erreichen?
– Wie sieht dieses Ziel aus Sicht Ihrer Verhandlungspartner aus?
– Welche Informationen brauchen Sie über Ihre Verhandlungspartner und über den Gegenstand der Verhandlung?

Punkt 2: Wichtiges und Bewegliches unterscheiden

– Bestimmen Sie bei mehreren Verhandlungsthemen, welches Thema aus Ihrer Sicht am wichtigsten ist. In welcher Reihenfolge wollen Sie die Punkte besprechen?
– Was wollen Sie für das jeweilige Thema im besten Fall erreichen?
– Was wäre für Sie ein gerade noch akzeptables Ergebnis?

Die Antworten auf die beiden letzten Fragen verschaffen Ihnen wertvollen Spielraum.

Punkt 3: Für Klarheit und Stimmigkeit sorgen

Wenn Sie als Team in der Verhandlung aktiv sind (z. B. für Ihre Abteilung), dann klären Sie die Punkte 1 und 2 vor der eigentlichen Verhandlung unter sich ab. Am stärksten sind Sie, wenn Sie das Gleiche wollen.

Besonders der zweite Punkt sichert Ihnen eine wichtige Eigenschaft: Flexibilität. Viele Verhandlungen scheitern an zu starren Positionen.

Oft aber gibt es mehrere Möglichkeiten, mit denen Sie Ihren Zielen nahe kommen können – und die andere Partei auch!

Die andere Seite verstehen

Die Bedürfnisse Ihrer Verhandlungspartner lernen Sie spätestens in der Verhandlung selbst kennen. Stellen Sie sicher, dass Sie verstehen, wohin die »andere Seite« will: Nur, wenn Sie Klarheit über alle Interessen haben, können Sie abschätzen, wie Sie zu einer guten gemeinsamen Entscheidung kommen können.

Denken Sie vor und während der Verhandlung auch an die langfristigen Folgen: Was werden Ihre Gesprächspartner künftig von Ihnen (bzw. von Ihrer Firma) denken? Welche Auswirkungen kann das haben? Mit welchem Gefühl sollen sie aus der Verhandlung herausgehen?

Struktur der Verhandlung am Beispiel Sina

Sina hat durch die drei genannten Punkte ihre eigene Position bestimmen können. Hier der Überblick:

Verhandlung über Arbeitsentlastung:
Sinas 3 Punkte zur Klärung ihrer Position

Punkt 1: Standpunkt und Ziel bestimmen

– Sinas Angebot: Forschungsleistung, Engagement, Zuverlässigkeit.
– Ziel: Entlastung bei der Laborarbeit (zeitraubende Routineaufgaben) durch studentische Hilfskraft.
– Ziel aus Betreuersicht: zusätzliche Kosten, aber andererseits auch mehr Druck durch neues Forschungsprojekt und mehr Master-Studierende – Arbeit muss klug verteilt werden.
– einzuholende Informationen über Verhandlungspartner und über Gegenstand der Verhandlung: Stehen grundsätzlich Mittel für eine Hilfskraft zur Verfügung? Gab es ähnliche Fälle schon einmal? Wie viele Stunden Entlastung sind konkret nötig?

Punkt 2: Wichtiges und Bewegliches unterscheiden

– Verhandlungsthemen: nur eines – die Arbeitsentlastung!
– optimales Ergebnis: eine studentische Hilfskraft! Es gibt auch schon einen gut qualifizierten und menschlich angenehmen Kandidaten …

– gerade noch akzeptables Ergebnis: keine Betreuung von Master-Arbeiten bis zum Doktortitel. Das neue Forschungsprojekt ist eine gute Chance zur Positionierung – es soll auf jeden Fall mit auf den Zeitplan!

Punkt 3: Für Klarheit und Stimmigkeit sorgen

– keine im engeren Sinn Beteiligten.
– abzuklären: Was bedeutet es für die Arbeitsgruppe, wenn eine studentische Hilfskraft für eine Doktorandin eingestellt wird? Gibt es Unterstützung? Oder Widerstände?

Sina bereitet das Gespräch auf dieser Grundlage vor. Dabei klärt sie zunächst die noch offenen Fragen: **Noch offene Fragen klären**

■ Sie benötigt konkret etwa acht bis zehn Stunden Entlastung pro Woche.
■ Über die Sekretärin findet sie heraus, dass nicht klar ist, ob mit dem neuen Projekt Geldmittel zur Verfügung stehen. Aber niemand kann sich erinnern, dass jemals eine studentische Hilfskraft für einen Doktoranden eingestellt wurde.
■ Die Arbeitsgruppe kennt Sinas hohes Pensum und findet es in Ordnung, wenn sie in ihrer jetzigen Phase entlastet wird. Ein promovierter Kollege allerdings scheint nicht gerade begeistert zu sein. Er lässt durchblicken, dass er die Lösung mit der Hilfskraft für eine unangemessene Extrawurst hält. Wenn da jeder käme …

Ein Termin steht inzwischen fest. Sina geht für die weitere Planung die verschiedenen Phasen der Verhandlung durch.

Phasen der Verhandlung

Überblick Phasen der Verhandlung Eine Verhandlung besteht aus mehreren Phasen. Jede Phase erfüllt dabei besondere Aufgaben. Hier ein Überblick, der auch die Vor- und Nachbereitung des Gesprächs einschließt:

Verhandlung: Ablauf

Vor der Verhandlung: Vorbereitung

Aufgabe: Klärung.
Ermitteln Sie Ihre Position nach den drei Punkten, die Sie oben erläutert finden. Klären Sie außerdem Termin, Raum, anwesende Gesprächsteilnehmer, die Art der Medien und die Verteilung von Aufgaben.

In der Verhandlung: Phasen

Phase 1: Einstieg
Aufgabe: positives Klima schaffen.
Mittel: Small Talk, Fragen und Zuhören, positive Körpersprache, angenehme Umgebung.

Phase 2: Verhandlungskern
Aufgabe: zu einer gemeinsamen Position finden.
Mittel: Argumentieren, Fragen, aktives Zuhören, Abgleich der Standpunkte, Kompromisse suchen, Entscheidungen treffen.

Phase 3: Ausstieg
Aufgabe: Umsetzung klären, positive Beziehung sichern.
Mittel: Zusammenfassen, Aufgaben verteilen, Situation bei Nichteinigung entspannen, freundliche Verabschiedung.

Nach der Verhandlung: Nachbereitung

Aufgabe: Ergebnis(se) umsetzen, Verhandlung auswerten:
Was war gut? Was kann besser werden? Wie?
Mittel: ohne weitere Teilnehmer: Selbstreflexion, Notizen;
mit anderen Teilnehmern: kurzes Meeting und Austausch;
Wichtiges auch hier schriftlich festhalten.

Die erste Phase der Verhandlung, also die Vorbereitung, sieht für Sina wie folgt aus: **Erste Phase**

- Die drei Punkte sind geklärt – siehe oben.
- Termin: steht fest. Ort: Büro des Chefs.
- Keine weiteren Gesprächsteilnehmer.
- Medien: zwei DIN-A4-Seiten: eine mit einem Überblick über alle Aufgaben und Projekte, an denen Sina zurzeit arbeitet, und eine mit dem CV des Kandidaten, der für die Hilfskraftstelle infrage kommt.
- Weitere Aufgaben zur Vorbereitung: keine.

Zweite Phase

Auch über die zweite Phase – die Verhandlung selbst – hat Sina sich Gedanken gemacht. Der Einstieg (1.) wird wenig Zeit erfordern. Sina kennt ihren Chef und weiß, dass er freundlich und als Extro Menschen zugewandt ist, aber wegen seiner hohen Arbeitsbelastung auch oft ungeduldig. Ihr ist deshalb klar, dass sie schnell zum Punkt kommen will. Sina wird schnell zum Verhandlungskern (2.) kommen. Da ihr Chef sich ungern mit einer einzigen Möglichkeit einengen lässt, nimmt sie sich vor, erst einmal zu sagen, dass ihr Zeitpensum für neue Aufgaben zu knapp ist (zur Visualisierung im Gesprächsverlauf hat sie ihren Überblick dabei) und sie sich Gedanken gemacht hat. Dann wird sie zunächst auf die Antwort warten und das Gehörte aufgreifen. Sie hofft, ihren Betreuer in dieser Phase wie geplant von ihrer Optimallösung (der Hilfskraft) zu überzeugen, mindestens aber eine Entlastung für die Betreuung der Master-Arbeiten zu bekommen.

Auf angenehmen Rahmen achten

Während der Verhandlung (Phasen 1 bis 3) lohnt es sich, durchweg auf einen sicheren, angenehmen Rahmen zu achten:

Verhandlung: den Rahmen sichern

– Bestehen Sie darauf, dass jeder ausreden kann. Auch Sie selbst. Das geht selbst bei Gesprächen mit einer vorgesetzten Person, wenn diese Sie unterbricht. Sagen Sie freundlich: »Lassen Sie mich das noch kurz zu Ende führen ...«

– Führen Sie bei Abschweifungen freundlich zum Thema zurück.

– Stellen Sie sich in Ihrer Wortwahl auf Ihre Verhandlungspartner ein.

– Halten Sie freundlichen Blickkontakt und bleiben Sie mit Ihrem Körper zu Ihren Gesprächspartnern gewandt. Vermeiden Sie verschränkte Arme und übergeschlagene Beine.

– Bewahren Sie auch bei Provokationen oder bei knapper werdender Zeit Ruhe, innerlich wie äußerlich. Atmen Sie tief und ruhig durch, wenn Sie Stress oder Ärger empfinden.

Sina hat mit ihrem Anliegen Erfolg: Ihr Betreuer sieht ein, dass das zusätzliche Forschungsprojekt (das ihm sehr am Herzen liegt) eine Entlastung notwendig macht. Er stimmt der Einrichtung einer Hilfskraft zu, wünscht sich aber, dass diese Person auch für besondere Aufgaben im neuen Projekt zur Verfügung stehen kann. Sinas Hinweis auf einen guten Kandidaten nimmt er interessiert an – und auch das Blatt mit dem Lebenslauf. Sina hat zur Nachbereitung die Aufgabe, ein Interview zu organisieren und die Verwaltung zu kontaktieren. Sie ist sehr zufrieden und sagt ihrem Chef beim Abschied auch, wie froh sie über den neuen Ausblick ist.

Intro-Stärken in der Verhandlung

Leise Menschen haben in Verhandlungssituationen mit einigen ihrer Stärken besondere Trümpfe in der Hand. Nachdem Sie die Vorbereitung und den Ablauf einer Verhandlung kennengelernt haben, finden Sie hier die wichtigsten Vorteile leiser Menschen in dieser Situation – und Hinweise, wie Sie sie am besten nutzen.

Stärke 4: Zuhören

Zuhören macht das Verhandeln angenehmer: Wer Raum hat, weil er seine Haltung zum Ausdruck bringen kann, ist umgekehrt auch eher bereit, auf den Standpunkt des anderen einzugehen. Zusammen mit den richtigen Fragen hilft Ihnen im Verhandlungskern (Phase 2) Ihre Fähigkeit zum Zuhören, Ihrem Gegenüber diesen Raum zu geben. Ihr Gesprächspartner fühlt sich durch Ihr Zuhören (und auch dadurch, wie Sie mit dem Gesagten umgehen) ernst genommen. Deshalb wird er mit großer Wahrscheinlichkeit kooperativ sein und weniger Energie einsetzen, um sich Gehör zu verschaffen. Dies wiederum entspannt die Situation und macht sie weniger anstrengend für Sie.

Gegenüber fühlt sich ernst genommen

Ganz konkret liefert Ihnen gutes Zuhören außerdem etwas Wichtiges für den Verhandlungsverlauf: nämlich wichtige Informationen über die Perspektive und die Interessen Ihres Verhandlungspartners. Beides können Sie in Ihre Überlegungen und in die Suche nach einem Ergebnis einbeziehen. Dies kommt Ihnen im Ringen um ein gemeinsames akzeptables Ergebnis zugute.

Interessen des anderen einbeziehen

So registriert Sina genau, dass ihr Chef bei der Frage, ob eine zusätzliche Hilfskraft eingestellt werden soll, mehrmals auf das Forschungsprojekt und die dafür dringend nötigen Ressourcen zu sprechen kommt. Deshalb kann sie im Verhandlungsprozess für sich klären, ob es für sie in Ordnung ist, wenn die Hilfskraft auch im Forschungsprojekt aktiv sein soll. Dies wiederum erweitert ihren Spielraum: Auf einmal ist die Hilfskraft auch für ihren Chef attraktiv!

Die drei folgenden einfachen Leitfragen erleichtern Ihnen ein systematisches Zuhören in Verhandlungssituationen:

Leitfragen für Zuhörer

3 Leitfragen für kluge Zuhörer

1. Welches Bedürfnis höre ich?

2. Welche Gefühle höre ich?

3. Welche Möglichkeiten für das weitere Gespräch höre ich?

Greifen Sie das, was Sie hören, ruhig auf – Sie unterstreichen damit, dass sie das Gehörte in Ihren Gedankengang einbeziehen und bleiben beim Inhalt Ihres Gegenübers, anstatt einfach Ihren eigenen dagegenzuhalten. Dabei wiederholen Sie nicht wörtlich, sondern geben wieder, was Sie als wichtig verstanden haben. Ein Beispiel: Sinas Betreuer sagt in Phase 3 der Verhandlung, also beim Ausstieg: »Na – ich hoffe, es gibt keine Probleme mit der Einstellung!« Sina hört eine Frustration und antwortet, indem sie das Gehörte umformuliert: »Das hört sich so an, als ob Sie schon einmal schlechte Erfahrungen gemacht haben?« Ihr Chef beschreibt daraufhin ein Problem mit der Verwaltung, und die beiden beraten abschließend, wie sich diese Schwierigkeit im aktuellen Fall umgehen lässt.

Stärke 6: Analytisches Denken

Als leiser Mensch fällt es Ihnen mit Ihren analytischen Fähigkeiten leicht, Ihre eigene Verhandlungsposition zu bestimmen. Sie können sie außerdem gut mit dem abgleichen, was Ihr Gesprächspartner will. Darüber hinaus finden Sie schnell heraus, welche Informationen Sie noch brauchen, damit Sie sachlichen Bewegungsspielraum schaffen können. Mit der folgenden Frage bringen Sie Ihre analytische Kraft in der Verhandlung auf den Punkt.

> Die analytische Kernfrage in der Verhandlung:
> **Wie können diese Informationen für den weiteren Gesprächsverlauf weiterhelfen?**

Zuhören führt zu Lösungen

So konnte Sina vor der Verhandlung nicht herausfinden, ob die notwendigen Mittel für eine Hilfskraft zur Verfügung stehen. Sie hört deshalb im Gespräch selbst genau hin, wenn die Sprache auf die Finanzierung der Forschungsarbeit und des normalen Arbeitsbetriebes am Institut kommt. Dabei hält sie es für unklug, direkt nach den Mitteln zu fragen, doch sie kommt auf etwas anderes zu sprechen: darauf, dass eine Verzögerung ihrer Arbeit womöglich Kosten und vor allem einen Engpass in der Finanzierung ihrer eigenen Stelle bis zur Promotion verursachen könnte. Dies führt dazu, dass die Ressourcen, die zur Verfügung stehen, zumindest in Ansätzen zur Sprache kommen. Das Geld für die Hilfskraft ist da – und im Vergleich zu den Alternativen eine relativ günstige Lösung!

Stärke 8: Beharrlichkeit

Ein beharrlicher Intro hat in der Verhandlung einen klaren Vorteil: Er bleibt geduldig und respektvoll bei seinem Anliegen – aber er bleibt. Ein langer Atem hat schon so manches Hin und Her zu einem Erfolg gebracht. Ein starres Wiederholen von Positionen ist natürlich auch beharrlich – aber weder elegant noch besonders Erfolg versprechend. Am besten nutzen Sie Ihre Ausdauer, indem Sie sie mit geeigneten sprachlichen Mitteln zum Lenken des Gesprächs in Ihrem Sinne nutzen. Das gelingt Ihnen leicht mit einigen Satzdesigns im Hinterkopf:

Gespräch im eigenen Sinne lenken

So bleiben Sie beharrlich bei Ihrem Anliegen: Satzdesigns für Ihre Verhandlungsführung

– »Lassen Sie uns noch einmal auf X zurückkommen: (...)«

– »Bei dem, was Sie sagen, fällt mir ein, was Sie ganz am Anfang schon erwähnt haben, nämlich ...«

– »Wie, meinen Sie, lässt sich das vereinbaren mit (...)?«

Mit diesen sprachlichen Strategien bleiben Sie auf Kurs – und nehmen Ihren Gesprächspartner dabei mit. Das ist eine echte Führungsleistung!

Stärke 10: Einfühlungsvermögen

Dieses Mitnehmen des Gesprächspartners ist in der Verhandlung besonders wichtig, sodass Ihnen Ihr Einfühlungsvermögen sehr

Beziehungsebene wird berücksichtigt

zugute kommt. Doch die Stärke geht noch tiefer: Sie bringt mit sich, dass Sie zwar Ihr Verhandlungsziel im Auge haben, aber gleichzeitig auch die Beziehung zu Ihrem Gesprächspartner jenseits des Verhandlungsgegenstands.

Interesse an beiderseitigem Einverständnis

Leise Menschen mit Einfühlungsvermögen wollen in einem echten Einverständnis eine Entscheidung herbeiführen und streben weder ein Überreden noch ein Manipulieren Ihres Gesprächspartners an. Für eine Verhandlung ist eine solche Haltung ideal. Sina hätte es sich nicht mit ihrem Chef verderben wollen, auch wenn sie keine Erleichterung ihrer Situation hätte durchsetzen können.

Das Einfühlen ist dabei nicht abhängig vom Status: Auch leise Chefs mit dieser Stärke legen Wert darauf, dass ihre Mitarbeiter Entscheidungen in der Verhandlung aus eigenem Antrieb und nicht unter Druck treffen.

Abschluss mit gutem Gefühl

Wenn die Verhandlung nicht das erwünschte Ergebnis bringt, sorgt Einfühlungsvermögen dafür, dass es zu einem versöhnlichen Abschluss kommt. Mit einem »Schade – aber vielleicht kann ich Sie beim nächsten Mal überzeugen!« zeigt der (diesmal) nicht Erfolgreiche nicht nur eine Distanz zur unmittelbaren Situation, sondern auch einen gewissen Sportsgeist und eine wunderbare Souveränität. Konflikte und übertriebene Selbstdarstellung sind – anders als bei vielen Extros – keine Risiken.

Intro-Hürden in der Verhandlung

So, wie Sie in Verhandlungen Ihre Stärken nutzen können, warten auf Sie auch mögliche Hürden, die »leise« Herausforderungen und Bedürfnisse nach sich ziehen können. In diesem Abschnitt stehen diese möglichen Schwierigkeiten im Mittelpunkt – und die Frage, wie Sie mit ihnen am besten umgehen.

Die Frage an Sie:

Welche Ihrer persönlichen Stärken können Sie nutzen, um in Ihren nächsten Verhandlungen Erfolg zu haben?

Dies sind meine Stärken ...   **... und so will ich sie nutzen:**

....

....

....

....

....

Hürde 6: Verkopftheit

Gerade analytisch starke Intros gehen oft mit einem falschen Credo in eine Verhandlung. Dieses Credo lautet: Die besten Argumente gewinnen. Schön wäre es ja! Ginge es immer nur um das Beste in der Sache – unsere Welt sähe gut sortiert aus. Doch wir sind Menschen. Menschen haben Gefühle. Und gegen Gefühle zu argumentieren – oder so zu argumentieren, als hätten Gesprächspartner keine Gefühle: Das geht immer schief.

Gefühl ist stärker als Argument

Gefühle kommen in ganz verschiedenen Verpackungen. Gehen wir wieder zurück zu Sinas Verhandlungssituation. In ihrem Fall beeinflussen vor allem drei Faktoren die emotionale Haltung ihres Chefs und den Austausch zwischen beiden in der Verhandlung: Erstens arbeiten Sina und ihr Betreuer Tag für Tag zusammen. Dadurch hat sich ein menschliches Miteinander herausgebildet. In diesem Fall ist dies zum Glück eine Zusammenarbeit, die von gegenseitigem Vertrauen und einem grundsätzlichen Respekt

Emotionale Situation in der Verhandlung

voreinander geprägt ist, also zwei nachhaltig positiven Gefühlslagen. Zweitens gibt es zwischen dem Chef und Sina Statusunterschiede. Auch dies führt zu Emotionen: Wie geht der Betreuer als Vorgesetzter damit um, dass Sina ein Anliegen hat und ein Ergebnis erzielen will? Was ist, wenn er Dinge nicht so einschätzt, wie sie der Realität der Doktorandin entsprechen? Unter welchen Bedingungen soll er sich auf die Vorschläge einer Mitarbeiterin einlassen? Und wie sieht das vor anderen Beteiligten aus, etwa vor dem promovierten Kollegen, der sich kritisch geäußert hat?

Individuelle Tagesform beachten Ein dritter Faktor ist banal, aber ebenso wichtig im emotionalen Bereich: Es ist die »Tagesform« des Betreuers. Hat er Kopfweh oder gerade einen Streit mit seiner Frau? Oder ist er nach einer morgendlichen Joggingrunde in allerbester Stimmung? Sie sehen: Gefühle geben der Verhandlung eine ganz eigene Tiefendimension. Deshalb gilt:

> **Berücksichtigen Sie in jeder Verhandlung die Gefühlsebene als Teil der Kommunikation.**

Bei der nächsten Hürde gilt es, eigene Gefühle zu überwinden, die zum Festhalten an Positionen verleiten können.

Hürde 8: Fixierung

Verhandlung erfordert Flexibilität Wer verhandelt, braucht Beweglichkeit. Der Grund dafür liegt in der Verhandlung selbst: Es geht ja darum, Ihre Interessen und die Interessen Ihres Gesprächspartners aufeinander abzustimmen. Dazu müssen Sie sich im Verlauf des Gesprächs aufeinander zu bewegen. Diese Bewegung entsteht, indem Sie Entscheidungskriterien, Alternativen und Ansätze für Lösungen abwägen oder weiterentwickeln. Oft kommen im Gespräch auch neue Aspekte hinzu, die wichtig sind und in der Verhandlung entsprechenden Raum benötigen.

Eine Fixierung auf Ihre eigene Position kann Sie hier behindern. Viele Intros schätzen eine kalkulierbare Position und Ruhe zum

Überlegen. Beide Faktoren gehen im schnellen Hin und Her einer Verhandlung leicht verloren. Dies kostet leicht Souveränität und auch Harmonie: so, als ob Sie sich zu einer Musik im Viervierteltakt wie zu einem Walzer zu drei Vierteln wiegen. Doch Sie können gegensteuern. So können Sie Ihre analytische Stärke (und auch Ihre Neigung zum Niederschreiben!) nutzen, um Ihre Beweglichkeit in der Verhandlung zu sichern. Der wesentliche Schritt besteht darin, dass Sie in neue und komplexe Informationen Struktur bringen.

Beweglich bleiben durch Analyse:
Hilfe für Ihre Verhandlungsführung

Machen Sie sich während der Verhandlungen Notizen, um so den Überblick zu behalten. Anhand Ihrer Stichwörter können Sie Gewichtungen vornehmen, oder Sie können bestimmte Punkte in Abstimmung mit Ihrem Gesprächspartner vertagen und durch die Verschriftlichung verbindlich festhalten.

Notizen behindern das Gespräch fast nie – im Gegenteil: Wenn Sie etwas aufschreiben, zeigen Sie Ihrem Gegenüber, dass Sie wichtig nehmen, was er sagt.

Hürde 10: Konfliktscheu

Es wird immer Verhandlungspartner geben, die bewusst oder unbewusst Druck ausüben, um ihre Position zu stärken. Sie drängen auf schnelle Entscheidungen, beschleunigen ihr Sprechtempo, werden lauter oder signalisieren mit ihrer Körpersprache Ungeduld, etwa durch Fingertrommeln oder durch Vorbeugen. Vor allem extrovertierte Menschen, die im Verlauf der Verhandlung einfach aufgrund ihres Temperaments leicht »aufdrehen«, zeigen solche Verhaltensweisen. Die Beschleunigung kann aber auch ein bewusst eingesetztes Machtmittel sein, mit dem Sie Ihr Gesprächspartner unter Druck setzen und so zu einer Entscheidung nötigen will. Viele leise Menschen empfinden solche Situationen so, als

Wenn der andere Druck macht

ob ihr Gegenüber gezielt Konfliktpotenzial in die Verhandlung brächte – also als sehr unangenehm. Die Folge: Sie lassen sich mit dem kommunizierten Druck in inneren Stress versetzen. Die eigene Verhandlungsposition wird so leicht geschwächt.

Distanz aufbauen

Wenn Sie es mit einem Verhandlungspartner zu tun haben, der Sie unter Druck setzt, sollte der erste Schritt darin bestehen, dass Sie sich innerlich distanzieren. Nehmen Sie bewusst wahr, was passiert, beobachten Sie die Situation und Ihren Gesprächspartner aufmerksam, als ob Sie einen Film ansähen. Umso weniger leicht werden Sie intuitiv mit Rückzug oder »Mauern« reagieren.

> **Der erste Schritt: Machen Sie sich bewusst, dass Ihr Verhandlungspartner Druck auf Sie ausüben will.**

Nicht dem Druck nachgeben

Denken Sie daran: Sie entscheiden über den Verlauf und über den Ausgang der Verhandlung mit. Niemand zwingt Sie, das erhöhte Tempo oder den Zeitdruck des Gesprächspartners anzunehmen. Entschleunigen Sie stattdessen: Atmen Sie tief durch, bleiben Sie bei Ihrer Geschwindigkeit und bei Ihrer Strategie.

> **Der zweite Schritt: Atmen Sie durch – und bleiben Sie bei Ihrer eigenen Geschwindigkeit!**

Situation bewusst entschleunigen

Dabei können Sie auch sprachliche und körpersprachliche Mittel einsetzen: Fassen Sie kurz zusammen, was dem Gesprächspartner wichtig ist – ohne zu sagen, was er fordert (»Ich verstehe, es ist Ihnen vor allem wichtig, dass wir im Budget bleiben.«) Damit signalisieren Sie, dass Sie die Interessen des anderen im Auge haben – ohne ihm nachzugeben. Bleiben Sie, wenn Sie selbst reden, bewusst bei Ihrer eigenen Redegeschwindigkeit und Ihrer eigenen Lautstärke. Halten Sie ruhigen Blickkontakt: aufmerksam, aber ohne zu starren. Bewegen Sie dazu Ihre Augen im »professionellen Dreieck« im Gesicht Ihres Gegenübers zwischen Augenbrauen und Nasenspitze.

Die Macht des Schweigens

Eine machtvolle Verhandlungsstrategie ist auch das Schweigen. Wer schweigt, anstatt nach seinem Angebot hastig weiterzureden, strahlt Souveränität aus. Ebenso können Sie schweigen, wenn Ihr Verhandlungspartner ein Angebot macht: Niemand zwingt Sie, blitzschnell Position zu beziehen. Denken Sie also in Ruhe über das Angebot nach. Es soll sogar passieren, dass Ihr Gegenüber währenddessen seinerseits noch einmal nachbessert ... Wenn Ihnen der Druck Ihres Verhandlungspartners in dieser Situation zu anstrengend wird und es Ihnen möglich ist, dann können Sie auch für eine »Auszeit« sorgen: Verschieben Sie die Fortsetzung des Gesprächs auf einen späteren Zeitpunkt.

▨ Der dritte Schritt (optional): Sorgen Sie für eine Auszeit!

Manchmal ist ein Verschieben der Verhandlung nicht möglich – etwa, wenn der Gesprächspartner nur wenig Zeit hat oder nur ausnahmsweise vor Ort anwesend ist. Dann heißt es: aus- und durchhalten! Nutzen Sie Ihre Stärken des Zuhörens, des analytischen Denkens und der Beharrlichkeit. Dabei bleiben Sie bei den ersten beiden Schritten, mit denen Sie Ihre Konfliktscheu »aushalten« lernen. Viel Glück dabei!

Die Frage an Sie:

Wie gehen Sie in Verhandlungen künftig mit Ihren Bedürfnissen und Hürden um?

Meine Hürden ...   **... und wie ich mit ihnen umgehen will:**

....

....

....

....

....

Das Wichtigste in Kurzform

■ Beim Verhandeln kommt es darauf an, gemeinsam zu einer Position zu kommen, mit der alle Beteiligten leben können.

■ Die wichtigsten Punkte in der Vorbereitung eines Verhandlungsgesprächs sind die **Klärung der eigenen Position** und die **Planung der Phasen** im Gespräch selbst. Gerade, wenn die Verhandlung nicht »rund« läuft, gibt beides Sicherheit.

■ Leisen Menschen helfen in der Verhandlung besonders die folgenden **Stärken:** Zuhören, analytisches Denken, Beharrlichkeit und Einfühlungsvermögen.

■ Besondere **Hürden** in der Verhandlung sind dagegen Verkopftheit, Fixierung und Konfliktscheu. Doch wer seine persönlichen »Druckpunkte« kennt, kann lernen, sie so in den Griff zu bekommen, dass sie keine Nachteile mit sich bringen und keinen übermäßigen Stress verursachen. Das gilt vor allem für die Konfliktscheu.

8. Kaltes Wasser: einen Vortrag halten

Manuel ist frischgebackener Abteilungsleiter in einem mittelständischen Unternehmen der Metallindustrie. Er ist schon mehrere Jahre in der Verwaltung beschäftigt, die er nun leiten soll. Er kennt die wirtschaftliche Situation und auch viele Mitarbeiter gut. Sein Metier beherrscht Manuel souverän. Doch kommunizieren musste er bisher nur in überschaubaren Zusammenhängen: In seinen bisherigen Management-Positionen hatte er es in Sitzungen mit zehn (oder selten bis maximal fünfzehn) Personen zu tun, wobei ihm als leiser Mensch kleinere Gruppen immer sehr viel lieber waren als größere. Das Präsentieren von Budgets und Jahresabschlüssen gehört zwar nicht zu seinen Lieblingsaufgaben, aber er kennt die Kollegen und hat sich auch an diese Situationen gewöhnt.

Doch mit seiner Beförderung kommen auch neue Herausforderungen auf Manuel zu. Gerade heute erfährt er, dass Herr Seifert, einer seiner Mitarbeiter aus dem mittleren Management seiner Abteilung, in einem Monat in den Ruhestand geht. Zu Manuels Aufgaben als Abteilungsleiter gehört es, eine Abschiedsrede zu halten. Allein der Gedanke an eine solche Rede lässt ihm den Schweiß auf die Stirn treten: Er kennt den künftigen Pensionär zwar und mag ihn auch. Doch vor 120 Personen zu reden und auch noch zu einem Thema, das weit weg von seiner Berufsroutine ist: Dies ist eine Aufgabe, die er am liebsten umgehen würde.

Öffentlich auftreten – ein Entwicklungsprojekt

Leise Menschen treten wie Manuel oft nur ungern vor Publikum auf. Zu viel an dieser Situation entspricht einfach nicht ihren Vorlieben: die Kommunikation mit relativ vielen Menschen, die deutlich herausgehobene Position »im Scheinwerferlicht«, das lange Reden ohne Rückzugsmöglichkeit – all dies kann zu einer deutlichen Belastung führen.

Vortragen lässt sich lernen

Hier die gute Nachricht: Die allermeisten Intros schaffen es trotzdem. Ein gelungener öffentlicher Auftritt ist nicht von Dingen wie sprachlichem Talent und angeborenem Charisma abhängig. Wenn beides auch helfen mag: Ein erfolgreicher Auftritt kann auch mit anderen Mitteln gelingen. Vortragen und Präsentieren lassen sich ausgezeichnet lernen. Selbst ein Barack Obama hat diesen Weg des systematischen Redetrainings genommen. Bevor er Schritt für Schritt zum Inbegriff des charismatischen, rhetorisch geschliffenen Redners wurde, sahen ihn Beobachter als »steif und professoral«, »einschläfernd« (Time Magazine, 8.5.2008) oder als »steif und monoton« (Ted McClelland, Rückblick im Chicago Magazine, Juni 2007).

Dann aber machte Obama im Juli 2004 mit seiner Rede vor dem Parteitag der Demokraten in Boston in ganz Amerika Furore – mit 2297 Wörtern in 17 Minuten. Er hatte sich keinesfalls über Nacht in einen begnadeten Redner verwandelt. Vielmehr hatte er mehrere Jahre daran gearbeitet, seinen persönlichen Redestil zu entwickeln und sich gezielt als politischer Hoffnungsträger zu präsentieren. Zu einer gelungenen Präsenz führt ein allmählicher, beharrlicher Entwicklungsprozess – und dieses zeitgenössische Beispiel einer introvertierten Führungspersönlichkeit zeigt: Ein solcher Entwicklungsprozess kann einen Menschen sehr weit bringen.

Routine bringt Sicherheit

Das heißt: Selbst wenn Sie nicht gerade Präsident oder Bundeskanzlerin werden wollen, können Sie persönlich wachsen und professionell gewinnen, indem Sie lernen, öffentlich zu reden. Herausfordernd ist vor allem die Anfangsphase, wenn Sie noch wenig Erfahrung haben. Doch je öfter Sie das Risiko eingehen, sich einem Publikum auszusetzen und je regelmäßiger Sie die hier empfohlenen Strategien nutzen, umso sicherer und souveräner werden Sie am Rednerpult.

Wann ist ein Vortrag gelungen?

Stellen Sie sich vor, dass Sie nach einem Vortrag denken: Doch, es hat sich gelohnt! Es ist gut gelaufen! Unter welchen Umständen würden Sie so etwas sagen? Mit anderen Worten gefragt: Was genau lässt einen Auftritt gelingen?

Damit Sie sich konkret vorstellen können, was Sie im optimalen Fall erreichen können, finden Sie hier eine Übersicht mit drei wesentlichen Erfolgskriterien. Denken Sie bitte daran: Diese Übersicht ist nicht dazu da, die Latte höherzulegen und Ihnen zusätzlichen Stress zu verursachen. Sie soll Ihnen vielmehr eine Orientierung bieten, die den vagen Begriff der »guten Rede« übersichtlich in konkrete Eigenschaften übersetzt. Hiermit sei versprochen: Alles, was Sie in der folgenden Liste lesen, können Sie mit einigen wenigen Strategien auch erreichen. Das Wesentliche ist, wie auch Barack Obama feststellte, die Übung!

Eigenschaften einer guten Rede

Die drei großen Erfolgskriterien

Ihr Vortrag ist gelungen, wenn Sie sich vor dem Publikum so präsentieren, dass es Ihnen persönlich entspricht
Das erste Kriterium bezieht sich auf Ihre *Rolle als Redner bzw. Rednerin*. Jedes Publikum schätzt es, wenn authentische Menschen sprechen. Wer stattdessen eine Rolle spielt und darin einen Menschen verkörpert, der er eigentlich gar nicht ist, der strengt sich und andere an – außer, der Rolle gehen viele Jahre Schauspieltraining voran. Sie aber sollen und müssen zum Glück nicht schauspielern. Bleiben Sie sich lieber selbst treu! Das spart viel Energie und wirkt besser.

1. Erfolgskriterium: Redner(in)

Wenn Sie also sachlich sind und eher ruhig in Ihren Bewegungen: Bleiben Sie so, auch vor Publikum. Sie müssen kein Showmaster sein, um andere für Ihr Thema zu interessieren und von Ihrem Anliegen zu überzeugen. Zielen Sie stattdessen auf andere positive Wirkungen ab: z. B. auf Vertrauen in Ihre Worte und die Sicherheit, dass das Thema bei Ihnen als Experte oder Expertin gut aufgehoben ist – oder den Eindruck, dass Ihnen das Thema viel bedeutet. Derartige Wirkungen können Sie gerade mit einem ruhigen, intensiven, sachorientierten Auftritt gut vermitteln. Bleiben Sie ruhig, wenn Ihnen Humor nicht liegt. Machen Sie lieber kleine als große Bewegungen, wenn Sie sich damit wohler fühlen. Kurz: Finden Sie Ihren eigenen, persönlichen Stil. Ein kleines Lächeln am richtigen Ort kann mehr bewirken als ein großes, aufgesetztes Lachen, das überhaupt nicht zu Ihnen passt.

Die Frage an Sie (für Ihre nächste Rede):

Was soll Ihren persönlichen Stil als Redner(in) kennzeichnen?

Hier einige Anregungen:

locker	❑	ernst	❑	klar	❑
humorvoll	❑	substanziell	❑	ehrlich	❑
optimistisch	❑	sachlich	❑	bestimmt	❑
motivierend	❑	warmherzig	❑	deutlich	❑
aufmunternd	❑	nachdenklich	❑	dialogisch	❑

einfach (auch bei schwierigem Inhalt) ❑

starke Stimme	❑	lebendige Intonation	❑
lebhafte Bewegungen	❑	ruhige Bewegungen	❑

weitere Eigenschaften: ....

....

Wenn Sie nicht sicher sind, wo Ihre Stärken liegen, so fragen Sie Menschen, die Ihnen nahestehen. Wie nehmen diese Sie wahr? Wichtig ist eines: Wenn Sie souverän vor Ihrem Publikum stehen wollen, dann erreichen Sie dies am besten und am einfachsten dadurch, dass Sie Ihre starken Eigenschaften nutzen und Ihren Auftritt auf ihnen aufbauen. Und wie Sie es aus diesem Buch schon kennen, gilt auch für den öffentlichen Auftritt: Im Windschatten Ihrer Stärken liegen Ihre Hürden, die Sie kennen sollten, damit Sie mit Ihren Druckpunkten und Bedürfnissen vertraut sind und nicht von ihnen überrascht werden können.

Abteilungsleiter Manuel sieht seine Stärken darin, dass er ruhig und mit guter Lautstärke spricht und sein Publikum wie in einem persönlichen Gespräch ansprechen kann. Er sieht auch, dass er diese persönliche Note besonders gut für den Anlass nutzen kann: für eine Verabschiedung, die gleichzeitig sein erster »großer« Auftritt vor versammelter Mannschaft sein wird, zu der er sich einen guten Kontakt als Vorgesetzter wünscht.

Ihr Vortrag ist gelungen, wenn Sie eine klare Botschaft haben

Das zweite Kriterium betrifft den *Inhalt Ihres Vortrags*. Was genau soll die zentrale Aussage Ihres Vortrags sein? Wenn Ihre Zuhörer nach Ihren Ausführungen nur einen einzigen Satz als Kernbotschaft mitnehmen können: Wie soll dieser Satz lauten? Kein Redner und keine Rednerin sollte ohne Kernbotschaft auftreten – egal, ob es einen Menschen zu würdigen, eine Verkaufspräsentation zu zeigen oder eine wissenschaftliche Hypothese herzuleiten gilt.

2. Erfolgskriterium: Inhalt

Manuel hat seine Kernbotschaft bereits formuliert. Sie lautet: »Wir schätzen Sie, Herr Seifert – und wir sind mit Ihnen gespannt auf Ihre neue Lebensphase.« Er nutzt diese Basis, um nun gezielt Informationen über Herrn Seifert zu sammeln, die er zur Veranschaulichung nutzen kann: Was hat Manuel mit ihm erlebt? Wie wurde er in der Abteilung wahrgenommen? Was macht ihn als Kollegen unverwechselbar? All diese Informationen will Manuel nutzen, um die Kernbotschaft aufzubauen und zu ihr hinzuführen.

Das auf den Inhalt bezogene zweite Erfolgskriterium fällt leisen Menschen in der Regel am leichtesten. Dies gilt nicht einmal nur für diejenigen, denen analytisches Denken – Stärke 6 – besonders liegt: Leise Menschen neigen generell dazu, das, was sie sagen wollen, vor dem Äußern gründlich zu durchdenken. Dennoch fordert es Disziplin, den eigenen Vortrag auf eine Aussage zu reduzieren. Die Anstrengung lohnt sich: Wenn Sie einmal die Kernbotschaft Ihres Vortrags gefunden haben, werden Sie alle weiteren Botschaften leicht und systematisch beschaffen und gestalten können. Das kommt Ihrer eigenen Orientierung zugute – und der des Publikums sowieso!

Die Frage an Sie (für Ihre nächste Rede):

Wie lautet Ihre Kernbotschaft in einem Satz?

....

Welche Inhalte benötigen Sie, um Ihre Kernbotschaft aufzubauen und zu ihr hinzuführen?

....

....

....

Welche Inhalte benötigen Sie, um Ihre Kernbotschaft lebendig und interessant darzustellen?

....

....

....

**Ihr Vortrag ist gelungen, wenn Sie sich auf Ihr Publikum
und seine Bedürfnisse einstellen**

Ein positiver *Kontakt mit Ihren Zuhörern* ist das dritte große Erfolgskriterium. Ihr Vortrag kann nur dann wirklich gelingen, wenn Sie mit Ihren Inhalten Ihr Publikum auch erreichen. Das bedeutet konkret: Ihr Publikum *kann* Ihnen gut folgen (weil Sie ihm genug Orientierung bieten) und *will* Ihnen auch folgen (weil das, was Sie sagen, interessant ist). Dieses Kriterium entlastet Sie in Ihrer Rolle als Redner(in): Es nimmt Ihnen die drückende Wahrnehmung, dass Sie persönlich einen möglichst positiven Eindruck machen sollten, während Sie gleichzeitig im unerbittlichen Licht greller Scheinwerfer stehen. Stattdessen rückt mit den Bedürfnissen des Publikums das Vermitteln und das Eingehen auf andere in den Mittelpunkt – und mit ihm die Frage: Was braucht Ihr Publikum? Genauer: Welche Mittel zur Orientierung und welche Mittel, den Inhalt interessant zu gestalten, ist gut für die Zuhörerinnen und Zuhörer, die vor Ihnen sitzen werden?

**3. Erfolgskriterium:
Publikum**

Eine aussagekräftige Antwort lässt sich durch weitere Fragen finden, die Ihnen bei der Vorbereitung Ihres Vortrags helfen: Welche Informationen braucht Ihr Publikum? Was weiß es schon vom Thema? Welcher Sprachstil passt am besten? In welcher Stimmung und welcher Erwartung werden die Menschen vor Ihnen voraussichtlich sein? Wollen Sie Ihr Publikum überraschen oder die vermutlichen Erwartungen bedienen?

Manuel wird anhand dieses Kriteriums deutlich, dass sein Publikum vor allem gespannt auf *ihn* sein wird. Wie macht sich der neue Abteilungsleiter in seiner Funktion? Wie geht er mit den Mitarbeitern um? Er nimmt sich vor, Herrn Seifert so zu verabschieden, dass seine Mitarbeiter spüren: Der da vorn ist menschlich und respektiert uns. Außerdem denkt er klar.

Die Frage an Sie (für Ihre nächste Rede):

Welche Menschen sitzen voraussichtlich im Publikum?

....

Welche Eigenschaften sind für Ihre Rede wichtig?

....

Wie steht das Publikum zu Ihrer Person und Rolle?

....

Gibt es im Publikum mehrere Gruppen mit unterschiedlicher Haltung? Welche?

....

Wie informiert ist das Publikum über Ihr Thema?

....

Welche Meinung hat das Publikum voraussichtlich zum Thema?

....

Welchen »gemeinsamen Nenner« können Sie für Ihr Publikum finden (und womöglich für einen Redeeinstieg verwenden)? (Beispiele: Herkunft, Ausbildung, Interessen, Zugehörigkeit, Meinungen ...)

....

....

→

Was wollen Sie auf der Grundlage dieser Fragen am Inhalt ändern?

....

....

....

Wenn Sie sich an den drei Erfolgskriterien orientieren, haben Sie bereits wesentliche Voraussetzungen für das Gelingen Ihrer nächsten Rede. Die folgende Abbildung macht auch den Zusammenhang zwischen ihnen deutlich:

Dreieck der Erfolgskriterien

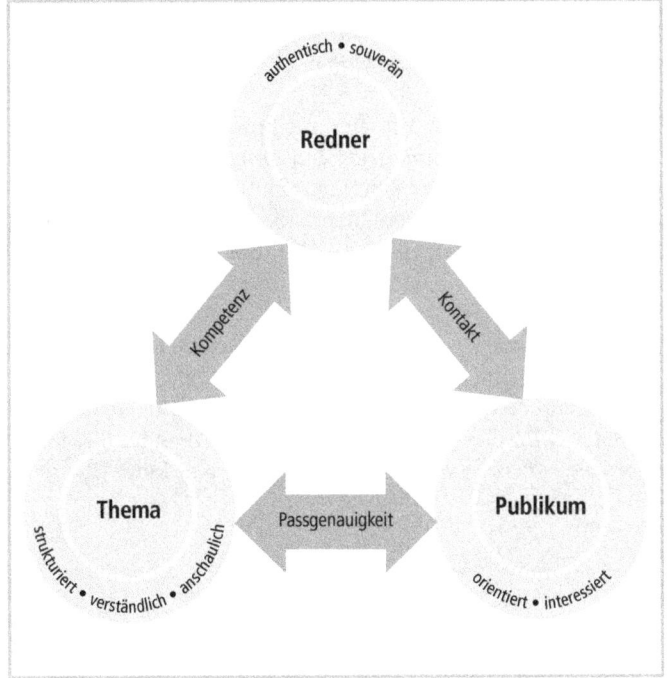

Im nächsten Schritt geht es nun weiter zur Vorbereitung. Investieren Sie hier, und Sie werden an Sicherheit genauso gewinnen wie an Resonanz. Für leise Menschen ist dabei besonders angenehm: Vorbereiten lässt sich eine Rede in aller Ruhe allein, ganz ohne Publikum ...

Chance und Schutz: die Vorbereitung!

Vorteile der Planung Erst denken, dann reden: Dieses Sprichwort wurde wahrscheinlich von einem leisen Menschen erfunden. Im besten Fall haben Sie dazu genügend Zeit. Im üblichen Fall ist die Zeit knapp – dann ist es umso wichtiger, dass Sie zielgerichtet und konzentriert (Stärke 3!) vorgehen, wenn Sie Ihren Inhalt vorbereiten. Dieses planende Vorgehen bringt Ihnen gleich zwei Vorteile. Erstens ist das, was Sie öffentlich sagen, gründlich durchdacht und geordnet. Zweitens fühlen Sie sich sehr viel sicherer, denn Sie haben inhaltlich festen Boden unter den Füßen.

Beginnen Sie bei Ihrer Vorbereitung grundsätzlich mit den drei Strategien aus dem vorhergehenden Abschnitt. Beantworten Sie also die Fragen unter den einzelnen Erfolgskriterien: zu Ihrer Person, zum Inhalt und zum Publikum. Dies ist Ihr erster Rahmen. In diesem Abschnitt erfahren Sie, wie Sie Ihren Inhalt strukturieren.

Jede Rede – einerlei, ob ein Toast, ein Geschäftsbericht oder Manuels Abschiedsrede – ist dreiteilig. Sie hat eine Einleitung, einen Hauptteil und einen Schluss. Dies ist keine reine Etikettensache: Jeder der drei Teile hat bestimmte Aufgaben zu erfüllen, und es ist für Sie wichtig, dies im Hinterkopf zu haben, wenn Sie Ihre Inhalte ordnen. Auf der nächsten Seite finden Sie eine kurze Übersicht.

Redeteile und ihre Aufgaben

Einleitung
- Interesse für das Thema wecken
- Orientierung sichern

Hauptteil
- den Inhalt übersichtlich und interessant präsentieren

Schluss
- Kernbotschaft und Appell deutlich vermitteln
- aussprechen: Was soll das Publikum denken, tun, unterstützen?
- positives Ende finden

Der Strukturbogen auf Seite 226 berücksichtigt diese unterschiedlichen Aufgaben bereits. Ich verwende ihn oft in meinen Seminaren und habe ihn in Löhken & Brugger (2010) erstmals veröffentlicht. Er hilft Ihnen, innerhalb kurzer Zeit jede beliebige Rede zu strukturieren. Voraussetzung ist natürlich, dass Sie das Thema kennen, zu dem Sie reden wollen – aber das ist bei leisen Menschen normalerweise kein Problem. Nutzen Sie den Bogen in Ihrer Vorbereitung, um die passenden Inhalte an den richtigen Stellen zu positionieren.

Strukturbogen zur Vorbereitung nutzen

Da die öffentliche Rede kein Gespräch ist, werden Sie mit einer soliden Vorbereitung nur selten ein Problem mit Ihrer Kommunikationsgeschwindigkeit bekommen, weil Sie überlegt handeln können und nicht spontan agieren und improvisieren müssen.

Stärken im Vortrag nutzen

Der öffentliche Auftritt erscheint den meisten leisen Menschen als Extro-Territorium – als Bühne, die bei Extros beliebt ist und auch für Extro-Erfolge reserviert zu sein scheint. Das kann sehr

Redevorbereitung: Strukturbogen

Titel:

Kernbotschaft:

EINLEITUNG

»einzoomen«:
von Bekanntem oder Überraschendem zum Thema herleiten

Übersicht Inhalt:

HAUPTTEIL: IN DREI ABSCHNITTE / ASPEKTE UNTERTEILEN!

Aspekt 1:

Folgerung / Vorteil:

Aspekt 2:

Folgerung / Vorteil:

Aspekt 3:

Folgerung / Vorteil:

SCHLUSS

Zusammenfassung / Wiederholung der wichtigsten Punkte

»auszoomen«: Bezug vom Gesagten auf einen größeren Zusammenhang

Appell

entmutigend sein. Doch leise Menschen haben eigene Pluspunkte auf ihrer Seite. Mit ihrer Hilfe sind sie in der Lage, ausgezeichnete Reden und Vorträge zu halten.

Wie in den beiden letzten Kapiteln finden Sie auch hier typische Stärken, die ich oft bei Intros entdeckt habe – in diesem Fall: bei vortragenden Intros. Anhand dieser Beispiele will ich sichtbar machen, was leise Menschen oft übersehen: dass sie mit ihren eigenen Vorteilen vor Publikum richtig punkten können.

Typische Intro-Stärken

Stärke 2: Substanz

Die Person, die über Substanz verfügt, weiß, worüber sie redet. Das gilt natürlich erst recht vor Publikum: Manuel würde es nie in den Kopf kommen, mit belanglosen Inhalten oder mit Ideen, die er nicht zu Ende gedacht hat, vor Zuhörern aufzutreten.

Hier eine Übersicht mit den wichtigsten und schönsten Folgen substanzreichen Redens für die Vortragssituation:

Übersicht: Vorträge mit Substanz

Vorteile von Vorträgen mit Substanz

1. Sie enthalten keine langweiligen Plattitüden und leere Floskeln (»Ich freue mich, dass Sie so zahlreich erschienen sind …« »Bevor ich zum Ende komme, will ich noch …«).

2. Die Inhalte sind durchdacht und überprüft.

3. Es kommen weder penetrante Selbst-PR noch flache Witze vor.

4. Die Informationen des oder der Vortragenden über sich selbst sind gut ausgewählt und passen zum Thema.

5. Die Wichtigkeit des Themas kommt klar heraus.

Zusammengefasst bedeuten diese Vorteile: Der oder die Vortragende konzentriert sich (ohne sich selbst in den Mittelpunkt zu stellen) auf die Inhalte, bringt sie auf den Punkt und schont dabei die Zeit und die Aufmerksamkeit der Zuhörenden. Substanz kommt dabei nicht nur auf der Sachebene zum Tragen. Sie bedeutet auch, dass die Menschen im Publikum den Eindruck bekommen, dass die Person vor ihnen etwas über sich selbst mitteilt, was mit dem Inhalt in Zusammenhang steht. Fragen Sie sich also: Was am Vortragsthema ist für Sie persönlich wichtig, bedeutsam oder interessant? Was können Sie davon im Vortrag kommunizieren?

**Was verbindet Sie persönlich mit Ihrem Thema?
Was davon passt in den Vortrag?**

Manuel fällt bei dieser Frage eine gemeinsame Reise mit Herrn Seifert zu einer Weiterbildungsveranstaltung ein. Bei dieser Gelegenheit lernte er den Kollegen von einer überraschend anderen Seite kennen: Herr Seifert erzählte ihm (zuerst zurückhaltend, dann begeistert) von seiner ersten Ausstellung, die er als Hobby-Bildhauer gerade angeboten bekommen hatte. In der Firma wusste bisher niemand davon – aber jetzt hat Manuel das Einverständnis des neuen Pensionärs, davon zu reden. Was für ein schöner Stoff: Jetzt kann Herr Seifert sich auf das konzentrieren, was für ihn wichtig, wertvoll und substanzreich ist. Und Manuel kann davon berichten, wie beeindruckt er war, als er die Skulpturen sah …

Stärke 3: Konzentration

Obwohl der Inhalt nun soweit vollständig ist, sorgt sich Manuel vor seinem Auftritt darüber, dass seine Ruhe und sein dialogischer Stil vor vielen Zuhörern unpassend sind und in einem großen Rahmen unpassend und langweilig wirken könnten. Da er über die Stärke der Konzentration verfügt, braucht er sich darüber allerdings wenig Sorgen zu machen. Dort, wo ein Extro schwungvoll, mit großen Gesten und vibrierender Intonation redet, kann Manuel mit höherer Intensität punkten. Das bedeutet: Er kann der Situation, dem Inhalt und dem Publikum seine volle Aufmerksamkeit geben und seine Energie gezielt für den Vortrag einsetzen. Entscheidend ist, dass Manuel seine Energie dort konzentriert, wo es dem Vortrag nutzt: indem er *diesen* Inhalt bei *dieser* Gelegenheit an *dieses* Publikum heranbringt.

Eine Konzentration auf die eigene Person kann während des Vortrags dagegen kontraproduktiv sein und den Redner verunsichern. Ein intensives Hinsehen auf die eigene Person ist auch gar nicht nötig: Körpersprache und Stimme folgen in wesentlichen Teilen der Befindlichkeit des Redners und dem, was in seinem Kopf passiert. Deswegen sind sie auch so aussagekräftig: Sie verraten oft mehr, als der Betroffene eigentlich will!

Wenige, definierte Gesten

Große Gesten sind nicht wichtig. Viel wichtiger ist, dass die Bewegungen definiert sind, also einen Anfang und ein Ende haben. Gleiches gilt für die Intonation: Sie brauchen Ihre Intonation nicht überzeichnen – sorgen Sie aber dafür, dass Sie jeden Satz bis zum Ende deutlich artikulieren (also nicht »verhungern« lassen) und an wichtigen Stellen bewusst pausieren. Achten Sie außerdem darauf, dass sich eine Aussage wie eine Aussage anhört, und nicht wie eine Frage. Die Frageintonation (»Das ist, was ich sagen wollte?«) höre ich oft bei leisen Menschen, die damit ungewollt ihre Behauptungen und Thesen per Intonation ganz wörtlich »infrage stellen« und ihr damit die Intensität nehmen, die die Stärke der Konzentration doch so besonders gut ermöglicht.

Zusammenfassend lässt sich sagen: Konzentration ermöglicht Ihnen, das, was Sie tun, mit ruhiger, voller Kraft und mit Hingabe zu tun. Nutzen Sie ihre starke Wirkung für Ihren Auftritt!

Stärke 10: Einfühlungsvermögen

Perspektive der Zuhörer einbeziehen

Sie ahnen sicher schon: Wer vor einem Publikum steht, kann sich nicht in jede einzelne Person versetzen. Dennoch ist die Stärke des Einfühlungsvermögens ein besonderer Vorteil für den leisen Vortragenden. Ein empathischer Redner ist in der Lage, die Perspektive seiner Zuhörer einzunehmen, nach ihren Bedürfnissen zu fragen und diese an die erste Stelle zu setzen. Es ist überraschend: Gerade die klassische »Rampensau« aus der extrem extrovertierten Ecke fegt allzu oft über die Bedürfnisse des Publikums hinweg – und scheitert am dritten Erfolgskriterium, der Orientierung an den Zuhörern.

Aber was bedeutet Einfühlungsvermögen in einer Vortragssituation? Gehen wir noch einmal zu Manuel zurück, der Herrn Seifert verabschiedet. Da Manuel über Einfühlungsvermögen verfügt, wird er in seiner Rede …

- … berücksichtigen, wie die Mitarbeiter zu Herrn Seifert stehen: Sie werden ihn vermissen, und das wird er herausheben und konkret fassen.
- … einschätzen können, was für das Publikum besonders interessant ist: Das ist in diesem Fall er selbst in seiner neuen Rolle.
- … dafür sorgen, dass das Publikum einen Zugang zu ihm als Redner bekommt: Dazu dient das gemeinsam Erlebte mit dem Hobby-Bildhauer Seifert.
- … das Publikum in das Ereignis einbeziehen: Zum Schluss seiner Rede wird er die drei engsten Mitarbeiter von Herrn Seifert nach vorn bitten und sie mit einigen eigenen Worten das Geschenk der Abteilung überreichen lassen.

Frei reden Nicht zuletzt wird Manuel dem Rat folgen, den ihm sein Coach gab: Er wird frei reden und nur Stichpunkte bei sich tragen, sodass er nicht in Versuchung kommt, sein Manuskript zu lesen und Kontakt zu vermeiden (Hürde 9). Außerdem wird Manuel auf guten Blickkontakt achten, damit er die Reaktionen seiner Zuhörer mitbekommt und sie gegebenenfalls berücksichtigen kann: Für den empathischen Redner ist jeder Auftritt ein Dialog.

Die Frage an Sie:

Welche persönlichen Stärken können Sie speziell bei Vorträgen nutzen? Schreiben Sie in Stichpunkten auf, wie sich diese Stärken konkret einsetzen lassen.

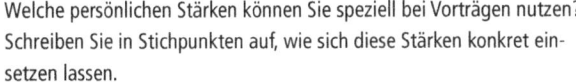

lässt sich nutzen für:

Stärke 1: Vorsicht   ❏   ....

Stärke 2: Substanz   ❏   ....

Stärke 3: Konzentration   ❏   ....

Stärke 4: Zuhören   ❏   ....

Stärke 5: Ruhe   ❏   ....

Stärke 6: analytisches Denken   ❏   ....

Stärke 7: Unabhängigkeit   ❏   ....

Stärke 8: Beharrlichkeit   ❏   ....

Stärke 9: Schreiben   ❏   ....

Stärke 10: Einfühlungsvermögen   ❏   ....

andere Stärke: ....   ❏   ....

andere Stärke: ....   ❏   ....

Schwierigkeiten im Vortrag überwinden

Typische Intro-Hürden beim Vortrag

So weit, so gut: Leise Menschen haben also Stärken, die ihnen bei ihren öffentlichen Auftritten nutzen. Warum reden dann so viele Intros besonders ungern vor Publikum – und warum gibt es unter ihnen so viele wirkungsarme Redner? Die Neigung leiser Menschen, lieber mit wenigen oder einzelnen Menschen zu sprechen, ist kein ausreichender Grund, wie der Umkehrschluss zeigt: Ein begeisternder Vortragsredner, der Hallen füllt, hat ja auch nicht unbedingt ein Problem mit Einzelgesprächen.

Die Antwort auf diese kritischen Fragen liegt in den besonderen Hürden leiser Menschen. Sehen wir einige typische Schwierigkeiten an.

Hürde 1: Angst

Lampenfieber

Angst kann beim öffentlichen Reden mehrere Gestalten annehmen. Da ist zum einen das *Lampenfieber*: die Unruhe, die sich vor und manchmal auch während des Auftritts spürbar im Körper ausbreitet. Durch die Rederatgeber geistert die Zahl 75: 75 Prozent aller Menschen sollen Angst vor öffentlichem Auftreten haben. Lampenfieber kann also schon vom Zahlenverhältnis her keine reine Domäne leiser Menschen sein. Es ist auch unabhängig davon, wie erfahren oder kompetent die lampenfiebernde Person ist: Selbst erfahrene Schauspieler, klügste Professorinnen und hochbegabte Musiker haben vor Auftritten Lampenfieber. Es handelt sich erst einmal um eine physische Reaktion. Sehen wir genauer hin – je mehr Sie über das Lampenfieber wissen, umso weniger ist es eine schicksalhafte »Heimsuchung« – und umso besser können Sie auch mit ihm umgehen.

Lampenfieber ist die gemäßigte Ausprägung der Angst vor dem Auftritt. Sie hat auch durchaus ihre Vorteile: Schon unter gemäßigtem Adrenalineinfluss ist der Mensch vor Publikum hellwach und präsent. Es ist biologisch unmöglich, müde und gelangweilt zu sein, wenn der Körper wie oben beschrieben operiert.

Lampenfieber: Wie es im Körper entsteht und wirkt

- Lampenfieber ist eine Stressreaktion. Der Körper soll schnell reagieren können, um eine Situation zu bewältigen, die als Gefahr empfunden wird. Ob diese Gefahr ein angreifender Kampfhund oder ein öffentlicher Auftritt ist, spielt keine Rolle: Physiologisch passiert ungefähr das Gleiche.

- Auslöser dieser Reaktion ist der Sympathikus, der Teil des vegetativen Nervensystems, das für eine Leistungssteigerung des Organismus zuständig ist, so etwa bei plötzlichen Belastungen oder auch bei Angriffs- oder Fluchtsituationen.

- Der Sympathikus löst eine Ausschüttung des Hormons Adrenalin im Nebennierenmark aus. Als zweites Stresshormon wird Cortisol ausgeschüttet.

- Der Körper wird durch die beiden Hormone auf wenige Reaktionen beschränkt, mit denen er (jedenfalls beim Angriff des Kampfhundes) die Gefahr bewältigen kann. Diese Reaktionen sind Angriff, Flucht oder Erstarren.

- Die Stresshormone haben außerdem Auswirkungen, die von Mensch zu Mensch unterschiedlich sind. Möglich sind unter anderem eine höhere Herzfrequenz, eine beschleunigte Atmung, eine Veränderung des Blutflusses (verbunden mit Rot- oder Blasswerden), Verkrampfungen oder Zittern einzelner Körperteile, Probleme im Verdauungstrakt (Übelkeit, Blähungen und Aufstoßen, Durchfall, Harndrang) oder auch Probleme im Nervensystem (erhöhte Schweißproduktion, Augenflattern, Kopfweh oder Schwindel).

Wie bei so vielen Substanzen kommt es jedoch auch beim Adrenalin auf die Dosis an. Schlecht ist, wenn das Lampenfieber sich zur echten *Auftrittsangst* auswächst – der zweiten Form der Angst nach dem Lampenfieber, die das öffentliche Reden ernsthaft erschwert. Denn Auftrittsangst blockiert Sie: Sie fühlen sich der Situation hilflos ausgeliefert. Sie können nicht mehr sagen, was Sie wollen, und nicht leisten, was Sie können. Mit der falschen

Auftrittsangst überwinden

(Stress-)Atmung und mit der Konzentration des Blutes in Ihren Extremitäten (und eben nicht im Hirn!) sowie durch den erhöhten mentalen Stress kann es dabei zu Konzentrationsproblemen bis hin zu Blackouts kommen. Der Kontakt mit dem Publikum wird erschwert. Und souverän und kompetent zu wirken ist mit echter Auftrittsangst im Nacken eine echte Herausforderung.

Die naheliegende Frage lautet: Wie lässt sich diese Angst – Lampenfieber wie Auftrittsangst – mit ihren negativen Symptomen überwinden? Willenskraft und Selbstdisziplin sind nicht der beste Weg, wie ein Blick auf die physischen Folgen der Stresshormone zeigt: Symptome wie Kopfschmerzen, Rotwerden und Übelkeit können gar nicht willentlich beeinflusst werden.

Anti-Angst-Strategie 1: Reden Sie regelmäßig vor Publikum

Gewohnheit macht gelassener

Tun können Sie aber trotzdem etwas, und zwar auf drei Ebenen: Die erste Ebene ist die der *Gewohnheit*. Sorgen Sie für regelmäßige Praxis. Vor Freunden oder vertrauten Kollegen können Sie besonders wichtige Vorträge auch Probe halten. Wenn Sie sich bewusst immer wieder einer Vortragssituation aussetzen, erfährt das Angstzentrum in Ihrem Hirn wiederholt, dass Sie öffentliches Reden ohne schlimme Folgen bewältigen können. Deshalb wird die Intensität der Angst nachlassen und auch die Angstsymptome werden abnehmen – das zuvor als gefährlich eingestufte Unbekannte wird allmählich zur Gewohnheit. Dieses Phänomen heißt Desensibilisierung. Die Erfahrung macht Sie gelassener und sicherer. Der innere Widerstand, den Sie bei öffentlichen Auftritten empfinden, wird zwar nicht ausgelöscht, aber mit der Zeit immer schwächer. Die Angst verliert ihre Kraft.

Toastmasters-Club

Eine gute und zugleich unschlagbar günstige Art, regelmäßig öffentlich zu reden, ist die Mitgliedschaft in einem Toastmasters-Club. Diese (deutsch- und englischsprachigen) Clubs haben sich dem Ziel verschrieben, ihre Mitglieder zu besseren Rednern und Führungskräften zu machen. Die Gebühr dafür beträgt nur wenige Euro pro Monat. Die Methode: Peer Coaching – wer eine Rede hält, wird von einem Mitglied evaluiert. Nebenbei lernen Sie, selbst zu evaluieren, Stegreifreden zu halten, eine Sitzung zu moderieren – kurz, in verschiedenen Situationen vor anderen zu sprechen. Toastmasters-Clubs gibt es weltweit; im Anhang finden Sie den entsprechenden Link.

Ein Vorbehalt sei hier genannt: Wenn Sie unter einer besonders starken Ausprägung der Vortragsangst leiden, ist es am besten, wenn Sie sich durch eine psychologisch ausgebildete Begleitung beim Desensibilisieren helfen lassen.

Anti-Angst-Strategie 2: Nutzen Sie mentale Strategien

Reduzieren können Sie Ihre Angst vor dem Reden zweitens, indem Sie Ihr bewusstes Denken nutzen. Sie erinnern sich: Das Bewusstsein kann körperliche Vorgänge beeinflussen (siehe Seite 73).

Bewusstes Denken nutzen

▓ Das Mindset gegen Angst: Ich bin gut vorbereitet!

Achten Sie zunächst auf eine sorgfältige Vorbereitung: Wenn Sie sich schon im Vorfeld bewusst sagen können, dass Sie gut vorbereitet sind, nimmt Ihnen dieses Mindset von vornherein viel von Ihrer Angst. Voraussetzung ist allerdings, dass Sie sich tatsächlich gut vorbereitet haben. Dies entlastet Ihr Kurzzeitgedächtnis, das bei leisen Menschen unter Stress etwas eingeschränkter funktioniert. Außerdem haben Sie mehr Raum für Improvisation, falls etwas Unerwartetes passieren sollte.

▓ Noch ein Mindset gegen Angst: Der Inhalt ist das Risiko wert!

Mit diesem Mindset appellieren Sie an Ihr »höheres Selbst«. Es hilft Ihnen, von sich selbst weg und auf ein höheres Ziel hinzusehen. Der Inhalt ist so wichtig, dass er den Einsatz und das persönliche Unbehagen wert ist, die damit verbunden sind, vor ein Publikum zu treten. Interessanterweise wirkt diese Strategie auf Intros besonders entlastend: Die Großhirnrinde beruhigt das Angstzentrum in Ihrem Hirn. Probieren Sie es aus: Es funktioniert.

Anti-Angst-Strategie 3: Unterstützen Sie Ihren Körper

Das Blackout Abschließend sei der Fall erwähnt, den viele meiner leisen Klienten als ultimative Katastrophe erleben: das *Blackout*. Blackout bedeutet: Sie verlieren den roten Faden – also den Zugang zu dem, was Sie sagen wollen. Dagegen verlieren Sie nicht, was Sie bereits gesagt *haben*. Das Gesagte wird damit zu einem guten Ankerpunkt: Wiederholen Sie es oder fassen Sie Wichtiges zusammen.

Tief durchatmen Noch bevor Sie dies tun, nehmen Sie dabei bitte gleichzeitig eine zweite Aktivität auf: Atmen Sie. Genauer: Atmen Sie tief und langsam durch. Dieser Rat hat einen sehr konkreten Hintergrund: Ein Blackout ist vor allem eine Unterversorgung mit Sauerstoff (und Blut) im Hirn. Der Grund für diese Unterversorgung liegt in der gerade beschriebenen Stressreaktion unter Adrenalin. Adrenalin lässt Sie hyperventilieren, also die Atmung kurz und flach werden. Das heißt: Die Luft geht nur in den oberen Brustbereich, wenn Sie dem nicht entgegensteuern. Zusammen mit dem ausgeschütteten Stresshormon-Cocktail wirkt das fatal: kein Sauerstoff – kein roter Faden!

Ihr wichtigstes Ziel bei einem Blackout ist deshalb, die tiefe Atmung wieder aufzunehmen. Wenn Sie bewusst und langsam in den Bauch hinein (genauer: in den Bereich unter Ihren Rippen) atmen, hat dies gleich noch zwei weitere Vorteile: Erstens wird Ihre Stimme kraftvoller, zweitens werden Sie ruhiger und entspannter – und dies ganz wörtlich: Verspannungen lösen sich, der Gedankenfluss wird regelmäßiger. Alle Meditationstechniken dieser Welt setzen den Atem als zentrierendes Mittel ein!

Am besten ist es allerdings, wenn Sie schon vor dem Auftritt und zu Beginn Ihres Vortrags tief und langsam atmen. Suchen Sie sich eine ruhige Ecke, auch wenn es der Waschraum ist. Atmen Sie tief und ruhig! Damit laden Sie Energie auf – und werden mit mehr innerer Ruhe (Stärke 5!) vor Ihrem Publikum einen souveränen Eindruck vermitteln.

Körper und Geist beeinflussen sich gegenseitig. Mit mentalen Botschaften können Sie körperliche Veränderungen (wie etwa eine Entspannung nach der Anti-Angst-Strategie 2) herbeiführen. Umgekehrt gilt das Gleiche: Über die Atmung können Sie für eine mentale Beruhigung sorgen. Ähnlich können Sie über Ihren Körper auf Ihre Angst einwirken, indem Sie »so tun als ob«. Nehmen Sie die Körperhaltung ein, die einen souveränen Redner ausmachen. Setzen Sie Ihre Füße nebeneinander auf den Boden, verteilen Sie das Gewicht gleichmäßig und stehen Sie gerade. Strecken Sie Ihre Wirbelsäule und halten Sie Ihren Kopf gerade. Auf Ihr Hirn wirkt eine selbstbewusste Körperhaltung Wunder. Es »glaubt« an diese Souveränität, weil der Körper sie herstellt. Probieren Sie es aus, selbst wenn es Ihnen komisch vorkommt. Bedenken Sie dabei eine schöne Nebenwirkung: Auch Ihr Publikum wird Sie als souveräne Person wahrnehmen – weil Sie wie eine aussehen!

Auf entspannte Körperhaltung achten

Selbst wenn Sie für eine Weile rot werden, ist das nicht weiter schlimm. Menschen, die erröten und dadurch Verlegenheit zeigen, wirken sympathisch, wie der Psychologe Dacher Keltner (2009) nachgewiesen hat. Der Grund: Der Errötende zeigt, dass ihm seine Mitmenschen nicht gleichgültig sind – die Kommunikation ist ihm ein echtes Anliegen!

Hürde 2: Kleinteiligkeit

Die Kleinteiligkeit im Vortrag steht oft in Verbindung mit der Angst (Hürde 1). Der Vortragende sucht Sicherheit in Einzelheiten, die er genau kennt und für verlässlich hält. So ist Manuel in Versuchung, sich bei der Verabschiedung des Mitarbeiters einfach an dessen Karriereverlauf zu orientieren und diesen möglichst vollständig »abzuarbeiten«. Das wäre zwar sachlich richtig und nachprüfbar, würde aber das Publikum zu Tränen langweilen und garantiert schnell in Vergessenheit geraten.

Zu viele Details langweilen

Die Auswirkungen der Kleinteiligkeit finden sich besonders häufig in wissenschaftlichen und Fachvorträgen. Einige meiner Klienten und Seminarteilnehmer legen Wert darauf, möglichst viele Versuchsdetails und Einzelheiten in ihre Vorträge (und Folien!)

einzubauen. Damit untermauern sie zwar ihre Ergebnisse, verlieren aber dafür leicht ihr Publikum, das den roten Faden nicht mehr sehen kann. Doch was nützt der beste rote Faden, wenn er zwar im Kopf des Redners ist, aber nicht bei der Orientierung hilft? Die folgenden drei Hinweise ermöglichen Ihnen eine gute Balance zwischen notwendiger Genauigkeit und Blick auf das Wesentliche.

Genauigkeit und großes Ganzes: So vermitteln Sie beides!

1. **Halten Sie sich beim Vortrag an Ihre Struktur.**
   Dieser Punkt ist ganz einfach: keine Abschweifungen!

2. **Orientieren Sie sich an Ihrer Kernbotschaft.**
   Fragen Sie sich bei allen Sachinhalten, Beispielen, Einzelheiten und Geschichten: Hilft diese Information, meine Kernbotschaft zu vermitteln? Dabei ist erlaubt: Hinführung zur Kernbotschaft, Veranschaulichung der Kernbotschaft und Folge aus der Kernbotschaft. (Zum Nachschlagen: Seite 219, zweites Erfolgskriterium!)

3. **Nehmen Sie mehr Material mit, als Sie vermitteln wollen.**
   Besonders Wissenschaftler und Verwaltungsprofis fragen sich oft, ob sie genügend Zahlen, Daten und Fakten im Vortrag haben. Nehmen Sie diese Informationen ruhig reichlich mit: auf eigenen Übersichten oder auf zusätzlichen Slides. Wenn es jemand im Publikum *nach* Ihrem Vortrag genauer wissen will, sind Sie bestens vorbereitet – ohne Ihre Zuhörer im Vortrag selbst zu überlasten!

Hürde 5: Flucht

Wenn Termine verdrängt werden

Unter Stress ist für viele leise Menschen die Versuchung groß, sich auf die Flucht zu begeben. Das heißt: Vor einem öffentlichen Auftritt verdrängen sie den anstehenden Termin und schieben damit die Vorbereitung auf, bis diese unvermeidlich ist. Dann kommt zum Vortragsstress auch noch Zeitdruck hinzu: keine gute Situation!

Die Gegenmaßnahme ist einfach. Sobald der Vortragstermin steht, planen Sie die Vorbereitung, indem Sie sie in kleine Teilschritte zerlegen und diese terminieren. Teilschritte wirken weniger bedrohlich, sind leichter zu bewältigen, sorgen für Erfolgserlebnisse und dafür, dass Sie sich sicherer fühlen. Nutzen Sie einfach die Hilfestellungen im Abschnitt »Chance und Schutz: die Vorbereitung!« ab Seite 224, um Ihre Rede Schritt für Schritt vorzubereiten. In der tatsächlichen Vortragssituation kann sich die Neigung zur Flucht darin äußern, dass der leise Mensch sich völlig auf seinen Text zurückzieht, dabei aber den Kontakt zum Publikum und dessen Bedürfnisse vernachlässigt.

Vorbereitung in Teilschritte zerlegen

Diese Versuchung wird geradezu unwiderstehlich, wenn Sie ein komplett ausformuliertes Skript vor sich haben: Ein wirklicher Blickkontakt wird so gut wie unmöglich, ebenso eine lebendige Intonation und eine Formulierung, die den einfachen Strukturen der gesprochenen Sprache folgt (und nicht der geschriebenen, die sich auf dem Papier leicht durchsetzt, wenn Sie nicht gerade professionell Reden schreiben).

Diese Art von Flucht verhindern Sie mit einer Strategie, die Sie zur Reduktion zwingt: Schreiben Sie immer nur Stichworte auf, nie ausgeschriebene Texte! Dabei ist das Ziel nicht Perfektion. Gesprochene Sprache enthält immer kleine Fehler in Wortwahl, Aussprache oder Satzbau. Es geht aber gar nicht um eine geschliffene Formulierung: Es geht um Kontakt. Die kleinen Fehler, die sich in unser Sprechen schleichen, werden in den Hirnen Ihrer Zuhörer quasi automatisch korrigiert. Wenn Sie aber keinen Kontakt aufbauen, passiert in den Hirnen nicht viel, was mit Ihrem Vortrag zu tun hat. Dann entstehen in den Köpfen eher Einkaufslisten oder Urlaubspläne …

Nur Stichworte notieren

Haben Sie erkannt, wo Ihre persönlichen Hürden liegen, wenn Sie vor Publikum reden? Hier haben Sie Gelegenheit zu einer persönlichen Bestandsaufnahme: Wo liegen Ihre Risiken – und was konkret können Sie tun, um mit ihnen umzugehen?

Die Frage an Sie:

Welche der typischen Intro-Hürden können Ihnen in einer Vortrags-situation zu schaffen machen? Schreiben Sie in Stichpunkten dazu, welches Risiko Sie sehen und was Sie dagegen tun können.

Hürde 1: Angst ❏

Risiko: ....   meine Maßnahme: ....

....

Hürde 2: Kleinteiligkeit ❏

Risiko: ....   meine Maßnahme: ....

....

Hürde 3: Überstimulation ❏

Risiko: ....   meine Maßnahme: ....

....

Hürde 4: Passivität ❏

Risiko: ....   meine Maßnahme: ....

....

Hürde 5: Flucht / Lethargie ❏

Risiko: ....   meine Maßnahme: ....

....

Hürde 6: Verkopftheit ❏

Risiko: ....   meine Maßnahme: ....

....

→

Hürde 7: Selbstverleugnung ❏

Risiko: ....   meine Maßnahme: ....

....

Hürde 8: Fixierung ❏

Risiko: ....   meine Maßnahme: ....

....

Hürde 9: Kontaktvermeidung ❏

Risiko: ....   meine Maßnahme: ....

....

Hürde 10: Konfliktscheu ❏

Risiko: ....   meine Maßnahme: ....

....

Manuel ist mit seiner Verabschiedung erfolgreich. Die Kollegen und Mitarbeiter lernen ihn als Führungspersönlichkeit kennen, die auf Menschen achtet und sich über sie Gedanken macht. Und Herr Seifert, der im Mittelpunkt der Rede steht, ist bewegt und stolz, als der Applaus aufbrandet, der ja auch seiner ist.

A propos Applaus: Laufen Sie niemals vor ihm weg. Applaus ist der Dank Ihres Publikums – also bleiben Sie stehen und nehmen Sie ihn an!

Das Wichtigste in Kurzform

■ Öffentliches Reden finden viele leise Menschen besonders schwer. Doch Vortragen lässt sich lernen – und je mehr Routine Sie bekommen, umso leichter wird es.

■ Ein Vortrag ist **gelungen**, wenn der Redner seine Persönlichkeit einbringt, wenn er seine Botschaft klar vermitteln kann und wenn er in der Lage ist, sich und den Inhalt auf sein Publikum einzustellen.

■ Eine gute **Vorbereitung**, die auf den Erfolgskriterien und einer klaren Struktur beruht, nimmt dem Auftritt viel Stress.

■ Ein authentischer »leiser« Vortragsstil baut auf den persönlichen Stärken auf und vermeidet Risiken, die mit den individuellen Hürden verbunden sind. Der erste Schritt besteht darin, diese eigenen Stärken und Hürden zu identifizieren.

■ Typische **Stärken** leiser Menschen im öffentlichen Auftritt sind Substanz, Konzentration und Einfühlungsvermögen.

■ Häufige **Hürden** sind Angst, Kleinteiligkeit und Flucht.

9. Regeln des Rudels: in Meetings und Diskussionen auftreten

Der Computer ist Pauls liebstes und wichtigstes Arbeitsgerät. Als IT-Unternehmensberater lebt er davon, dass er die Abgründe meistert, die in betrieblichen Systemumstellungen und neuen Softwarepaketen schlummern. Bisher war er immer gemeinsam mit einem Senior Consultant bei Kunden im Einsatz und so gut wie immer mit den IT-Fachleuten in der jeweiligen Firma in Kontakt. In dieser Woche aber ist der ranghöhere Berater erkrankt. Er bittet ihn, ein Meeting bei einem wichtigen Kunden zu leiten – der Termin soll nicht verschoben werden, weil es um eine dringend anstehende Aufteilung von Projektaufgaben in der Firma geht, bei der alle Beteiligten endlich an einem Tisch sitzen werden – inklusive des Geschäftsführers, der Budgetverantwortlichen und mehrerer Manager und Mitarbeiter aus der IT-Abteilung.

Paul graut es vor diesem Termin. Wie soll er einen Raum voll ständig redender Menschen zu einem gemeinsamen Ziel bringen? Am liebsten würde er sich in der IT-Abteilung vergraben und dort das tun, was er am besten kann: technische Abläufe sichern und kommunizieren. Ein ähnliches Grauen empfindet Sabine aus der besagten IT-Abteilung der Kundenfirma. Sie wird bei diesem Meeting als Projektbeteiligte anwesend sein. Sabine weiß, dass sie für den Bereich, den sie verantwortet, ein größeres Budget und mindestens eine weitere Person für die Umsetzung braucht. Doch wie soll sie das in diesem Plenum durchbringen? Und der oberste Chef wird auch noch da sein …

Meetings wirken überstimulierend Für leise Menschen wie Paul und Sabine sind Meetings und Diskussionen in Gruppen oft sehr anstrengend – vor allem, wenn es viele solcher extrovertierten Teilnehmer gibt, die in solchen Situationen gern und viel reden. Eine häufige Reaktion des Intros sieht so aus: Er fühlt sich überstimuliert (Hürde 3), zieht sich zurück und erklärt die meisten Äußerungen zu heißer Luft. Viele leise Menschen fühlen sich in einem Plenum wenig wahrgenommen: »Es ist oft so, dass ich mich bei Besprechungen regelrecht unsichtbar fühle,« sagte mir einmal eine Klientin, »aber der Gipfel war, als ich mir letzte Woche ein Herz nahm und einen Vorschlag machte, der mir wirklich wichtig war. Keiner griff auf, was ich gesagt hatte – aber als ein Kollege fast das Gleiche später sagte, fanden es auf einmal alle toll. Ich dachte, ich bin im falschen Film!«

Leistung bleibt unsichtbar Dass Besprechungen nicht zum gewünschten Ergebnis führen, ist nur ein Nachteil, den leise Menschen kennen. Der Intro, der in der Gruppe schweigt, kann seine eigenen Leistungen und Ideen nicht ausreichend sichtbar machen. Manchmal kommt es noch schlimmer und Anregungen, die etwa die besagte Klientin äußerte, werden von einem anderen Teilnehmer »gekapert« und mit Erfolg und Resonanz verbreitet. Hinzu kommt der Eindruck, den Vorgesetzte bekommen können: dass der in der Besprechung zurückhaltende leise Mensch offensichtlich nicht »teamfähig« sei – dazu finden Sie Näheres ab Seite 129. All dies führt mit Blick auf die Karriere zu echten Risiken.

Wie also können Sie als leiser Mensch in dieser »Heißluftatmosphäre« Aufmerksamkeit und Gehör finden? Und wie schaffen Sie es, das Ganze mit einem vertretbaren Maß an Energie durchzustehen? Um diese Fragen geht es in diesem Kapitel.

Das Plenum: 6 Regeln – und 6 Folgerungen für Intros

In diesem Abschnitt werfen wir einen Blick auf das Regelwerk, das Besprechungen aller Art prägt. Je mehr Sie über diese Regeln wissen, desto leichter können Sie handeln, wenn Sie erreichen wollen, was in Meetings zählt – also Sichtbarkeit, Souveränität und Überzeugungskraft. Womöglich noch nützlicher ist das, was unter der jeweiligen Regel steht: Sie finden dort für Sitzungen typische Intro-Stärken (und wie Sie sie nutzen können) sowie ebenso typische Intro-Hürden (und wie Sie ihre Folgen in Grenzen halten).

Sichtbar, souverän, überzeugend

Sitzungsregel 1: Sichtbar ist nur, wer sich äußert

Wenn Sie in einem Meeting als kompetent und konstruktiv wahrgenommen werden wollen, müssen Sie sich äußern. Das bedeutet nicht, dass Sie ständig reden sollen – aber sorgen Sie dafür, dass Sie in jeder Sitzung etwas beitragen. Ich kenne Intros mit leiser Stimme, denen wegen der Qualität ihrer Beiträge jeder zuhört, wenn sie reden.

Auch ein leiser Beitrag zählt

Dabei hilft ihnen (neben einiger anderer Dinge, auf die wir gleich zu sprechen kommen) vor allem Stärke 2: die Substanz. Denn was Intros öffentlich sagen, hat meistens dadurch Hand und Fuß, dass sie vorher ausgiebig über den Inhalt nachgedacht haben. Leeres Herumgerede und Statusgebaren sind vielen Intros fremd, weil es ihnen eher um die Sache als um ihre Person geht. Davon profitiert die Gruppe, wenn es darum geht, zu einer Meinung oder Entscheidung zu kommen (oder auch darum, andere zu Wort kommen zu lassen). Zusammen mit anderen Stärken wie Zuhören, Konzentration und analytischem Denken macht die Substanz Intro-Beiträge auf der Sachebene besonders wertvoll. Nutzen Sie sie!

Entgegen steht der gewünschten Sichtbarkeit die Hürde 1: die Angst. Auch der Beitrag in einer Sitzung ist ein öffentlicher Auftritt, der Thema des achten Kapitels war. Deshalb gilt hier wie

Angst als Hemmschuh

dort: Angst ist eine Hürde. Um der Angst zu begegnen, folgen Sie bitte den Hinweisen ab Seite 232.

Eine besondere Hürde sind Sitzungen, in denen neue Ideen entwickelt werden sollen. Es drohen vor allem Überstimulation und Passivität (Hürden 3 und 4). Wenn Sie als leiser Mensch in einer Brainstorming-Sitzung aktiv werden sollen, nutzen Sie (möglichst schon im Vorfeld!) Stärke 9: das Schreiben. Nehmen Sie sich ein Blatt Papier und veranstalten Sie Ihren eigenen geschriebenen Gehirnsturm. Sie werden sehen: Es fällt Ihnen leichter, in diesen »schnellen« Sitzungen einen Beitrag zu leisten!

Sitzungsregel 2: Aufmerksamkeit ist ein knappes Gut.

Kernbotschaft kommunizieren

Reden ist die eine Sache. Erfolgreich können Sie letztlich aber nur dann sein, wenn die anderen Ihnen auch zuhören. Eine der heikelsten *inhaltlichen* Hürden für leise Menschen ist dabei die Neigung zur Kleinteiligkeit (Hürde 2): Intros verlieren sich leicht in Einzelheiten und verwandeln den roten Faden in ein unentwirrbares Knäuel an Details.

Achten Sie deshalb darauf, dass Sie sich in Ihren Beiträgen nicht in solchen Details verlieren. Sie machen besonders Extros schnell ungeduldig und führen zum Verlust der Aufmerksamkeit. Eine zu detaillierte Antwort auf eine Frage führt leicht dazu, dass Sie das Plenum frustrieren und verlieren. Überlegen Sie sich also vor einem Beitrag wie vor einer Rede: Was ist meine Kernbotschaft? Achten Sie dabei auch auf die Form: Bilden Sie kurze, einfach strukturierte Sätze.

Dem Beitrag mehr Stimme geben

Aufmerksamkeit ist außerdem von einer guten *stimmlichen Gestaltung* abhängig: Selbst der spannendste Inhalt versetzt Ihre Zuhörer in einen Tiefschlaf, wenn Sie ihn mit der Intonation eines Grabredners vortragen. Eine leise, schwache Stimme, fehlende Pausen und ein zu schnelles Reden nehmen Beiträgen ebenfalls ihre Wirkung – ganz egal, wie gehaltvoll sie auf der Sachebene sind. Legen Sie also Nachdruck in Ihre Intonation: Jeder Satz hat einen inhaltlichen Schwerpunkt, den Sie entsprechend betonen sollten. Gehen Sie außerdem am Ende eines Satzes mit der Intonation nach unten. Dies definiert Ihre Sätze als Sinneinheiten und verleiht ihnen Nachdruck. Sprechen Sie laut genug, dass alle Sie hören können – und lassen Sie einen freundlichen Kollegen einmal auf Ihre Geschwindigkeit achten, wenn Sie einen Beitrag leisten: Sie wollen weder gehetzt noch einschläfernd langsam sprechen.

Ein weiteres körpersprachliches Mittel, das Ihnen Aufmerksamkeit sichert, ist der *Blickkontakt*. Suchen Sie Blickkontakt vor allem mit den Entscheidern im Raum: Diese gilt es zu gewinnen und zu überzeugen. Im Gespräch mit einzelnen Personen fühlen sich Intros meist sicher und viel wohler als beim Vortragen vor einer Gruppe. Nutzen Sie diese Tatsache: Sehen Sie Ihre Kollegen einzeln an, wenn Sie in einem Meeting einen Beitrag leisten – als ob Sie für diesen Moment nur mit dieser einen Person reden. Der Blickkontakt mit Einzelpersonen macht Sie nicht nur sicherer, sondern auch eindringlicher, präsenter und damit überzeugender. Die Aufmerksamkeit gehört Ihnen – und es wird sehr viel weniger wahrscheinlich, dass ein Kollege Ihre Idee später als seine verkauft!

Blickkontakt zum Publikum

Sitzungsregel 3: Ohne Statusklärung keine Entscheidung!

Es ist für wenig statusbewusste Menschen (also für viele, viele Intros, besonders weibliche) ebenso frustrierend wie wahr: Erst, wenn für die Teilnehmer an einer Besprechung ihre Rangordnung untereinander geklärt ist, ist auch eine inhaltliche Diskussion möglich. Marion Knaths zeigt in ihrem Buch »Spiele mit der Macht« sehr anschaulich, wie diese Klärung erfolgt, wenn eine Gruppe neu zusammenkommt. Und sie stellt nüchtern fest: Rangordnung geht vor Inhalt! Auch Redezeit ist statusabhängig. Wer ranghöher ist, darf länger reden und sogar abschweifen. Wer statusniedriger ist, muss sich kürzer fassen, wird leicht unterbrochen und bekommt weniger Resonanz für seine Beiträge.

Redezeit ist statusabhängig

Redezeit erobern Leise Menschen, die zur Kontaktvermeidung (Hürde 9) neigen, meiden am liebsten Menschen, die ihnen auf die Nerven gehen. Die Chancen stehen gut, dass gerade Kollegen mit Neigung zu Statusrangeleien in genau diese Kategorie gehören. Hier gilt es, bewusst, aber mit eigenen Mitteln gegenzusteuern. Nehmen Sie sich also ausreichend Redezeit – mindestens so viel, wie Kollegen in vergleichbarer Position. Wenn Sie lieber kurz reden statt ausgedehnt, so melden Sie sich im Ausgleich öfter zu Wort. Dabei ist während Ihrer Äußerung die wichtigste Person die ranghöchste – diese gilt es zu überzeugen. Zu erkennen ist diese Person daran, dass alle anderen ständig zu ihr hinsehen, um sich zu vergewissern, wie sie zuhört und auf Beiträge reagiert. Wenn Ihnen die ranghöchste Person zuhört, werden Sie wahrscheinlich nicht unterbrochen.

Selbstbewusste Körperhaltung Seien Sie auch in Ihrer Körpersprache selbstbewusst und den anderen zugewandt. Das heißt: Nehmen Sie selbstbewusst Raum ein, ohne zu lässig zu werden. Nutzen Sie die Gesamtfläche Ihres Stuhls zum Sitzen, aber vermeiden Sie es, sich zu räkeln oder die Ellenbogen auszufahren. Sitzen Sie offen und gerade. Vermeiden Sie Unterwerfungsgesten wie das Zurseite-Neigen des Kopfes oder das Wegblicken in einer unangenehmen Situation. Sorgen Sie dafür, dass Ihre Bewegungen definiert sind, also einen Anfang und ein Ende haben: kein Schaukeln, kein Fummeln! Gleiches gilt für Ihre Stimme: Der Tonfall kann ruhig sein (Stärke 5!), solange er bestimmt ist und Ihre Aussage bis zum Satzende genügend Energie enthält. Denken Sie an tiefe Atmung (siehe Kapitel 8)! Vermeiden Sie in Stimme und Bewegungen Hektik. Hektik verringert Ihren Status. Insgesamt sollten die Botschaften, die Sie senden, auf eines hinweisen: Sie wissen (so höflich, freundlich und kooperativ Sie sind) genau, was Sie tun!

Wenn Sie sich partout nicht durchringen mögen, im Plenum zu sprechen, können Sie sich bei den Tipps unter der Sitzungsregel 5 bedienen und die Entscheidungen strategisch im Vorfeld vorbereiten. Auch »graue Eminenzen« haben Statuspositionen …

Sitzungsregel 4: Fairness gibt es – manchmal!

In der besten aller Welten spielen alle nach den Regeln – auch in Meetings. Doch Sie wissen sicher selbst: Das wirkliche Leben funktioniert anders. Sicher, es gibt Fairness und einen sachorientierten Austausch. Aber eben nicht immer. Für viele Sitzungsteilnehmer lohnen sich Regelverstöße wie Unterbrechungen oder sogar Angriffe, wenn sie nicht sanktioniert werden und die Chancen auf ein persönliches Weiterkommen (Sichtbarkeit, Statuswettbewerb) steigern. Gerade für leise Menschen sind unfaire Verhaltensweisen sehr stressreich und können sie zudem einiges an Status und Wirkung kosten, wenn sie nicht souverän mit solchen Situationen umgehen – vor allem dann, wenn die Konfliktscheu (Hürde 10) zu den persönlichen Druckpunkten gehört.

Wenn die Sachebene verlassen wird

Damit Sie im Fall des Falles schnell handeln können, finden Sie hier eine »Notapotheke«: die fünf häufigsten Regelverstöße in Diskussionen und die aussichtsreichsten Handlungsmöglichkeiten für Sie.

Tipps bei Regelverstößen

Regelverstoß	Maßnahme
1. Ein Teilnehmer fällt Ihnen ins Wort und unterbricht Sie.	Vor allem bei Unterbrechungen durch Gleich- oder Niederigerrangige gilt: Bleiben Sie beharrlich (Stärke 8) – und reden Sie weiter! Fügen Sie mit deutlicher Stimme den folgenden Satz ein: »Lassen Sie mich das noch zu Ende führen …« Bei Ranghöheren kann es manchmal klüger sein, die Unterbrechung (z. B. des Chefs) durchgehen zu lassen und über Blickkontakt und Nicken in Kontakt zu bleiben, während er redet. Wenn es eben geht, antworten Sie direkt auf seine Äußerung.

Regelverstoß	Maßnahme
2. Ein Kollege moderiert Ihre Äußerung: »Sabine will sagen, dass ...«.	Dies ist eine klare Statusrangelei: Der Kollege will verdeutlichen, dass er die Deutungshoheit über Sabines Äußerung hat.
	Wenn Sie Sabine sind: Lassen Sie dieses Handeln niemals unkommentiert. Formulierungsvorschlag: »Danke für Deine Unterstützung, lieber Hans. Was hier besonders wichtig ist: ...«
3. Ein Kollege versucht, Ihre Idee durch Verzögerung auf Eis zu legen: Eine Arbeitsgruppe soll sie genauer prüfen, die Budgetplanung soll abgewartet werden, zunächst sollen mehr Informationen eingeholt werden ...	Das Risiko besteht darin, dass Ihre Idee durch die Verzögerung an Schwung verliert und »verhungert« – während der Kollege sogar unterstützend erscheinen kann.
	Stimmen Sie dem Kollegen im Plenum darin zu, dass bei der Neuerung vieles zu bedenken ist. Dann fügen Sie hinzu, dass Sie genau diese Denkarbeit mit Ihrem Team bereits geleistet haben. Etwa so: »Stimmt – da müssen wir bei mehreren Faktoren genau hinsehen, bevor wir diesen Projektteil outsourcen. Genau das haben wir in den letzten Wochen getan. Die Ergebnisse sind durchweg positiv. Heute geht es um die Entscheidung – nur, wenn wir rechtzeitig outsourcen, können wir das Projekt innerhalb des Zeitrahmens abschließen. Sonst wird es teuer! Gibt es Fragen zu unseren Recherchen?«
4. Ein Kollege fällt Ihnen in den Rücken und argumentiert entgegen einer vorher getroffenen Vereinbarung.	Im Plenum haben Sie kaum eine Möglichkeit zur Gegenrede, wenn die Vereinbarung informell war. Sprechen Sie den Kollegen aber sofort nach dem Meeting an und finden Sie heraus, was ihn bewo-

gen hat, seine Haltung (oder auch nur die Strategie) zu ändern.

Wenn es dagegen um etwas offiziell Vereinbartes geht, sollten Sie das sichtbar machen: »Das wundert mich jetzt – in der letzten Abteilungsbesprechung haben wir vereinbart, dass [...]. Wie passt das zusammen?«

5. Ein Kollege greift Sie im Plenum unfair an: »Diese Zahlen sind doch Quatsch!«	Atmen Sie durch: Auch dies ist ein klares Machtspiel, aus dem der Angreifer natürlich als Sieger hervorgehen will.
	Die ideale Antwort fordert Fakten: »Auf welche Zahlen beziehen Sie sich konkret?«
	Wenn Ihnen keine geeignete Antwort einfällt, signalisieren Sie im Plenum, dass Sie das nicht durchgehen lassen. Sagen Sie beispielsweise: »Herr Kollege, ich habe gleich draußen noch ein Anliegen!«

Sitzungsregel 5: Allianzen sichern das Ergebnis

In Sitzungen sind meist mehrere Personen und Arbeitsbereiche an Entscheidungen beteiligt. Wenn ich eines während meiner Jahre in der Gremienarbeit gelernt habe, ist es das: Wenn eine wichtige Entscheidung ansteht, passiert die eigentliche Abklärung in den allermeisten Fällen *vor* der Sitzung. Das heißt: Diejenigen, denen etwas an der Entscheidung liegt, schließen Allianzen: in erster Linie mit anderen Meinungsmachern, aber auch mit anderen Teilnehmern. Auf diese Weise sichern sie elegant bei einer anstehenden Wahl dem Wunschkandidaten die Mehrheit, klären vorab die Verteilung von Mitteln oder steuern Beschlüsse in eine bestimmte Richtung.

Wichtiges passiert vor der Sitzung

Nehmen wir Paul aus unserem Eingangsbeispiel. Ich habe ihm geraten, vor der Sitzung mit denen zu reden, die bei der anstehenden Umverteilung der Projektaufgaben zu entscheiden hatten – einzeln. Das Ziel: Die verschiedenen Interessen herausfiltern und eine Entscheidung vorbereiten, die für alle tragbar und möglichst auch vorteilhaft war. Als leiser Mensch bevorzugt Paul ohnehin das Einzelgespräch gegenüber der Gruppensituation, sodass ihm diese Aufgabe nicht schwerfiel. Er war vorsichtig und konnte entsprechend behutsam vorgehen (Stärke 1). Nicht zuletzt konnte er den einzelnen Akteuren ausgezeichnet zuhören (Stärke 4) und sich in ihre Situation hineinversetzen, sodass er nicht nur seine eigenen Interessen sah (Stärke 10). Auf dieser Basis schaffte es Paul, einen guten Kompromiss vorzubereiten, den er außerdem dem Geschäftsführer gegenüber schon vor dem Meeting andeutete. Dieser fühlte sich gut informiert und orientiert – ein wichtiges Detail im Statusspiel!

Die Vorteile des Allianzenschmiedens liegen auf der Hand: Das Meeting wird in wichtigen Punkten kalkulierbar, und Sie kommen an Informationen und Meinungsbilder, die Sie sonst nicht oder erst kurzfristig erhalten hätten. Nicht zuletzt können Sie die Wahrscheinlichkeit verringern, dass Ihnen ein Teilnehmer im Plenum in den Rücken fällt. Sie gewinnen für die Sitzung also vor allem eines: Sicherheit und Berechenbarkeit.

Sitzungsregel 6: Besprochenes und Umsetzung sind zweierlei

Meine zweite Erkenntnis aus all den Vorstandssitzungen und Leitungsmeetings lautet: Was beschlossen und verabschiedet wurde, wird umgesetzt. Manchmal. Doch gerade nach der Sitzung entscheidet sich, was diese eigentlich wert war: Was geschieht jetzt?!

Dabei gibt es Unterschiede. Bei Wahlen gibt es an der gewählten Person selten etwas zu rütteln. Sehr viel weniger stabil sind dagegen Arbeitsaufträge, die den Sitzungsraum als Beschlüsse verlassen. Die Gründe sind vielseitig und reichen von Gleichgültigkeit und Fahrlässigkeit bis hin zur geschickten Sabotage oder zu entgegengesetzten Entscheidungen durch Vorgesetzte, die während der Sitzung nicht anwesend waren und dann »umregieren«, wenn ihnen ein Ergebnis nicht zusagt.

Gerade leise Menschen mit Neigung zur Kontaktvermeidung und Konfliktscheu (Hürden 9 und 10) geben oft der Versuchung nach, auf das Prinzip Hoffnung zu setzen und die Umsetzung von Beschlüssen als gegeben vorauszusetzen – um dann womöglich böse Überraschungen zu erleben. Hier ist deshalb vor allem eine Frage wichtig: Was können Sie tun, um die Wahrscheinlichkeit zu erhöhen, dass Entscheidungen, die für Sie wichtig sind, auch umgesetzt werden?

Auf Ihrer Seite ist zunächst einmal die Beharrlichkeit (Stärke 8). **Beschlüsse** Wenn Ihnen eine Sache am Herzen liegt, sollten Sie »dranbleiben« und mit den Kolleginnen und Kollegen im Gespräch bleiben, die mit der Umsetzung befasst sind. Klappt alles wie geplant? Gibt es Hindernisse? Um einen Beschluss zu stabilisieren, können Sie außerdem dafür sorgen, dass er niedergeschrieben wird: Geschriebenes ist stabiler und leichter nachprüfbar, hilft also gegen Äußerungen wie »Das haben wir so niiiie gesagt!« Als Medium gibt es dabei mehrere Möglichkeiten: Kopien vom Smartboard, eine E-Mail an alle Teilnehmer oder das gute, alte Protokoll. Wichtig ist der Inhalt. Er sollte immer die Antwort auf die berühmte Dreifach-Frage enthalten: Wer macht was bis wann?

(Randnotiz: Beschlüsse schriftlich fixieren)

Ein späteres Eingreifen und Umentscheiden durch Vorgesetzte können Sie nicht grundsätzlich verhindern. Sie können aber durch gezielte Informationspolitik ein wenig vorbeugen – siehe dazu Sitzungsregel 5!

Drei Fragen an Sie:

Was fällt Ihnen in Meetings besonders schwer?

....

....

....

Welche Folgen hat das?

....

....

....

Was wollen Sie künftig anders tun?

....

....

....

Diskussionsleitung: Meetings für Fortgeschrittene

Pauls Aufgabe besteht in der Leitung eines Meetings. In diesem Abschnitt geht es darum, eine solche Aufgabe erfolgreich zu bewältigen – mit den ruhigen Stärken einer leisen Führungspersönlichkeit.

Wenn es in Ihrer Macht steht, einen Zeitpunkt auszuwählen, so achten Sie darauf, dass dieser günstig ist: nicht zu früh, nicht zu spät, nicht zu viele Meetings an einem Tag. Lassen Sie zwischen verschiedenen Terminen ausreichend Raum für Rücksprachen und für eine erste Umsetzung der Beschlüsse.

Zeitliche Planung

Je besser Sie ein Meeting vorbereiten, umso effektiver läuft es ab. Hier finden Sie eine Checkliste, die Sie für die meisten Meetings einfach abarbeiten können:

Inhaltliche Planung

Checkliste Besprechungsvorbereitung

1. Zeit: Wann soll die Besprechung stattfinden? Wie lange soll sie dauern?

2. Ort: Wo soll die Besprechung stattfinden?

3. Welche(s) Ziel(e) hat die Besprechung?

4. Welche Punkte kommen auf die Tagesordnung?

5. In welcher Reihenfolge sollen diese Punkte besprochen werden?

6. Wie viel Zeit ist für den jeweiligen Punkt anzusetzen?

7. Bei Zeitengpässen: Welche Themen lassen Sie weg?

8. Wer nimmt an der Besprechung teil? Wer nimmt für einen bestimmten Tagesordnungspunkt teil? (Teilnehmerliste)

9. Wer ist für welchen Tagesordnungspunkt verantwortlich / federführend?

10. Von wem erwarten Sie dazu Unterlagen? Bis wann sollen sie angefordert werden – und bis wann vorliegen?

11. Wie sollen die Ergebnisse dokumentiert werden? Von wem?

12. Welche Medien werden benötigt?

13. Wer lädt bis wann mit welchen Informationen (Tagesordnung!) zur Sitzung ein?

14. Wer stellt die Unterlagen zusammen und sorgt für Vollständigkeit? Wer übernimmt den Versand vorab (wenn vorgesehen)?

15. Wer übernimmt die Vorbereitung des Rahmens (Raumreservierung, Tischordnung, Medien, Namensschilder, Imbiss, Getränke)?

Durchführung Die eigentliche Besprechung ist die größte Hürde. Sie können aber analytisch vorgehen (Stärke 6) und sich an den folgenden Phasen wie an einem Leitfaden orientieren, um das Meeting zu moderieren:

Phasen der Besprechung

1. **Einführungsphase:** Begrüßung der Teilnehmer, Vorstellen der Tagesordnung, Orientierungssicherung (Dauer der Sitzung, Gewichtung der Inhalte, besondere Teilnehmer …).

2. **3-Phasen-Ablauf:** Achtung! Die Phasen gibt es für jeden Tagesordnungspunkt separat!
   – **Informationsphase:** Einführung in das Thema durch Sie oder andere.
   – **Arbeitsphase:** Themenbehandlung – Austausch von Fragen, Informationen und Argumenten.
   – **Ergebnisphase:** Zusammenfassung, Abstimmung, Planung des weiteren Vorgehens, Verteilen von Aufgaben und Verantwortlichkeiten (Wer macht was bis wann?) *oder:* Verschieben von Entscheidungen mit Planung zum weiteren Vorgehen.

3. **Schlussphase:** Dank an alle Anwesenden, Hervorheben positiver Ergebnisse. Dann kurzer Abschied, evtl. Ausblick auf Folgetermin.

Die wohl größte Hürde ist die Steuerung des Prozesses. Bei Kontroversen, Abschweifungen und Ablenkungen ist es eine Kunst, wieder zurück zum roten Faden der Sitzung zu finden. Paul nimmt sich vor, in einem solchen Fall tief durchzuatmen, ganz ruhig zu bleiben (Stärke 5!) und mit freundlicher Beharrlichkeit zum entsprechenden Punkt auf der Tagesordnung zurückzuführen – mit Verweis auf die Zeit, wenn es passt.

Ausgewogenheit Achten Sie außerdem besonders auf die Intros im Plenum. Diese können länger brauchen, bis sie sich äußern. Sie sprechen auch oft leiser als Extro-Teilnehmer. Sorgen Sie dafür, dass die leisen Menschen dennoch ausreichend zu Wort kommen – und das nicht nur aus Gründen der Fairness. Denn Sie wissen nun: Intros sind besonnen und vorsichtig, also sicherheitsorientiert. Das kann bedeuten, dass sie wichtige Aspekte in die Diskussion bringen, die die extrovertierten Kolleginnen und Kollegen eher nicht im Blick haben. Gerade als leise Diskussionsleitung können Sie dafür sorgen, dass Intros gehört und ihre Beiträge berücksichtigt werden.

Das Brainstorming in Meetings dient dazu, möglichst viele Ideen hervorzubringen: etwa, wenn ein Problem zu lösen oder eine Vision zu entwickeln ist. Die Ideen werden ad hoc geäußert, gesammelt und erst in einem nächsten Schritt gewichtet und diskutiert. Für Extros ist das Brainstorming eine wunderbare Kommunikationsform. Spontan und im sozialen Miteinander um die Wette Ideen herausschleudern – was für ein Spaß für Menschen, die beim Reden ihre Gedanken entwickeln!

Sonderfall Brainstorming

Anders sieht es auch hier bei Intros aus. Diese denken lieber in Ruhe nach, bevor sie ihre Gedanken teilen – und zwar allein. Bis leise Teilnehmer Ideen entwickelt haben, die sie als prinzipiell tragfähig ausgewertet haben, geht es gewöhnlich schon in die nächste Runde: in den Vergleich und die Gewichtung der inzwischen geäußerten Impulse. Die Ideen der Intros dagegen gehen verloren – und damit rund 50 Prozent des Potenzials der Gruppe. Susan Cain verweist in ihrem Buch auf neuere Studien, nach denen größere Gruppen insgesamt weniger produktiv und kreativ sind als kleinere – oder als Einzelpersonen, die völlig isoliert neue Ideen entwickeln (Cain 2011). Die große Ausnahme in dieser nüchternen Bilanz ist Online-Brainstorming unter klarer Anleitung.

Das heißt: Sie können Brainstorming im Prinzip problemlos durch andere Arten der Ideenerzeugung in kleinerem Rahmen ersetzen, ohne Abstriche beim Ergebnis zu machen. Oder Sie führen das Brainstorming online durch. Wenn das Nachdenken im Plenum allerdings in der Tradition Ihrer Firma oder Organisation liegt, dann gibt es eine einfache Lösung, um ein Brainstorming für alle zugänglich und möglichst fruchtbar zu machen: Bitten Sie einfach alle Gruppenmitglieder, ihre ersten Gedanken in einer Spanne von wenigen Minuten *aufzuschreiben* (Stärke 9). Dieses Vorgehen

Brainstorming online oder auf Papier

schafft für die Intros eine Situation, in der sie allein nachdenken und sich in ihrem bevorzugten Medium äußern können. Erst in einem nächsten Schritt werden die Ideen mündlich ausgetauscht und an Smartboard, Flipchart oder Pinnwand für alle sichtbar gemacht.

Umgang mit schwierigen Situationen und Teilnehmern in Besprechungen

Die Übersichten in den vorangehenden Abschnitten sorgen für eine gewisse Sicherheit in der Diskussionsleitung. Dennoch können Sie in Situationen geraten, die nicht nur für eine leise Führungskraft anstrengend sind. Umso besser, wenn Sie auf Störungen und Schwierigkeiten vorbereitet sind. Die nachfolgenden Übersichten enthalten die wichtigsten Stressfaktoren in Sitzungen – mitsamt den passenden Strategien, sodass Sie als (leise) Diskussionsleitung mit schwierigen Personen und Situationen umgehen können!

Besprechungen: Schwierige Situationen

1. **Funkstille:** Keiner sagt etwas.
   Strategien: Sichern Sie die Orientierung: Fassen Sie kurz zusammen, was bereits erreicht wurde. Nennen Sie noch offene Fragen.
   Stellen Sie selbst Fragen, die in die gewünschte Richtung führen.

2. **Meinungsverschiedenheit** zwischen mindestens zwei Teilnehmern
   Strategien: Wenn der Streit um einen konkreten Sachverhalt geht: Machen Sie die Unterschiede in den Standpunkten mit neutralen Worten sichtbar. Holen Sie, wenn es passt, zu den beiden Positionen ein Meinungsbild aus dem Plenum.
   Wenn die Emotionen zu stark sind und die Wogen der Erregung entsprechend hoch schlagen: Bringen Sie konkret Ruhe in die Sitzung, indem Sie eine kurze Pause machen, damit die Beteiligten

die Angelegenheit ohne Publikum klären können – und das Plenum wieder arbeitsfähig wird.

3. **Vorwurf:** Teilnehmer kritisieren Ihr Handeln.

Ein Beispiel aus Pauls Meeting: »Sie hatten doch gesagt, dass Sie den Budgetplan für das Projekt bis vor der Sitzung liefern würden!«

Strategien: Wenn die Kritik berechtigt ist: Nutzen Sie Ihr Einfühlungsvermögen (Stärke 10) und vollziehen Sie den Standpunkt des anderen nach. Sagen Sie dann, was Sie konkret tun wollen.

Beispiel für Pauls Antwort: »Wir haben noch nicht alle Daten. Ich kann verstehen, dass Sie die Zahlen für die Planung brauchen. Ich habe schon veranlasst, dass die Vorlage bis morgen …«
Wenn die Kritik unberechtigt ist: Verfahren Sie wie unter 4. oder 5.

4. **Provokation:** Hier geht es nicht um die Sache – jemand will Sie aus der Reserve locken und »antesten«. Es geht dabei z. B. um Status, um Abgrenzung oder um persönliche Abneigung.

Ein Beispiel aus Pauls Meeting: Ein Abteilungsleiter sagt: »Diese ganzen Projektaufgaben auf Ihrer Liste existieren in Wirklichkeit doch gar nicht!«

Strategien: Sie wollen keinen Schaukampf im Plenum. Erstens ist das anstrengend, zweitens ist der Ausgang ungewiss. Führen Sie stattdessen das Gespräch zur Sachebene zurück. Nutzen Sie dazu einen Brückensatz, der vom Provokateur weg- und zur Sache hinleitet. Eine mögliche Antwort für Paul: »Das sieht nach sehr viel aus. Und es ist auch wirklich viel – die gleichzeitige Arbeit an vier Projekttranchen macht die Liste so lang.«

5. **Angriff** zwischen Teilnehmern oder auf Sie. Typisch für einen Angriff ist ein entschlossener Ton, eine starke Wertung und wenig Gehalt auf der Sachebene. Ein Beispiel aus Pauls Meeting: »Das klappt doch sowieso wieder nicht!«

Strategien: Holen Sie tief Luft – Ihre Gelassenheit ist in einer solchen Situation Gold wert. Mehr noch als bei der Provokation will der Angreifer zeigen, dass er stärker ist und Sie schwächer sind: eine Statusangelegenheit also. Wenn Sie souverän und ruhig bleiben, geht die Rechnung des Angreifers nicht auf. Fordern Sie den Angreifer außerdem auf, zur Sache zurückzukommen.

Hier sind einige Beispiele, die Paul weiterhelfen könnten:

- »Ich sehe, Sie sind skeptisch. Was bringt Sie zu dieser Ansicht?«

- »Ich sehe, Sie sind skeptisch. Was schlagen Sie vor?«

- »Wie meinen Sie das?« Um Zeit zu gewinnen und als Notlösung (wenn Ihnen so gar nichts einfällt) ist der letzte Satz ein wunderbarer Passepartout für alle Fälle!

Sehen wir nun in die Runde der Teilnehmer: Wie gehen Sie mit schwierigen Persönlichkeiten und ihren Verhaltensweisen um?

Besprechungen: Schwierige Teilnehmer

1. **Der Vielredner:** will beachtet werden, kann andere dazu anregen, ebenfalls ausschweifend zu werden.

   Strategien: Der Vielredner sorgt im Plenum leicht für Frust, Abschalten und im Extremfall für den Verlust des roten Fadens. Ihre Aufgabe ist es, ihn zu bremsen und seine Beiträge gleichzeitig geschickt ins Plenum umzulenken.

   Verzichten Sie beim Vielredner bewusst auf Gesprächsunterstützer wie Nicken oder Lächeln. Warten Sie ab, bis der Vielredner Luft holen muss. Heben Sie eine Hand, sagen Sie »Lassen Sie mich das kurz zusammenfassen!« oder »Dazu eine Bemerkung!« Tun Sie genau das, was Sie mit dem Satz ankündigen.

   Handeln Sie dann: Geben Sie den Inhalt ins Plenum (»Was meinen Sie dazu?«) oder visualisieren Sie einen Punkt. Sie können auch den Vielredner um eine Zusammenfassung bitten: »Was ist aus Ihrer Sicht in diesem Fall das Wichtigste?«

2. **Die Dominierende:** oft eine hochrangige Person, selbstbewusst, neigt zum Brechen von Regeln und zum Intervenieren. Vorteile der Dominierenden sind ihre Legitimationswirkung (wenn sie Vorgesetzte ist und damit für Entscheidungen mit einstehen kann) und häufig auch besonders gute Beiträge auf der Sachebene.

   Strategien: Nehmen Sie am besten schon vor der Sitzung Kontakt mit der Dominierenden auf und reden Sie über die Sitzung. Wenn das nicht möglich ist, sprechen Sie in einer Sitzungspause mit ihr. Würdigen Sie in der Sitzung das, was die Dominierende sagt, ermutigen Sie aber auch andere zu Beiträgen: »Vielen Dank für diesen Impuls. Was meinen die Projektbeteiligten dazu?«

3. **Die Aggressive:** greift gern aus Prinzip an, will sich vor anderen positionieren – gern auch mit Sarkasmus, Polemik oder stark emotional geprägten Beiträgen. Aggressive Menschen sind für leise Menschen besonders energiezehrend.

   Strategien: Atmen Sie tief durch, bleiben Sie mit beiden Füßen auf dem Boden, suchen Sie inneren Abstand und antworten Sie im wörtlichen Sinne leise: mit niedriger Lautstärke. Das wirkt deeskalierend.

   Führen Sie außerdem – wie oben unter Provokation und Angriff dargestellt – zurück zur Sachebene. Reden Sie nach der Sitzung oder in einer Pause unter vier Augen mit der Aggressiven und arbeiten Sie an der Beziehungsebene. Das kann Racheaktionen verhindern. Beispiel: »Ich habe gemerkt, dass Ihnen das Thema sehr wichtig war – haben wir aus Ihrer Sicht alles Wichtige angesprochen?«

4. **Der Choleriker:** greift impulsiv an oder brüllt los, wird also zwischendurch vom Ärger fremdgesteuert. Auch dieser Mensch verursacht bei leisen Menschen oft Stress und Energieverlust.

   Strategien: Verhalten Sie sich ähnlich wie bei der Aggressiven. Hinzu kommt beim Choleriker der Ärger mit seinen Folgen als zusätzliche Hürde: Es ist schlicht nicht möglich, mit Ärger im Raum zurück zur Sache zu kommen. Und wer seinem Ärger Luft macht, hat sozusagen vorübergehend keine Ohren: Er ist von seinem Gefühl voll und ganz in Anspruch genommen.

Ihr Ziel ist es einerseits, das Offensichtliche anzusprechen: den Ärger. Andererseits wollen Sie dann aber auch in der Sache weiterkommen. Gehen Sie deshalb zuerst auf den Gefühlsbereich ein – aber deeskalierend, also wie bei der Aggressiven mit leiser Stimme und möglichst gelassen. Halten Sie dabei Ihre eigenen Gefühle unter Kontrolle. Fügen Sie einen kurzen Satz in Richtung Sachebene hinzu. Beispiel: »Ich bin ganz überrascht – was stört Sie an diesem Vorschlag?« oder: »Sie sind sehr unzufrieden mit dem Sitzungsverlauf. Was schlagen Sie vor?«

5. **Die Pessimistin** äußert sich mit Vorliebe skeptisch oder negativ, wird oft von Angst (Hürde 1) gesteuert. Das kann in einer Sitzung auch Vorteile haben: Wenn bei einer anstehenden Entscheidung drohende Probleme rechtzeitig auf den Tisch kommen, können Fehler vermieden und womöglich viel Zeit und Geld gespart werden. Auf der anderen Seite besteht in Diskussionen das Risiko, dass sich Entmutigung und Frustration breitmachen – letztere besonders dann, wenn sich das Gespräch um spezifische Details oder Nebensächlichkeiten dreht, bei denen nicht alle folgen können.

Strategien: Hören Sie auf der Sachebene genau hin, was die Pessimistin für bedenklich hält. Prüfen Sie schnell (analytisches Denken – Stärke 6!), ob die Bedenken berechtigt sind – wenn ja, nehmen Sie es in die weitere Diskussion auf. Lassen Sie dazu die anderen Teilnehmer zu Wort kommen. Wenn Sie die Bedenken für überzogen halten, werden Sie ebenfalls aktiv: Fragen Sie die Pessimistin, was sie vorschlägt, um ein von ihr angekündigtes Problem zu vermeiden oder ein von ihr erwähntes Risiko zu mindern. Dadurch lenken Sie die Aufmerksamkeit von der Schwierigkeit weg und zu ihrer Überwindung hin. Für die Pessimistin ist das eine Hürde, sodass sie ihre Beiträge unter Ihrer Diskussionsleitung vorsichtiger dosieren wird. Alternativ können Sie die Bedenken ins Plenum geben und auf Neutralisierung hoffen. Beispielsweise so: »Wie schätzen die anderen Experten unter uns dieses Risiko ein?« Ein ernstzunehmendes Problem ist die Angst vor Neuem, die besonders die Pessimistin heimsucht. Das kann ansteckend wirken – etwa, wenn sie Begriffe wie »erfolgreiche Klagen in vergleichbaren Fällen« oder »unabsehbare Sicherheitsrisiken«

benutzt. Selbst wenn die Argumente schwach sind, können Reizwörter dieser Art auf der emotionalen Ebene der anderen Teilnehmer Abwehr verursachen und sogar eine sehr gute Idee zum Scheitern bringen. Wiederholen Sie in Ihrer Antwort diese Reizwörter niemals, um die Angst nicht noch mehr anzuheizen. Neutralisieren Sie stattdessen. Beispiel (für den Fall mit dem ersten Reizwort): »Ich gebe Ihnen Recht – es ist wichtig, genau hinzusehen, wenn wir die rechtlichen Änderungen aufnehmen. Wir haben mit den Kollegen von der Rechtsabteilung genau darauf geachtet, worauf es in der Gestaltung ankommt. Das Konzept ist wasserdicht.«

6. **Der Unterbrecher** lässt andere nicht ausreden, ruft im Plenum dazwischen oder beginnt private Dialoge mit anderen Teilnehmern. All dies kann die Sitzung spürbar stören – und sogar anstecken: Im schlimmsten Fall ermutigt der Unterbrecher durch sein Handeln andere, sich ähnlich zu verhalten.

Strategien: Nehmen Sie die Störung mit Signalen wahr, die deutlich, aber nicht unangemessen stark sind. Bei Privatgesprächen: Pausieren Sie in dem, was Sie sagen, und blicken Sie freundlich-gelassen in die Richtung der Redenden. Meist ist damit die Sache erledigt, und es kehrt Ruhe ein. Bei Zwischenrufen ist eine stärkere Maßnahme notwendig, damit alle Gruppenteilnehmer gleichberechtigt reden können und auch eine Grundsicherheit gewährt wird: Wer redet, darf auch ausreden. Diese Sicherheit zu schaffen gehört zu Ihren Aufgaben als Diskussionsleitung.

Beispiel für einen Kommentar nach einem Zwischenruf: »Ihr Beitrag soll genauso zu Wort kommen wie die Beiträge der anderen Teilnehmer. Frau Schmidt ist noch nicht fertig. Soll ich Sie in die Rednerliste aufnehmen?«

Zwei Fragen an Sie:

Welche Störung oder welche Art von Teilnehmern ist Ihre persönliche Horrorvorstellung für ein Meeting, das Sie leiten?

....

....

....

....

....

....

....

Wie wollen Sie in diesem Fall künftig handeln?

....

....

....

....

....

....

Das Wichtigste in Kurzform

■ Für leise Menschen ist es besonders wichtig, die **ungeschriebenen Regeln** zu kennen, nach denen Meetings ablaufen. Von ihnen ausgehend lassen sich erfolgreiche **Teilnahmestrategien** entwickeln.

■ Auch eine **Diskussionsleitung** lässt sich gut bewältigen. Voraussetzung sind eine solide Planung und ein Wissen um die verschiedenen Phasen eines Meetings, sodass der größte Teil der Aufmerksamkeit in die nicht planbaren Teile der Sitzung fließen kann.

■ Dazu gehört vor allem der Umgang mit **Störungen** und mit **herausfordernden Teilnehmern**. Beides lässt sich trainieren und bewältigen.

Lizenz zum Leisesein: Ausblick auf ein erfülltes introvertiertes Leben

Ich hoffe, Sie konnten aus den vorangehenden Kapiteln Anregungen dafür finden, wie Sie introvertierte Menschen besser verstehen und als leiser Mensch besser leben und kommunizieren können. Was machen Sie künftig in Ihrer Kommunikation anders als bisher? Bitte schreiben Sie mir gern (Stärke 9!) über Ihre Intro-Erfahrungen und über leise Ziele nach der Lektüre.

Abschließend sollen Sie noch eine Sache bekommen: Das Allerwichtigste und Allerwertvollste, also die Essenz aus meiner langen Beschäftigung mit leisen Menschen, habe ich hier für Sie in sieben Punkten zusammengefasst. Sie wissen schon, es geht um die Substanz, die Stärke 2 ...

Introversion – ein Leben voller Intensität!

1. Leben Sie die Coolness des Leiseseins – viele Menschen wären damit völlig überfordert

In der Komfortzone agieren

Finden Sie Ihre Komfortzone auf dem Intro-Extro-Kontinuum – und machen Sie diese zu Ihrem gewöhnlichen Aufenthalt. Finden Sie im Umgang mit anderen Menschen Ihre persönliche Dosis an Stimulation, die Ihnen guttut, weil sie zwischen Langeweile und Reizüberflutung liegt. Sie werden sich an diesem Ort am wohlsten fühlen – und auch Ihr Energiehaushalt wird profitieren. Sehen

Sie Ihre Introversion als Auszeichnung – und als Ticket in ein besonders intensives Leben.

2. Extrovertieren Sie, wenn es sich lohnt

Verlassen Sie Ihre Intro-Komfortzone nur für kurze Zeit: wenn es sich wirklich lohnt und vor allem nur dann, wenn es Ihnen gut geht und Sie erholt sind. Gehen Sie dann auf die »andere Seite« und »extrovertieren« Sie – so, als ob Sie spielerisch eine Rolle übernehmen: bei einem Vortrag, bei einem Umtrunk mit Kollegen auf einer Tagung oder in einem Meeting. Aber wie gesagt: Tun Sie das nur für kurze Zeit und unter günstigen Umständen – nicht unter Stress.

Ausflüge auf die andere Seite

3. Finden Sie die Kraft in der Ruhe

Entdecken Sie für alle privaten und beruflichen Bereiche Rückzugs- und Ausruhmöglichkeiten. Nehmen Sie diese Möglichkeiten ganz selbstverständlich in Anspruch: Sie tun Ihnen gut und sind wie Kreativitäts- und Energietankstellen zwischendurch. Nutzen Sie die innere Ruhe, die Sie durch diese Strategie gewinnen, für sich und andere!

Rückzugsmöglichkeiten nutzen

4. Finden Sie Ihre persönlichen Stärken und Bedürfnisse – und leben Sie danach!

Intensität ist besser als Lautstärke. Inhaltliche Tiefe ist besser als gut formulierte Sätze. Allein zu arbeiten ist gut für Kreativität und Konzentration. Eigentlich ist es ganz einfach: Analysieren Sie Ihr Lebensumfeld aus Intro-Sicht. Entwickeln Sie ein Gefühl für Ihre Stärken und für Ihre Bedürfnisse. Finden Sie auf dieser Basis Ihre eigenen Strategien. Leben Sie entsprechend.

Dem eigenen Lebensgefühl trauen

5. Seien Sie ein leiser Botschafter

Da Sie wissen, was Intros können und brauchen, können Sie anderen leisen Menschen in Ihrem Umfeld Mut machen. Äußern Sie sich in Ihrer eigenen Sprache und mit Ihren bevorzugten Medien zu dem, was Ihnen wichtig ist. Stehen Sie jungen Intros zur Seite. Stehen Sie selbstbewusst neben Extros. Unsere Gesellschaft profitiert von den besonnenen leisen Stimmen. Lassen Sie Ihre hören!

Ein selbstbewusster Intro sein

6. Gewinnen Sie Ihre Mitmenschen mit leiser Kraft

Mit Intro-Stärken andere überzeugen

Als Intro haben Sie andere Mittel als Extros, um Ihre Mitmenschen zu gewinnen und zu überzeugen. Nutzen Sie Ihre Vorsicht (Stärke 1), Ihre Konzentration (Stärke 5), Ihre stille Beharrlichkeit (Stärke 8) und Ihr Einfühlungsvermögen (Stärke 10), um zu erreichen, was immer Sie wollen.

Mit leiser Kraft gewinnen Sie in einem doppelten Sinn: Sie arbeiten auf Ihr Ziel hin und bauen dadurch, dass Sie authentisch und respektvoll bleiben, eine positive Beziehung zu den Menschen um Sie herum auf – und gewinnen damit auch sie.

7. Lernen Sie von und mit Extros

Die Welt lebt von Gegensätzen

In Kapitel 4 haben Sie gesehen, wie Introvertierte von ihren extrovertierten Partnern profitieren können. Dieses Prinzip der sich bereichernden Gegensätze hat die Philosophie mit Blick auf die Natur verallgemeinert, besonders plastisch im Yin und Yang des Taoismus. Durch Gegensätze kann eine produktive Spannung entstehen. Das heißt in Bezug auf unser Thema: Die Welt braucht Entdecker und Bewahrerinnen, Langläuferinnen und Sprinter, Denker und Impulsive, Belohnungs- und Sicherheitsorientierte.

Flexibel bleiben

Hinzu kommt: Der Reichtum unseres Lebens besteht zu einem großen Teil in unserer Beweglichkeit und in unseren Handlungsspielräumen, die sich dadurch erschließen. Intros wie Extros sind flexibel, und in dieser Flexibilität liegt eine große Bandbreite an Möglichkeiten, um unseren Horizont zu erweitern. Für Ihr eigenes Leben können Sie den Blick auf Extros nutzen, um Ihre »leisen« Sicht- und Verhaltensweisen durch die Extro-Perspektive zu erweitern, selbst wenn Sie nicht unbedingt (wie unter 2.) entsprechend handeln. Beobachten Sie einfach die Extros in Ihrer Umgebung: Familienmitglieder, Chefinnen und Kollegen.

Ein gegenseitiger Lernprozess

Was, mögen Sie fragen, können Sie von Extros lernen? Die Impulse, die ich selbst von den Extros in meiner Umgebung bekomme, waren und sind vielseitig: An ihnen studiere ich, wie man Konflikte aushält, auch bei vollem Kalender spontanen Ideen nachgeht, ausgelassen feiert, andere begeistert oder ein lohnendes Wagnis eingeht. An Extro-Modellen lerne ich auch, mich in Gesellschaft besser zu amüsieren, die Dinge manchmal etwas sportlicher zu sehen und offener für Neues zu werden – selbst, wenn es plötzlich kommt.

Extros können ihrerseits von Intros lernen. Leise Menschen können sie dazu anregen, innezuhalten und konzentriert anderen zuzuhören und nachzudenken, bevor sie handeln. Mit ihrer Fähigkeit zur Substanz können sie Extros Tiefendimensionen im Denken erschließen. Viele Extros fühlen sich mit Intros besonders wohl, weil sie sich akzeptiert und angenommen fühlen – eine Folge der Empathie.

Leise Menschen laden zu Stabilität und Solidität ein. Das klingt vielleicht nicht sexy, kann aber regelrecht arterhaltend wirken – überall dort, wo Sicherheit, ethische Prinzipien, Beharrlichkeit, Gewissenhaftigkeit und Analyse Vorrang haben sollten gegenüber Extro-Stärken wie Risikobereitschaft und der Suche nach Stimulation und Belohnung. Für mich wäre es deshalb eine beruhigende Vorstellung, wenn die letzten Entscheidungen in bestimmten Bereichen global in den Händen leiser Menschen läge – etwa in der Atomenergie, an den Finanzmärkten, in der Lebensmittelindustrie und in den Cockpits von Flugzeugen. Doch auch für andere Bereiche gilt: Die Welt braucht Sie!

Stabilität durch leise Menschen

Gehen Sie hinaus und wirken Sie – leise und intensiv!

ANHANG

Zum Weiterlesen auf Papier

Ancowitz, Nancy: Self-Promotion for Introverts. The Quiet
Guide for Getting Ahead. New York: McGraw Hill 2010
Benun, Ilise: Jetzt hört ihr mal zu! Erste Hilfe für Schüchterne,
Verunsicherte und Zurückhaltende. Weinheim: Wiley 2010
Cain, Susan: Still: Die Bedeutung von Introvertierten in einer
lauten Welt. München: Riemann 2011
Godin, Seth: Linchpin: Are You Indispensable? London: Piatkus
2010
Hamer, Dean / Copeland, Peter: Das unausweichliche Erbe. Wie
unser Verhalten von unseren Genen bestimmt ist. München:
Scherz 1998
Hansen, Hartwig: Respekt – der Schlüssel zur Partnerschaft.
Stuttgart: Klett-Cotta 2008
Helgoe, Laurie: Introvert Power. Why Your Inner Life Is Your
Hidden Strength. Naperville: Sourcebooks 2008
Johnson, Debra et al.: Cerebral Blood Flow and Personality:
A Positron Emission Tomography Study. In: American Journal
of Psychiatry 156, 1999, S. 252–257
Jung, Carl Gustav: Typologie. München: Deutscher Taschenbuch
Verlag 1921/2001
Kahnweiler, Jennifer B.: The Introverted Leader. Building on
Your Quiet Strength. San Francisco: Berrett-Koehler 2009
Keltner, Dacher: Born to Be Good: The Science of a Meaningful
Life. New York: Norton 2009
Knaths, Marion: Spiele mit der Macht. Wie Frauen sich durch-
setzen. Hamburg: Hoffmann und Campe 2007

Löhken, Sylvia: Unter Extros. Erfolgsstrategien für introvertierte Persönlichkeiten. In: Löhr, Jörg (Hrsg.): Die besten Ideen für eine starke Persönlichkeit. Offenbach: GABAL 2010, S. 231–246

Löhken, Sylvia / Brugger, Norbert: Kommunale Redepraxis. Stuttgart: Kohlhammer 2010

Olsen Laney, Marti: The Introvert Advantage. How to Thrive in an Extrovert World. New York: Workman Publishing 2002

Prochnik, George: In Pursuit of Silence. Listening for Meaning in a World of Noise. New York: Doubleday 2010

Roming, Anna: Die Stillen im Lande. In: Psychologie Heute, 38. Jahrgang, Heft 1, Januar 2011, S. 20–27

Roth, Gerhard: Persönlichkeit, Entscheidung und Verhalten. Warum es so schwierig ist, sich und andere zu ändern. Stuttgart: Klett-Cotta 2007

Roth, Wolfgang: Einführung in die Psychologie C. G. Jungs. Düsseldorf: Patmos 2003

Scheddin, Monika: Erfolgsstrategie Networking. Nürnberg: Verlag Bildung und Wissen 2005

Schmitt, Tom / Esser, Michael: Status-Spiele. Wie ich in jeder Situation die Oberhand behalte. Frankfurt: Scherz 2009

Topf, Cornelia: Endlich mal die Klappe halten: Warum Schweigen besser ist als Reden. Offenbach: GABAL 2010

Zack, Devora: Networking für Networking-Hasser. Offenbach: GABAL 2012

Zeldin, Theodore: Der Rede Wert. Wie ein gutes Gespräch Ihr Leben bereichert. München: Malik 1999

Speziell zum Thema Konfliktkommunikation

Benien, Karl: Schwierige Gespräche führen. Reinbek: Rowohlt 2003

Glasl, Friedrich: Konfliktmanagement. Ein Handbuch für Führungskräfte, Beraterinnen und Berater. Stuttgart: Verlag Freies Geistesleben 2004

Jiranek, Heinz / Edmüller, Andreas: Konfliktmanagement. Freiburg: Haufe 2007

Patterson, Kerry / Grenny, Joseph / McMillan, Ron / Switzler, Al: Heilsame Konflikte. Wien: Linde 2006

Zum Weiterlesen und Recherchieren auf dem Monitor

hsperson.com
Die Psychologin Elaine Aron ist Expertin für Hochsensibilität. Auf Ihrer Website gibt es einen (englischsprachigen) Test, mit dem Sie herausfinden können, ob Sie eine hochsensible Person sind. Diese Eigenschaft haben Sie unabhängig davon, ob Sie zu den Intros oder zu den Extros gehören. Eine deutsche Version des Tests finden Sie unter textransfer.de/sensible.html.

theatlantic.com
Dort online zugänglich: Jonathan Rauchs Artikel »Caring for your Introvert« (März 2003), der seinerzeit viel Aufsehen erregte; außerdem eine Fortsetzung mit Leserkommentaren (»The Introversy Continues«, April 2006) sowie ein Interview mit Rauch (»Introverts of the World, Unite«, Februar 2006).

theintrovertedleaderblog.com
Jennifer Kahnweilers (englischer) Blog zu introvertierten Menschen in der Arbeitswelt.

thepowerofintroverts.com
Susan Cains (englische) Website mit Blog und vielen, vielen Informationen rund um das gelungene introvertierte Leben.

time.com
Weisskopf, Michael: Obama: How He Learned to Win. In: Time

Magazine online, 8. Mai 2008. www.time.com/time/magazine/
article/0,9171,1738494,00.html

toastmasters.org bzw. toastmasters.de
Toastmasters International – eine der besten Möglichkeiten, um
preiswert und effektiv öffentliches Reden und Führungskom-
munikation zu lernen. Auf den Websites finden Sie unter anderem lokale Clubs in Ihrer Nähe ebenso wie Clubs, die Sie auf
Geschäftsreise oder im Urlaub besuchen können.

vanha.med.utu.fi
Cardiovascular Risk in Young Finns Study:
http://vanha.med.utu.fi/cardio/youngfinnsstudy/

Stichwortverzeichnis

Danke!

Ute Flockenhaus gab diesem Buch einen unglaublichen Auftakt, als ich ihr meine Idee mit leuchtenden Augen präsentierte. Sie sagte schlicht: »Ich lasse den Titel mal schützen!« Das werde ich nie vergessen ...

Friederike Mannsperger war mit ihrer Klugheit, ihrer Beweglichkeit und ihrem Sprachgefühl die optimale lektorale Begleitung.

Dr. Fleur Wöss hat mir die Kraft introvertierter Speaker gezeigt und vorgelebt.

Dr. Christine Buchholz, Christine Herwig, Dr. Eva Kalbheim, Dr. Ursula Kleinhenz (†), Dr. Isabell Lisberg-Haag, Dr. Michael Meinhard, Prof. Maria Parr, Tom Peters und Andreas Stickler haben in vielen Gesprächen ihre Erfahrungen und Ideen geteilt und mich in Freundschaft begleitet.

Lars Schäfer hat sichergestellt, dass ich auf der Erde blieb, den Humor behielt und das Manuskript (auch ohne die 79 zusätzlichen Ideen) endlich herausrückte.

John Kluempers, Ph.D., und der Herr Sohn sind der wichtigste Extro und der wichtigste Intro in meinem Leben. Sie zeigen mir jeden Tag, was sonst noch wirklich wichtig ist – und während der Entstehung des Skriptes sorgten sie für reichlich fröhliche Abende mit sämtlichen Staffeln der *Big Bang Theory*.

Autorin

Dr. Sylvia Löhken hilft leisen Menschen bei der Verwirklichung ihrer beruflichen und privaten Ziele. Mit ihrer Erfahrung als Wissenschaftlerin und als Managerin in einer großen internationalen Organisation kennt sie wichtige Arbeitsumfelder ihrer Kundinnen und Kunden aus eigener Erfahrung: Politik und Administration, Lehre und Forschung, Management und Beratung, Globales und Lokales.

Sylvia Löhken lebt mit Mann und Sohn zwischen Bonn und Berlin und zwischen deutscher und amerikanischer Kultur – mit drei Jahren beruflicher Tätigkeit in Japan in bester Erinnerung. Sie sucht ständig nach guten Büchern, interessanten Gesprächspartnern und ein wenig Weisheit.

www.leise-menschen.com